中国特色高水平高职学校项目建设成果

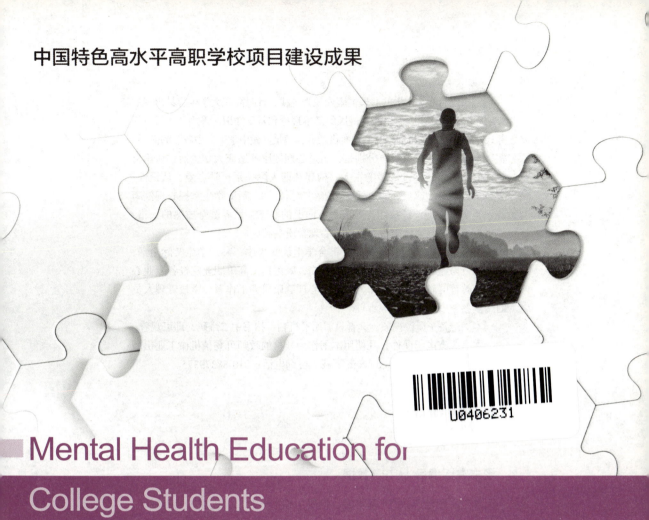

Mental Health Education for College Students

大学生
心理健康教育

主　编　杨雯雯　何　明
副主编　付可心　朱　艳　孙佳山
参　编　周　蕾　肖淑梅　刘　勇

机械工业出版社
CHINA MACHINE PRESS

本书以高职大学生的心理健康成长为主线，针对高职大学生容易出现的心理问题，阐述了大学生心理健康的基本理论和基础知识，采用"项目+任务式"编写模式，将理论与实践有机融合，满足"做中学、做中教"的需要。

全书设置7个项目，分别是：走进心理健康；适应大学生活；认识自我，健全人格；学做情绪的主人；构建和谐人际关系；学会爱，认识性；学会学习，助己成长。通过任务实施和项目实训，帮助学生掌握心理健康知识，学会心理调适技能，养成积极向上的心态，培养健全成熟的人格，为成为高素质、高技能型人才奠定心理素质基础。

本书架构清晰，设计新颖，符合学生认知规律，贴近学生实际生活，语言通俗易懂，可操作性强，实用性高，既可作为高等职业院校各专业心理健康教育的教材，也可作为大学生心理健康研究工作者、学校管理人员的阅读参考书。

本书配备了微课视频，读者只需用手机扫一扫书中二维码，即可观看。

本书配有电子课件，凡使用本书作为教材的教师可登录机械工业出版社教育服务网 www.cmpedu.com 下载。咨询电话：010-88379375。

图书在版编目（CIP）数据

大学生心理健康教育 / 杨雯雯，何明主编. —北京：机械工业出版社，2022.4（2023.9 重印）
中国特色高水平高职学校项目建设成果
ISBN 978-7-111-70389-1

Ⅰ. ①大… Ⅱ. ①杨…②何… Ⅲ. ①大学生 – 心理健康 – 健康教育 – 高等职业教育 – 教材 Ⅳ. ① G444

中国版本图书馆 CIP 数据核字（2022）第 046495 号

机械工业出版社（北京市百万庄大街 22 号　邮政编码 100037）
策划编辑：杨晓昱　　　责任编辑：杨晓昱　刘益汛
责任校对：陈　越　李　婷　封面设计：张　静
责任印制：邓　博
天津翔远印刷有限公司印刷
2023 年 9 月第 1 版第 2 次印刷
184mm×260mm · 16 印张 · 365 千字
标准书号：ISBN 978-7-111-70389-1
定价：55.00 元

电话服务　　　　　　　　　　网络服务
客服电话：010-88361066　　　机 工 官 网：www.cmpbook.com
　　　　　010-88379833　　　机 工 官 博：weibo.com/cmp1952
　　　　　010-68326294　　　金 书 网：www.golden-book.com
封底无防伪标均为盗版　　　　机工教育服务网：www.cmpedu.com

中国特色高水平高职学校
项目建设系列教材编审委员会

顾　问： 刘　申　哈尔滨职业技术学院党委书记、院长
主　任： 孙百鸣　哈尔滨职业技术学院副院长
副主任： 金　淼　哈尔滨职业技术学院宣传（统战）部部长
　　　　　杜丽萍　哈尔滨职业技术学院教务处处长
　　　　　徐翠娟　哈尔滨职业技术学院电子与信息工程学院院长
委　员： 黄明琪　哈尔滨职业技术学院马克思主义学院院长
　　　　　栾　强　哈尔滨职业技术学院艺术与设计学院院长
　　　　　彭　彤　哈尔滨职业技术学院公共基础教学部主任
　　　　　单　林　哈尔滨职业技术学院医学院院长
　　　　　王天成　哈尔滨职业技术学院建筑工程与应急管理学院院长
　　　　　于星胜　哈尔滨职业技术学院汽车学院院长
　　　　　雍丽英　哈尔滨职业技术学院机电工程学院院长
　　　　　张明明　哈尔滨职业技术学院现代服务学院院长
　　　　　朱　丹　中嘉城建设计有限公司董事长、总经理
　　　　　陆春阳　全国电子商务职业教育教学指导委员会常务副主任
　　　　　赵爱民　哈尔滨电机厂有限责任公司人力资源部培训主任
　　　　　刘艳华　哈尔滨职业技术学院汽车学院党总支书记
　　　　　谢吉龙　哈尔滨职业技术学院机电工程学院党总支书记
　　　　　李　敏　哈尔滨职业技术学院机电工程学院教学总管
　　　　　王永强　哈尔滨职业技术学院电子与信息工程学院教学总管
　　　　　张　宇　哈尔滨职业技术学院高建办教学总管

编写说明

中国特色高水平高职学校和专业建设计划（简称"双高计划"）是我国为建设一批引领改革、支撑发展、中国特色、世界水平的高等职业学校和骨干专业（群）而推出的重大决策建设工程。哈尔滨职业技术学院入选"双高计划"建设单位，对学院中国特色高水平学校建设进行顶层设计，编制了站位高端、理念领先的建设方案和任务书，并扎实开展了人才培养高地、特色专业群、高水平师资队伍与校企合作等项目建设，借鉴国际先进的教育教学理念，开发中国特色、国际标准的专业标准与规范，深入推动"三教改革"，组建模块化教学创新团队，实施"课程思政"，开展"课堂革命"，校企双元开发活页式、工作手册式、新形态教材。为适应智能时代先进教学手段应用需求，学校加大优质在线资源的建设，丰富教材的载体，为开发以工作过程为导向的优质特色教材奠定基础。

按照教育部印发的《职业院校教材管理办法》要求，教材编写总体思路是：依据学校双高建设方案中教材建设规划、国家相关专业教学标准、专业相关职业标准及职业技能等级标准，服务学生成长成才和就业创业，以立德树人为根本任务，融入课程思政，对接相关产业发展需求，将企业应用的新技术、新工艺和新规范融入教材之中，教材编写遵循技术技能人才成长规律和学生认知特点，适应相关专业人才培养模式创新和优化课程体系的需要，注重以真实生产项目、典型工作任务、生产流程及典型工作案例等为载体开发教材内容体系，理论与实践有机融合，满足"做中学、做中教"的需要。

本套教材是哈尔滨职业技术学院中国特色高水平高职学校项目建设的重要成果之一，也是哈尔滨职业技术学院教材改革和教法改革成效的集中体现，教材体例新颖，具有以下特色：

第一，教材研发团队组建创新。按照学校教材建设统一要求，遴选教学经验丰富、课程改革成效突出的专业教师担任主编，确定了相关企业作为联合建设单位，形成了一支学校、行业、企业和教育领域高水平专业人才参与的开发团队，共同参与教材编写。

第二，教材内容整体构建创新。教材内容体系精准对接国家专业教学标准、职业标准和职业技能等级标准，参照行业企业标准，有机融入新技术、新工艺、新规范，构建基于职业岗位工作需要的体现真实工作任务和流程的内容体系。

第三，教材编写模式形式创新。与课程改革相配套，按照"工作过程系统化""项目+任务式""任务驱动式""CDIO式"四类课程改革需要设计教材编写模式，创新新形态、活页式和工作手册式教材三大编写形式。

第四，教材编写实施载体创新。依据本相关专业教学标准和人才培养方案要求，在深入企业调研、岗位工作任务和职业能力分析基础上，按照"做中学、做中教"的编写思路，以企业典型工作任务为载体进行教学内容设计，将企业真实工作任务、业务流程、生产过程融入教材之中，同时开发了与教学内容配套的教学资源，以满足教师线上、线下混合式教学的需要。教材配套资源同时在相关教学平台上线，可随时进行下载，也可以满足学生在线自主学习的需要。

第五，教材评价体系构建创新。从培养学生良好的职业道德、综合职业能力与创新创业能力出发，设计并构建评价体系，注重过程考核以及由学生、教师、企业、行业、社会参与的多元评价，在学生技能评价上借助社会评价组织的"1+X"技能考核评价标准和成绩认定结果进行学分认定，每种教材根据专业特点设计了综合评价标准。

为确保教材质量，组建了中国特色高水平高职学校项目建设系列教材编审委员会。教材编审委员会由职业教育专家组成，同时聘请企业技术专家指导。组织了专业与课程专题研究组，建立了常态化质量监控机制，为提升教材的品质提供稳定支持，确保教材的质量。

本套教材是在学校骨干院校教材开发的基础上，经过几轮修改，融入课程思政内容和课堂革命理念，既具积累之深厚，又具改革之创新，凝聚了校企合作编写团队的集体智慧。本套教材由机械工业出版社出版，充分展示了课程改革成果，为更好地推进中国特色高水平高职学校和专业建设及课程改革做出积极贡献！

哈尔滨职业技术学院
中国特色高水平高职学校项目建设系列教材编审委员会

前 言

为进一步提高学生心理健康工作针对性和有效性,切实加强专业支撑和科学管理,着力提升学生心理健康素养,2021年7月,教育部办公厅印发了《关于加强学生心理健康管理工作的通知》(以下简称《通知》),《通知》明确提出要加强心理健康课程建设,具体要求如下,发挥课堂教学主渠道作用,帮助学生掌握心理健康知识和技能,树立自助互助求助意识,学会理性面对挫折和困难。高校要面向本专科生开设心理健康公共必修课,原则上应设置2个学分(32~36学时)。由此可见,大学生心理健康教育课程的重要地位和作用,它是对学生进行正确心理引导和教育的主渠道。

当前,大学生的心理健康问题引起多方面的高度关注。心理健康教育的目标就是:帮助大学生树立正确的心理健康观、生命价值观;掌握并应用心理健康知识,培养积极的心理素质、自信精神、合作意识和职业素养;提高应对挫折、适应社会的能力,以及发现问题、解决问题的能力;培养学生的自我认知能力、人际沟通能力、自我调节能力,使其不断挖掘自身潜能并发挥性格优势,提升对自我的悦纳程度,健全完善人格品质,为终身发展奠定良好、健康的心理素质基础。

本教材以立德树人为根本任务,融入课程思政,采用"项目+任务式"编写模式,内容涉及高职大学生常遇到的心理问题,将理论与实践有机融合,满足"做中学、做中教"的需要。本教材是哈尔滨职业技术学院"大学生心理健康"核心课程改革成效的集中体现,也是2020年教育部高校思想政治工作精品项目——心理育人项目的重要成果之一,教材体例新颖,具有以下特色。

第一,教材编写模式创新。按照"项目+任务式"教材编写模式,教材以任务为载体,通过任务实施,使学生掌握心理健康知识,学会心理调适技能,养成积极向上的心态,培养健全成熟的人格。

第二,教材内容架构创新。教材将心理学理论紧扣学生实际,共设置7个项目:走进心理健康;适应大学生活;认识自我,健全人格;学做情绪的主人;构建和谐人际关系;学会爱,认识性;学会学习,助己成长。

第三,教材评价体系创新。注重过程性考核评价和多元主体考核评价,通过项目实训单、检查评价单、项目总结单等,将学生自评、小组评价、组间互评、教师评价有机融合。

第四,教材资源建设创新。教材资源包含:课程微课、课程思政点、推荐书籍、推荐电影等。教材资源注重学生学习兴趣、思想品德、价值观的培养，突出学生的主体学习地位。

本书由杨雯雯、何明担任主编，付可心、朱艳、孙佳山担任副主编，周蕾、肖淑梅、刘勇担任参编。编写分工为：付可心编写项目1；杨雯雯编写项目2、项目4；孙佳山编写项目3；朱艳、杨雯雯、付可心编写项目5；朱艳编写项目6；何明编写项目7；周蕾、肖淑梅、刘勇负责资料搜集和数字资源的制作。

本教材得以顺利编写和出版，要特别感谢孙百鸣教授、徐翠娟教授、王天成教授的悉心指导和大力支持！感谢每一位参与统稿和编写老师的辛苦付出！在编写过程中，本教材吸收了许多心理学的研究成果，参阅和引用了大量国内外相关论著和资料，在此表示最诚挚的感谢和敬意！由于编者水平有限，书中难免有所疏漏，望各位同行专家和读者批评指正，不吝赐教。

编　者

二维码索引

序号	名称	二维码	页码	序号	名称	二维码	页码
1	微课学习：心理健康与身体健康的关系		2	8	课程思政：培育自尊自信、理性平和、积极向上的社会心态		139
2	课程思政：做践行社会主义核心价值观的时代新人		23	9	微课学习：人际沟通的意义		148
3	课程思政：用习近平新时代中国特色社会主义思想指引青年大学生勇做新时代的弄潮儿		39	10	课程思政：成为敬业、乐业且具有职业自豪感与满足感的阳光工匠		163
4	微课学习：心理防御机制		47	11	微课学习：如何面对失恋		177
5	微课学习：改变自卑心理的方法		75	12	课程思政：树立正确的恋爱观		178
6	课程思政：重视人格教育，塑造学生健全人格		106	13	微课学习：时间管理		214
7	微课学习：情绪调节——改变认知法		134	14	课程思政：习近平总书记为青年指明方向：勤学、创新、志存高远		214

编写说明
前言
二维码索引

项目1 走进心理健康 1
任务1 探索健康及心理健康 2
任务2 维护大学生心理健康 9
任务3 识别和应对心理危机 20
任务4 探索生命价值 26

项目2 适应大学生活 38
任务1 揭秘大学生活 39
任务2 融入大学生活 42

项目3 认识自我,健全人格 65
任务1 认识自我 66
任务2 悦纳自我 84
任务3 健全人格 88

项目 4 学做情绪的主人 …… 117

  任务 1 认知情绪 …… 118
  任务 2 测试情绪 …… 122
  任务 3 管理情绪 …… 131

项目 5 构建和谐人际关系 …… 144

  任务 1 认识人际关系 …… 145
  任务 2 测试人际关系 …… 149
  任务 3 改善人际关系 …… 159

项目 6 学会爱，认识性 …… 168

  任务 1 学会爱 …… 169
  任务 2 测试恋爱观 …… 174
  任务 3 认识性 …… 183

项目 7 学会学习，助己成长 …… 193

  任务 1 认识学习 …… 194
  任务 2 掌握学习 …… 202
  任务 3 认识压力与挫折 …… 217
  任务 4 应对压力与挫折 …… 234

参考文献 …… 245

项目 1 ▶ 走进心理健康

📋 项目导入

张帅是校话剧社成员，原本乐观开朗的他在佳琪加入校话剧社后出现了变化，每天魂不守舍，失眠，看到佳琪就心跳加速，每天感觉都心不在焉。他觉得自己心理出现了问题，产生了心理危机。如果你是心理委员，如何帮助他认识自己的问题？

本项目通过探索健康及心理健康、维护大学生心理健康、识别和应对心理危机、探索生命价值4个任务，提升学生对心理状态的觉察力、识别力，并将心理危机干预的方法迁移到学习生活中，维护心理健康，探索生命价值，引导学生树立健康的生命观。

学习目标

（1）能够根据健康的定义和标准，觉察、识别自己是否健康。
（2）能够根据心理健康的含义、特征、标准等，判断自己心理是否健康。
（3）能够选择正确的方法维护心理健康。
（4）能够根据心理危机的含义、分类、表现等，有效应对心理危机。
（5）能够通过认识生命的美好、潜能与意义，探索生命价值。
（6）培养学生自尊自信、理性平和、积极向上的阳光心态，积极引导学生树立正确的生命观。

项目实施

任务 1 探索健康及心理健康

任务要求

本任务是探索健康及心理健康，通过完成本任务，学生能够觉察、识别自己是否心理健康，提升心理健康的觉察力、识别力。

知识链接

一、什么是健康

（一）健康的定义

现代，健康的含义包括了心理健康与身体健康两部分，心理健康与身体健康并不是相互独立的，而是相互影响着。身体健康是心理健康的基础和载体，心理健康是身体健康的条件和保证。人的情绪影响着身体的健康状况，我国古代医学家认为，人的情绪与健康有着重要的关系。"七情过度百病生"，认为人的情绪过度发生变化，会引起阴阳失调、气血不和、经脉阻塞、气机紊乱。古代医书《黄帝内经》提出"怒则气上，喜则气缓，悲则气消，恐则气下，思则气结，惊则气乱""怒伤肝，喜伤心，忧伤肺，思伤脾，恐伤肾"。

人的性格也会影响身体健康。不良性格对健康的危害是多方面的。美国心理学家弗里德曼在对100余名企业人员进行的长期观察中发现，约75%的人在紧张工作期间，血脂明显升高，这证明紧张与血胆固醇浓度有直接关系。临床心理学家研究也发现，消化性溃疡病人的性格大多是被动、顺从、依赖，缺乏创造性，不好与人交往，常有某种矛盾心理。支气管哮喘病人的性格表现为胆小、内向、依赖，缺乏自信心，不愿意表达自己的情感。尽管性格与疾病间的确切关系尚需进一步研究，但是性格与疾病紧密相关是确信无疑的。塑造良好性格，是保持健康的重要途径。

微课学习
心理健康与身体健康的关系

（二）健康观念的演变及标准

最早人们对健康的认识存在片面性。比如，一谈起健康首先想到的是身体健康，一旦遇到健康问题首先想到的是医学。所以日常生活中人们往往注重的是生理健康，以为身体没病就是健康。1948年，世界卫生组织（WHO）成立时，在宪章中指出"健康不仅是免于疾病或虚弱，而且是保持身体上、精神上和社会适应方面的完美状态。"1989年，WHO进一步深化了健康概念，认为健康应包括躯体健康、心理健康、道德健康和社会适应良好，要求人们不能仅以躯体状态来评判一个人的健康，而应从这四个方面综合评判一个人的健康（见表1-1）。躯体健康是其他健康的生理基础；心理健康与躯体健康相互作用；以心理健康为基础而发展起来的道德健康高于单纯的心理健康；社会适应良好是心理健康的充分体现，是健康的最高境界。

表1-1 世界卫生组织的健康评判内容

健康	躯体健康	人体的结构完整，生理功能正常
	心理健康	在身体、智能及情感上与他人的心理健康不矛盾的范围内，将个人心境发展最佳的状态
	道德健康	在稳定的道德观念支配下，表现出来的一贯符合社会道德规范的行为
	社会适应良好	能胜任个人在社会生活中的各种角色，能立足角色创造性地工作并取得成就，贡献社会，实现自我

（三）大学生心理健康的重要性

对于大学生而言，大学阶段是一个特殊的生理年龄和心理年龄时期，身体正处于成长发育完成阶段，躯体健康的指数呈上升阶段，大多数学生身体方面不存在重大疾病，但同时在这一时期也会面对社会竞争的压力，在学习、生活、人际交往、自我意识和升学就业等方面同样需要面对人生的课题。如果这些方面出现心理问题，没有及时应对，往往产生苦闷、孤独、焦虑、冷漠等负面情绪，甚至精神崩溃，出现报复社会、自杀等恶性心理事件。因此，心理健康是大学生学有成就、事业成功、生活快乐的基础。

二、心理健康的概述

（一）心理健康的定义

1. 心理健康的定义

心理健康（mental health）的概念是由心理卫生（mental hygiene）的概念延伸而来，目前世界上对心理健康尚无公认的定义。从广义上讲，心理健康是指一种高效而满意的、持续的心理状态。从狭义上讲，心理健康是指人的基本心理活动的过程内容完整、协调一致，即认识、情感、意志、行为、人格完整和协调，能适应社会，与社会保持同步。

1946年，第三届国际心理卫生大会对心理健康是这样定义的："所谓心理健康，是指在身体、智能以及情感上与他人的心理健康不相矛盾的范围内，将个人心境发展成最佳的状态。"

心理卫生学者阿可夫认为，心理健康的人是指"有价值心质"的人，即

- 有幸福感；
- 和谐（指情绪平衡，能够在欲望与环境之间协调）；
- 自尊感（包含自我了解、自我认同、自我接纳与自我评价）；
- 个人成长（潜能充分发展）；
- 个人成熟（个人发展达到该年龄应有的行为）；
- 个人统整性（能有效发挥其理智判断力及意识控制力，积极主动，能应变）；
- 保持与环境的良好接触；
- 在环境中自我独立（独立自主，自由而自律）；
- 有效适应环境。

虽然至今对心理健康的概念莫衷一是，但是大多数观点都强调个体的内部协调与外部适应，都把心理健康看作是一种内外和谐的良好状态。

想一想 你认为本"项目导入"中张帅的心理状态是健康的么？健康心理与不健康心理有何划分标准呢？

2. 心理健康的标准

1946年，第三届国际心理卫生大会提出的心理健康的标准是：身体、智力以及情感十分协调和谐；适应环境，人际关系和谐；有幸福感；在工作中能发挥自己的能力，过着有效率的生活。

人本主义心理学家马斯洛提出了心理健康的十条标准：

- 有自我安全感；
- 能充分了解自己，并能恰当地评价自己的能力；
- 能与周围环境保持良好的接触；
- 生活的理想切合实际；
- 能保持自身人格的完整与和谐；
- 善于从经验中学习；
- 能保持适当和良好的人际关系；
- 能适度地表达和控制自己的情绪；
- 能在不违背团体要求的前提下，有限度地发挥个性；
- 能在不违背社会规范的前提下，适度满足个人的基本需求。

我国台湾学者王沂钊历经多年的研究，认识到唯有拥有健康的心理，才会拥有健康的生活习惯与健康的身体，才能在社会上保持较高的效能，并提出以下六项衡量个人心

理是否健康的准则：

- 要有工作而且乐于工作（这是人性最高的心理需求和快乐的来源）；
- 要有朋友而且乐于与他人交往（透过与人分享心情，体会爱的幸福感，能够稳定情绪）；
- 要适当地了解自己并且悦纳自己；
- 能客观地评估他人与认可他人；
- 能与现实环境维持良好的接触；
- 经常保持满意的心情。

以上关于心理健康的标准，理解角度虽然有所不同，但基本理念是一致的。一般而言，心理健康状态有三个方面的界定等级：

第一，一般常态心理者。表现为经常有愉快的心理体验，适应能力强，善于与别人相处，能较好地完成同龄人发展水平应做的活动，具有调节情绪的能力。生活中的大多数人属于一般常态心理者。心理健康教育的目的就是帮助大学生保持正常心理状态，并不断开发心理潜能，提高心理健康水平。

第二，轻度失调心理者。表现出不具有同龄人所应有的愉快，与他人相处略感困难，生活自理有些吃力。若主动调节或通过心理辅导专业人员帮助，就会消除或缓解，逐步恢复常态。少部分人会在不同的生活阶段出现这样或那样的轻度心理失调情况。如果出现心理轻度失调，我们应该像接受人会感冒发热一样，积极地进行调整，一般会很快恢复常态。

第三，严重病态心理者。表现为严重的心理适应失调，不能维持正常的生活和工作，如不及时治疗就可能恶化，成为精神病患者，精神病是最严重的心理疾病。这类人只占极少数，但发病者不仅会给本人带来精神上的痛苦和经济上的损失，还会给家庭、社会造成极大的压力。早发现、早治疗会把损失降低到最低限度。

（二）大学生心理健康的标准

1. 大学生心理健康的现状

2013年，中国心理卫生协会对6000名大学生进行抽样调查。结果显示：16.51%的学生存在中等程度的心理健康问题，其中达到严重程度的有3%～5%。近几年来，心理问题已成为大学生休学、退学、死亡的第一原因。一位大学生说："大学生遇到不顺利的事情太多，因此我们感到迷茫，感到自己很无能。"重视大学生的心理健康已成为政府、社会、学校、学生的共识。但也有学者认为，大学生心理健康问题并不比其他群体严重，重要的是普及心理健康知识，让每位在校大学生真正了解心理健康的意义，能够善待自己，善待他人，适应环境，这对他们今后的工作和家庭都有着非常现实的意义。

2. 大学生心理健康的标准

心理健康的人并非没有痛苦和烦恼，而是他们能适时地从痛苦和烦恼中解脱出来，积极地寻求改变不利现状的新途径。根据我国大学生的年龄特征、心理特征和角色特征等实际情况，评判大学生心理健康的标准有以下几点：

（1）智力正常　智力是人的观察力、注意力、记忆力、想象力、思维力、创造力及实践活动能力等的综合，是人的一切活动的最基本的心理前提，也是大学生适应周围环境变化所必需的心理基础。衡量大学生的智力是否正常，关键在于其在学习、工作中是否保持好奇心、求知欲，是否能充分发挥自己的智慧学习知识、掌握技能、解决问题、获得成就，是否正常地充分地发挥了自我效能。

（2）了解与悦纳自我　正确的自我评价是大学生心理健康的重要条件。心理健康的大学生能了解自我、接纳自我，能体验自我存在的价值，能对自己的优缺点做恰当的评价，不苛求自己，生活的目标和理想切合实际，对自己基本感到满意，很少自责、自怨、自卑、自我否定，心理相对平衡。

（3）情绪健康　情绪健康的标准是心情愉快和情绪稳定，能协调控制情绪，心境良好。心理健康的人，愉快、乐观、开朗、满意等积极情绪状态占据主导地位，虽然也免不了因挫折和不幸产生悲、忧、愁、怒等消极情绪体验，但不会长期处于消极情绪状态；善于适度地表达、调节和控制自己的情绪，在社会交往中，既不妄自尊大，也不退缩畏惧，能在社会规范允许的范围内满足自己的各种需求，心境积极乐观；情绪反应能与环境相适应，能在不同的时间和场合恰如其分地表达情绪。

（4）意志健全　意志是人在完成一种有目的的活动时进行选择、决定与执行的心理过程。意志健全的大学生具有独立的生活能力，具有坚强的意志力和承受外部挫折的能力，能适时地做出决定并运用切实有准备的方式解决所遇到的问题，在困难和挫折面前，能采取合理的反应方式。在情感和实际生活中，较少有依赖心理，自主性强，能自觉用社会规范来约束自己，使自己的行为符合社会的需求。

（5）人格完整　人格是个体比较稳定的心理特征的总和。人格完整是指构成人格的要素，如气质、能力、性格和理想、信念、人生观等各方面完整统一、平衡发展；具有正确的自我意识，不产生自我同一性混乱；以积极进取的人生观作为人格的核心，并以此为中心把自己的需要、愿望、目标和行为统一起来。

（6）人际关系和谐　心理健康的大学生能与他人建立和谐的人际关系。乐意与人交往，与人为善，对他人充满理解、同情、尊重、关心和帮助，有良好而稳定的人际关系，并能在其中分享快乐，分担痛苦，社会支持系统强而有力；具备良好的沟通能力和技巧，能建立和谐的人际环境。

（7）正常的社会适应力　社会适应力正常是指个体能够面对现实，接受现实，并能主动适应。心理健康的大学生在环境改变时能面对现实，对环境做出客观的认识和评价，以有效的办法应对环境中的各种困难，使个人行为符合新环境的需求；能正确地认识环境和处理个人与环境的关系，能保持与环境的良好接触，善于将自己融入不同的环境中，使自己的心理需要与社会协调统一。

（8）心理特征和行为符合年龄特征　年龄特征是指在一定的社会和教育条件下，不同年龄阶段的学生在身体和心理发展方面所表现出来的一般的、典型的和本质的特征。大学生的心理特征和行为表现应符合大学生的年龄特点和性格特征。如果一个大学生总是老气横秋，心事重重，情绪喜怒无常，行为幼稚，则是心理不健康的表现。

✍ 任务实施

通过心理测验，增强对自己心理健康情况的觉察力和识别力。

一、心理觉察力自测

给自己的心理健康状态打分

0分 ————————————————————————— 5分

请在上边直线上标注：左侧为0分，右侧为5分，根据所学内容给自己的心理健康情况打分，标注在直线上；分数越高，心理觉察力越高。无论打几分，请同学们记住，心理健康是一个相对概念，从不健康到健康只是程度不同而已，心理健康与否是一个动态的过程，不是固定不变的。

二、大学生健康调查表 UPI

UPI 是 University Personality Inventory 的简称，是为了学生早期发现早期治疗心理问题而编制的大学生精神卫生、心理健康调查表。该表由清华大学心理学教授樊富珉从日本引进，并对 UPI 的有关条目、筛选标准、实施过程等进行了较为系统的修订。目前，国内许多大学的心理咨询机构都在使用。

请在教师指导下填写表 1-2。

表 1-2 大学生健康调查表 UPI

年　　月　　日填写

姓名		性别		出生年月		民族		小学所在地	
高中所在地						高中毕业时间			
现家庭住址						现学院住址			
所在系班						联系电话			
既往病史：有　无 1. 难产、早产、肺炎、肝炎、结核 2. 脑炎、脑膜炎、痉挛、头部外伤 3. 其他（　　　　　）						你的近亲中，有精神卫生方面的问题吗？（有精神病、中毒、自杀、去向不明等）有　无 如果有，是：父母、兄弟、祖父母、叔舅、姑姨、表兄弟、堂兄弟			
兴趣　爱好　特长									
是否做过心理测验 是　否		何时做过何种心理测验：				智力测验＿＿＿＿年 人格测验＿＿＿＿年 其他＿＿＿＿＿＿年			

以下问题是为了了解并增进你的身心健康而设计的调查。

请你按照题号顺序阅读，在最近一年中，你常常感觉到、体验到的项目的题号后的空格里划"○"，没有感觉过的项目的题号上不划，请注意，只有两种选择。为了使你顺利完成大学学业，身心健康地去迎接新的生活，请你真实地填写。心理咨询中心的咨询人员将以满腔的热情和爱心，以及严守秘密的职业道德，提供你所期待的帮助。

（续）

1	食欲不振	21	气量小	41	不相信别人
2	恶心、胃口难受、肚子痛	22	爱操心	42	过于猜疑
3	容易拉肚子或便秘	23	焦躁不安	43	厌恶交往
4	关注心肌和脉搏	24	容易动怒	44	感到自卑
5	身体健康状况良好	25	想轻生	45	杞人忧天
6	牢骚和不满多	26	对任何事都没兴趣	46	身体疲乏
7	父母期望过高	27	记忆力减退	47	一着急就出冷汗
8	自己的过去和家庭是不幸的	28	缺乏耐力	48	站起来就头晕
9	过于担心将来的事情	29	缺乏决断能力	49	失去过意识，抽风
10	不想见人	30	过于依赖别人	50	人缘好，受欢迎
11	觉得自己不是自己	31	为脸红而苦恼	51	过于拘泥
12	缺乏热情和积极性	32	口齿声音发颤	52	对任何事情不反复确认就不放心
13	悲观	33	身体忽冷忽热	53	对脏很在乎
14	思想不集中	34	注意排尿和性器官	54	摆脱不了毫无疑义的想法
15	情绪起伏过大	35	心情开朗	55	觉得自己有怪气味
16	常常失眠	36	莫名其妙地不安	56	别人在自己背后说坏话
17	头痛	37	一个人独处时感到不安	57	总注意周围的人
18	脖子、肩膀酸痛	38	缺乏自信心	58	在乎别人视线
19	胸痛憋闷	39	办事畏首畏尾	59	觉得别人轻视自己
20	总是朝气蓬勃的	40	容易被人误解	60	情绪易被破坏

至今为止，你感到自身健康方面有问题吗？　　　有　　没有

曾经觉得心理卫生方面有问题吗？　　　有　　没有

至今为止，你曾经接受过心理卫生的咨询和治疗吗？　　　有　　没有

如果你有健康或心理卫生方面想要咨询的问题，请写在这里：

另外，上述1～60问题中有想咨询的问题，请写下问题的题号：＿＿＿＿＿＿＿＿＿＿。

任务 2　维护大学生心理健康

任务要求

本任务是维护大学生心理健康，通过完成本任务，学生能够根据大学生心理健康的特点、标准来判断自己是否健康；掌握大学生心理问题的成因、常见的心理问题以及心理咨询与心理治疗的区分，学会通过心理测验判断自己的情况，从而学会维护自己的心理健康。

知识链接

一、大学生常见心理问题概述

（一）大学生容易遇到的心理问题及成因

1. 大学生容易遇到心理问题

心理问题是指所有心理及行为异常情形，根据其严重程度，可分为心理困惑、心理障碍和精神疾病。心理困惑主要是指各种适应问题、应激问题、人际关系问题等；心理障碍主要是指神经症、人格异常和性心理障碍等轻度失调；精神疾病是指人脑机能活动失调，丧失自知力，不能应付正常生活，不能与现实保持恰当接触的严重的心理障碍。高职院校在校大学生常见的心理问题主要表现在以下几个方面：

（1）适应问题　这一问题在大一新生中表现突出。新生来自全国各地，以往的家庭环境、受教育环境、成长经历、学习环境等相差很大。来到大学后，在自我认知、同学交往、自然环境等各方面都面临着全面的调整和适应。

（2）学业问题　大学生的主要任务是学习，学习上的困难与挫折对大学生的影响显著。大量的事实表明，学业问题是引起大学生焦虑的主要原因之一。大学学习与中学学习存在很大的不同，所以很多大学生存在学习问题，主要表现为学习动力不足，同时所学的大学课程一时难以和高中阶段接轨，加之大学老师的授课方式多以启发、思考、讨论的形式出现，讲授的内容更注重理论深度的拓展，因此对于刚刚入学的大学生来说，虽然想学习，但是大都有无从下手的感觉，进而出现学习焦虑、考试焦虑、学习效率低下、注意力难以集中等学习问题。如果出现成绩波动大、不理想等现象，那些自尊心比较强的大学生可能会产生严重的自卑感，进而出现对学习缺乏目标、对专业不满意、感觉学习负担过大等方面的心理问题。

（3）人际关系问题　进入大学后，大学生渴望拥有与中学阶段不同的友谊，希望有丰富多彩的人际交往，并丰富自己的人生知识、了解生活、交流情感、学会处世、确立自我、获得自尊自信，从而得到心理上的安全感。进入大学后，如何与来自不同地域的同学友好相处，建立和谐的人际关系，是大学生面临的一个重要课题。由于每个人待人接物的态度不同、个性特征不同，再加上青春期心理固有的闭锁、羞怯、敏感和冲动，使得大学生在人际交往过程中不可避免地遇到各种困难，从而产生困惑、焦虑等心理问题。宿舍是大学生活的基本单位，来自不同地域、不同家庭的同学在思想观念、生活方式等方面存在差异，如果处理不好这些差异，就容易使宿舍气氛紧张，导致大学生心理压力。

（4）恋爱问题　大学生处于青年中期，随着性生理发育成熟，恋爱问题是不可避免的。但是，大学生在享受爱情的甜蜜的同时也会产生一系列复杂、独特而微妙的情感体验。大学生的恋爱困惑包括求爱遭到拒绝后陷入深深的自责与自卑，与异性交往困难，难以走出失恋阴影，陷入多角恋爱关系不能自拔，单相思、暗恋带来的痛苦，对自己性取向的担忧，性自慰行为产生的焦虑自责等，这些都会使大学生产生一时的心理问题。

想一想　本"项目导入"中张帅的紧张情绪来源于什么呢？

（5）情绪问题　稳定的情绪、适度的情感反应，是大学生成才的重要因素，也是大学生心理健康的重要标准之一。情绪对人的影响具有双面性，既是人类生活的发动机，又会因发动机故障而影响人的正常生活。对大学生而言，常见的情绪问题有抑郁和焦虑。抑郁情绪主要表现为持久的情绪低落、沮丧、无精打采，做什么事都提不起精神。焦虑情绪表现为担忧，如担忧自己能否在新的环境独自学习和生活，担忧别人对自己的看法，担忧专业选择与未来就业等问题。另外，部分大学生情绪调节能力较弱，容易出现情绪失衡，情绪波动大，喜怒无常，会因一点小小的胜利而骄傲自满，也易为一次的失败受挫而一蹶不振，无法很好地控制自己的情绪。

（6）求职择业问题　求职择业方面的心理冲突往往出现在高年级学生中，经过大学三年或四年的学习，准毕业生们希望自己能找到一份满意的工作。当前的就业形势、社会对人才的需求、实际的工作收入、社会声望、工作条件、发展前途等，都会引起大学生对自身存在的思考和权衡。而如今社会竞争激烈，用人单位的要求也越来越高，加之部分大学生在校期间没有有意识地把自己培养成用人单位需要的人才，与社会接触少，对社会缺乏真正的了解，导致求职过程与自己想象中的差距太大，从而感到失落、不安、彷徨和焦虑。

2. 大学生心理问题产生的原因

（1）生理因素　个体生理因素是影响大学生心理健康的内因之一，具体表现在以下几个方面。

遗传：这是个体心理状况发展的生物前提，正因为有遗传，才使得个体心理具有先天差异性，而很多心理问题的产生都有遗传因素。

神经系统的生化因素：这是造成心理问题产生的重要诱因，如人体肾上腺素过多，将导致大脑皮质兴奋，引发躁狂等症状。对于大学生而言，性激素分泌旺盛使得很多学生会产生性心理方面的困惑。

个体的疾病和缺陷：这是导致大学生心理问题的一个重要因素。如有的大学生脸上有疤，有的男生个子矮小，有的女生体态较胖等，这些都容易使学生产生自卑、自闭的心理。

（2）心理因素　大学生心理因素对个体心理健康的影响最大，并且表现形式多样，包括自我评价、认知方式、心理冲突、承受挫折能力等。

自我评价：大学生正处在解决"自我同一性"问题的时期，此时个体自我意识非常强烈，但看问题往往存在片面性，对自我评价存在偏差。他们对周围的人给予的评价非常敏感和关注，哪怕随便一句评价，都会引起其内心很大的情绪波动和应激反应，以致对自我评价发生动摇而感到痛苦。

认知方式：所谓认知是指人们看待事物的方式，包括人的思想观念、阐释事物的思维模式、评价是非的标准、对人对事的基本信念等。人们会形成不同的心理状况，对同一件事物产生不同的情绪体验，都是因为认知的不同。大学生进入大学后，有些人兴高采烈，乐观面对；有些人却唉声叹气，悲观消极。这些不同的认知方式将导致不同的心理状况。消极的认知模式若不及时得到调整，将导致不良情绪的产生，长期受不良情绪的影响就会导致身体和心理的多种障碍。

心理冲突：心理冲突是指个体在有目的的行为活动中，存在着两个或两个以上相反或相互排斥的动机时所产生的一种矛盾心理状态。心理冲突常常会造成需要的部分或全部不能被满足，同时也使动机所指向的目标的实现受到阻碍。大学生常见的心理冲突有：独立性与依赖性的冲突，升学与就业的冲突，理想与现实的冲突，交往性与闭锁性的冲突，情绪与理智的冲突等。

承受挫折能力：一部分大学生的心理素质脆弱，承受挫折能力较低，遇到一点不顺利、不如意，就容易产生挫折感，尤其是当挫折的相对强度较大或持续时间较长时，就会转向失望、自卑，变得心灰意冷、萎靡不振。除此之外，造成大学生心理问题的其他心理因素还包括情绪稳定性差、个性发展缺陷、学业期望过高、人际关系敏感、性的生物性与社会性冲突等。

（3）家庭因素　家庭是人生的奠基石，父母是孩子的第一任老师，对一个人成长与成才的影响长久而深远。家庭因素包括大学生的家庭经济状况、家庭社会地位、父母的文化水平、生活习惯、父母关系等。在大学生的成长过程中，如果家庭教育过分重视子女学业，对孩子的心理关爱及尊重过少，对孩子的日常行为、品德规范教育放松，则容易造成孩子心理脆弱，行为放纵；特别是家庭不和、父母离异、亲子关系紧张等因素，可能会造成孩子自卑、痛苦、嫉妒、逆反等不良心理反应。许多有经验的心理咨询专家认为，一个问题学生的背后一定有一个问题家庭。一些实验研究也证明家庭因素是造成大学生心理问题的最重要因素。

（4）学校因素　第一，大学校园复杂的人际关系。与高中生相比，大学生的人际交往更为复杂，更为广泛，独立性更强，更具社会性。如果一个学生处理不好大学复杂的人际关系，则会经常被苦闷、烦恼的情绪所困扰。第二，紧张的学习氛围。大学的学习既强调理论知识的学习，又注重学生动手能力的培养以及综合素质的提升。适度的紧张与压力对于一个人的成才是必要的，但如果这种感觉超过一定限度，就会适得其反，成为一种心理负担。第三,学校的业余生活。大学生正处在情感丰富、喜动好玩的时期,如果学校缺乏足够的娱乐场所、活动形式,则会使学生感到单调沉闷,压抑烦躁。第四,学校心理素质教育的缺乏。在学校传统的应试教育中,重智育轻德育,重思想教育轻心理引导,这些都影响着大学生的全面发展。

(5)社会因素　随着科学技术的发展,大众传播手段越来越丰富。大众传播媒介对人们的心理健康影响越来越大,大学生求知欲望强但辨别力弱,崇尚科学但辩证思维欠缺。当前一些格调低下的、错误的观念,对大学生的思想和行为带来了消极的影响,妨碍了他们身心的健康成长。

(二)心理问题成因的相关理论

1. 心理动力学理论

心理动力学理论也称为精神分析心理学(psychoanalytic psychology),是西方现代心理学思想中的一个主要流派。它产生于19世纪末20世纪初,既是一种精神病症的治疗方法,也是在医疗实践中逐渐形成的一套心理理论。创始人是奥地利精神病学家西格蒙德·弗洛伊德,代表人物有安妮·弗洛伊德和梅兰妮·克莱因等。到20世纪20年代,这个流派的理论逐渐扩展到社会科学的各个领域,发展成为无所不包的哲学观,构成了现代西方的一种主要的社会思潮。

> **知识卡片**
>
> 西格蒙德·弗洛伊德(1856年5月6日—1939年9月23日),犹太人,知名医师、精神分析学家,精神分析学的创始人。他提出"潜意识""自我""本我""超我""俄狄浦斯情结""力比多""心理防卫机制"等概念。虽然精神分析学并非有效的临床治疗方法,但激发了后人提出各式各样的精神病理学理论,在临床心理学的发展史上具有重要意义。他著有《梦的解析》《精神分析引论》《图腾与禁忌》等,被世人誉为"精神分析之父",是20世纪最伟大的心理学家之一。

弗洛伊德认为,人的心理包括意识(conscious)、前意识(preconscious)和潜意识(unconscious)三部分。前意识和潜意识共同构成了人的无意识(non-conscious)。意识是指可觉察到的心理活动,是传统心理学集中研究的领域。前意识是指人们能够从无意识中回忆起来的经验,它处于潜意识和意识之间,担负着"稽查者"的任务,防止潜意识的本能和欲望随便进入意识之中。潜意识包括原始的本能冲动以及与本能冲动有关的欲望,特别是性的欲望。弗洛伊德把无意识现象和内容作为精神分析的主要对象。前意识介于意识和无意识之间,所包含的内容是可召回到意识部分中去的,即没有被记起的,但经过回忆是可以记起来的经验或经历,其中所包含的观念、思想可以说暂不属于意识,但随时能够变成意识。常见的研究无意识的方法有三种。

(1)自由联想　自由联想(free association)是一种不给予任何思想限制或指引

的联想。精神分析者让患者在全身心都处于放松的情况下，进入一种自由联想的状态，即脑子里出现什么就说什么，不给患者的思路提供任何有意识的引导，但是患者必须如实报告自己所想到的一切。精神分析者对患者报告的内容进行分析和解释，直到双方都认为找到患者发病的最初原因为止。自由联想法为构建精神分析理论奠定了基础。

（2）梦的分析　弗洛伊德认为，梦的本质是潜意识愿望的曲折表达，是被压抑的潜意识欲望伪装的、象征性的满足。他把梦分为显梦（manifest dream）和隐梦（latent dream）两部分。显梦是指人们真正体验到的梦。隐梦则指梦的真正含义，即梦象征性表现的被压抑的潜意识欲望。对梦进行分析就是从显梦中破译出隐梦来。

（3）对日常生活的分析　弗洛伊德认为，潜意识与意识的斗争在日常生活中无处不在，有时候可以通过日常生活中经常出现的过失表现出来，比如口误、笔误、误读、错放、遗忘和误解等。弗洛伊德认为，导致过失产生的心理机制和做梦的心理机制类似，都是被压抑于意识中的愿望经过扭曲掩盖后的表达。通过对这种过失行为的分析，能够发觉深层的潜意识的内在动机。

2. 行为主义理论

行为主义认为，学习是刺激与反应的联结。有机体接受外界的刺激，然后做出与此对应的反应，这种刺激与反应之间的联结（S-R）就是所谓的学习。早期的行为主义完全否认内部心理活动的作用，而且认为心理活动是无法进行研究的。行为主义理论早期的代表人物有桑代克、华生，新行为主义的代表人物是斯金纳等。

（1）桑代克的"试误学习"　桑代克是美国的心理学家，他受达尔文进化论的影响，认为人类是由动物进化来的，动物和人一样进行学习，只是复杂程度不同而已。因此他通过动物实验来研究学习，提出了联结主义的刺激—反应学习理论。

（2）华生的"刺激—反应"　华生也是美国的心理学家，他主张对心理学要进行完全客观的实验研究。华生对心理学中使用意识、感觉、知觉、激情、情绪和意义等术语感到不满，认为应该用"刺激与反应"和"习惯形成"等术语来表述。他提出："心理学是自然科学的一个纯客观的实验分支。它的理论目标在于预见和控制行为。"心理学家主要应关注行为，而不是心和意识。"行为主义者力图获得动物反应的一个统一的模式，认为人与动物之间并无分界线。"因此，从研究方法上来讲，"应当把人与动物放在同样的实验条件下，而且越近似越好。"

（3）斯金纳的"强化理论"　斯金纳是当代用学习与行为理论来解释行为异常方面贡献最大的心理学家。他认为，心理异常只不过是一种特殊的学习获得性行为。因此，对于心理问题的诊断，无非是对特定的行为反应改变的分类。人的一切行为，除了直接由生理因素决定的能力以外，都是透过学习和训练而获得的。他提出了操作性条件反射理论。

斯金纳认为，所谓教育，就是要塑造行为，塑造在不久的将来对自己和他人有利的行为。通过各种强化安排来塑造行为，就像雕塑家可以用泥巴塑造任何东西一样。通过塑造技术来教有机体从事某种行为反应，有选择地对有机体做出的接近最终行为的各种反应给予强化，而不是等待最终期望的那种反应自然出现后才给予强化。

3. 认知行为理论

认知行为理论是由许多心理学家各自独立地发展自己的体系而形成的。他们的体系都有相同或相近的取向，即认知取向。认知（cognition）也译为认识，指一个人对某一对象的认识和看法，如对自己的看法、对他人的看法、对环境的认识和对事的见解等。因此，对同一事件或事物，不同的认知就会滋生不同的情绪，影响人的行为反应，对心理健康会产生不同程度的影响。认知行为理论强调认识过程对行为决定的重要性，认为行为和情绪之所以产生有赖于个体对情景所做出的评价，而这些评价又受个人的信念、假设、想象、价值观念等认识因素的影响。

认知疗法的理论要点是：ABC 理论，A 代表某物体或某事物，B 代表当事人对其看法或解释，C 代表当事人的情绪反应。也就是说：同一物体或事物，你对它的看法或解释不同，将会出现不同的情绪反应。如你对某物体或某事物出现惊恐，而当你改变对其看法或解释时，就不会出现惊恐了，这对治疗心理疾病是有帮助的，因为心理疾病大多来自认知偏差。

（三）提升大学生心理健康的途径

1. 心理问题的自我调节

自我调节是大学生解决心理困惑最常见也是最有效的方式之一，大学生心理问题自我调节的核心内容包括调整认识结构、情绪状态，锻炼意志品质，改善适应能力等。另外，大学生还可以学习感受高峰体验。高峰体验由美国心理学家马斯洛提出，是指"感受到一种发至心灵深处的战栗、欣快、满足、超然的情绪体验，并由此获得的人性解放，心灵自由，照亮了他们的一生"。这是一种兴奋与欢愉的感觉，那种感觉犹如站在高山之巅，那种愉悦虽然短暂，但却可能尤其深刻，这种感觉是语言无法表达的。经常感受到高峰体验会让人的情绪更为饱满、高涨，让人们更加自信、积极向上，减少抑郁、紧张等消极情绪。

2. 培养良好的人格品质

首先，培养良好的人格品质应该正确认识自我，悦纳自我，扬长避短，不断完善自我。其次要提高对挫折的承受能力，对挫折有正确的认识，在挫折面前不惊慌失措，采取理智的应对方法，换角度思考，化消极因素为积极因素。大学生应保持积极向上的态度、愉快开朗的心境，对未来充满信心和希望，当遇到悲伤和忧愁的事情要学会自我疏导，适度地表达情绪、宣泄压力。人的情绪在心理系统中虽具有相对独立性，但意识和语言能够对其起到影响和调节作用，人们可以通过语言和想象来引起或抑制自己的心理和行为。另外，运用自我暗示法也可以缓解压力和调整不良情绪。大学生因为情绪波动较大，行为较冲动，采取自我暗示法，可以获得较好的效果。心情不好时，可以假想"我今天真高兴""我特别快乐"，这样过一段时间可能就会感到高兴和自信了，这就是积极暗示的效果。

3. 养成健康的生活方式

健康的生活方式指作息时间要有规律、科学用脑、劳逸结合、坚持体育锻炼、注意个人卫生等。一般而言，健康的生活方式包括合理膳食、适量运动、戒烟限酒、心理平衡和文明生活等。大学生面临着各种考试的压力，因此要学会科学用脑，即要合理用脑、适时用脑，避免用脑过度引起神经衰弱、记忆力减退、思维钝化，影响学习效率，导致恶性循环。在情绪低落时，要学会情绪升华法，积极地把注意力转移到有意义的活动上，如学习、读书、看励志电影、体育锻炼、练字等。积极的活动会带给自己成就感和价值感，继而重新激发斗志，奋发图强。健康生活方式的核心是养成良好的生活作息习惯，健康作息时间就是健康生活方式的一个侧面体现。一般而言，作息时间安排是由个人制订的一系列健康作息计划，由执行者靠毅力自觉执行。

4. 积极参加实践活动，扩大社会交往范围

参加实践活动可扩大大学生的交际圈，帮助其提高环境适应能力和沟通协调能力。因此，大学生应该踊跃参加各种业余活动，培养多种兴趣，锻炼多方面的能力，在活动中积累丰富的社会实践经验，并积极地表现自己，从而激发潜能，促进身心全面和谐发展。同时，大学生应主动结交朋友，通过扩大社会交往范围实现思想的交流和信息资料的共享，不断丰富和激活内心世界，培养健全的人格。

5. 主动寻求心理咨询帮助

心理咨询是依据科学的理论，遵循健康或成长的原则，采用心理学的技术，帮助咨询对象解决困惑或烦恼的问题。心理咨询的目的是帮助精神正常但又存在某种心理困惑的人解决其在学习、工作、生活、人际交往以及疾病和康复等方面的心理不适应，给前来寻求帮助的大学生以指导、帮助和启发，使其学会发掘自身的潜能，去更好地适应环境、完善自我。

二、心理咨询与心理治疗

（一）心理咨询的定义

心理学家帕特森认为，咨询是一种人际关系，在这种关系中，咨询人员提供一定的心理气氛或条件，使咨询对象发生变化，做出选择，解决自己的问题，并且形成一个有责任感的个体，从而成为更好的人和更好的社会成员。从上述定义中我们归纳出心理咨询强调的几个基本要素。

1）心理咨询解决的是来访者心理方面的问题，或由心理问题引发的行为问题，而不是帮助他们处理生活中的具体问题。例如，一个因考试焦虑来咨询的大学生，希望咨询员替他交涉缓考的问题；一个在教育子女问题上遇到困扰的母亲要求咨询员找她儿子谈一次话；一个下岗待业的职工要求咨询员为他物色合适的工作……这些问题都是由于来访者对心理咨询的误解所造成的。咨询师对此应加以解释，并引导来访者把解决问题的着眼点集中在自己的心理问题上，通过咨询，使消极情绪得到调整，以积极的态度面对生活中的实际问题。

2）心理咨询不是一般的助人行为。它是运用心理学的知识、理论与方法从心理上为来访者提供帮助的活动，咨询师必须是经过专业训练的职业人员。在日常生活中，人们也可以进行互相帮助，通过谈心使紧张情绪得到缓解，但这是一种日常交往而不是心理咨询。心理咨询有特定的目的和任务，解决问题有专业理论与方法，是一种有目的、

有意识的职业行为，而不是人与人之间一般性的生活交往。

3）心理咨询强调良好的人际关系氛围。咨访关系是一种治疗联盟，在来访者和咨询师之间必须有一定程度的相互理解和信任，来访者才肯坦述自己的问题，接受咨询师的帮助。能否建立这种良好的关系，营造出相互信任的气氛，取决于来访者主动求助的意愿和开放的程度，以及咨询师的态度和技巧。咨询师对来访者的理解和帮助须是真诚的，态度应是诚恳的，但咨询师与来访者之间的关系不同于社会生活中的朋友或其他人际关系，双方均不谋求发展咨询以外的关系。假如一位多情的女大学生在咨询中获得了帮助，进而对咨询师在感情上产生了依恋，咨询师绝不能为此而动情或与之发展咨询以外的关系。

（二）心理咨询的目标

心理咨询的目标是提高咨询对象的自助能力，使之能够自主地解决自己的问题。心理咨询是在协助咨询对象解决具体问题的同时，通过咨询对象的观念转变、人格成熟，减少或避免类似问题的发生，乃至实现知识、技能的迁移，达到举一反三的效果。此外，开发人们的潜能也被列为心理咨询的目标或任务。总之，心理咨询的目的在于通过建立良好的人际关系，帮助来访者自强自立的过程。对心理咨询目标的理解可从四个方面入手：第一，良好的人际关系是前提，有了良好的人际关系，才可能达到帮助来访者的目的；第二，咨询是在心理学有关理论的指导下进行的活动；第三，咨询是一个过程，往往不是一次会谈就能解决问题；第四，咨询是帮助来访者自强自立，而不是包办解决来访者的各种问题。

（三）心理咨询的对象与时机

心理咨询的对象是遇到心理困惑或有强烈心理冲突与矛盾的正常人。心理咨询提供的服务可以帮助人们认识自己与社会，处理各种关系，逐渐改变不合理的思维、情感和反应方式，并学会与外界相适应的方法，提高工作效率，改善生活质量，以便更好地发挥自己的内在潜力，实现自我价值。

何时需要主动寻求心理帮助？当你感到心理不适和精神困扰感受超过了个人可独立解决的程度时，便可寻求心理咨询。

1）感到孤独和寂寞，希望得到别人的关怀，却难以和他人建立亲密关系。

2）对生活中的事情无法决定，总是犹豫、怀疑和选择困难，如婚姻、家庭、情感困惑、职业选择，因至爱亲朋的远离和过世而形成自我怨恨或罪恶感，难以解脱等。

3）难以面对现实，自己无法应付人际关系矛盾，如离婚、工作压力大，与同事、朋友、亲人发生纠纷，有自杀倾向、暴力倾向等。

4）亲子关系出现问题，如孩子不和父母说话，不肯上学或经常逃学，功课明显退步、性格孤僻或暴戾、学习困难、早恋、口吃等。

5）神经症症状，如抑郁、焦虑、强迫、恐怖、偏执、癔症等。

（四）心理咨询的原则

（1）保密性原则　心理咨询师必须保守来访者的内心秘密，妥善保管来往信件、测试资料、录音等材料，不在任何场合谈论来访者的隐私，除非征得来访者的同意，否则不能向来访者的单位领导、同事、同学、父母、配偶等谈及来访者的隐私。保密原则的应用有其限度，以下四种情况为保密原则的例外：第一，心理咨询师发现来访者有伤害自身或伤害他人的严重危险；第二，来访者有致命的传染性疾病，且可能危及他人；第三，未成年人受到性侵犯或虐待；第四，法律规定需要披露。

（2）理解性原则　心理咨询师对来访者的年龄、性别、种族、性取向、宗教和政治信仰、文化、身体状况、社会经济状况等任何方面都充分理解，不得评判对错。

（3）限时性原则　心理咨询必须遵守一定的时间限制。咨询时间一般规定为每次50分钟左右，原则上不能随意延长咨询时间或间隔。研究表明：咨询时间过长，会让心理咨询师和来访者产生疲劳，降低咨询效果；咨询时间过短，不能很好地与来访者交流，也会对咨询效果有影响。此外，咨询时间的限定，有助于来访者抓紧时间，把重要的核心问题及时提出，有利于咨询的进展。当然，心理咨询师也需要时间对上一个来访者的资料进行整理，理清头绪，接待下一位来访者。

（4）助人自助的原则　寻求心理咨询是一次学习的机会，心理咨询师帮助来访者理清思绪，理性处理问题，在心理咨询过程中来访者的心理素质会得到成长。因此，心理咨询本身就是一个来访者学习并成长的过程，同时也是心理咨询师助人自助的过程。

（5）自愿的原则　原则上讲，到心理咨询室求助的来访者必须出于自愿，这是确立咨访关系的先决条件。没有咨询愿望和要求的人，心理咨询师不应主动为其进行心理咨询。只有来访者感到心理不适，为此而烦恼，并愿意找咨询师诉说烦恼，寻求咨询师的心理援助心理咨询师才能为其提供咨询。

（6）客观的原则　心理咨询师处在一个客观的立场上，不应以道德的标准对来访者的问题进行评价，而是要来访问者进行无条件的积极关注，帮助来访者走出困境。

（五）心理咨询的形式

传统的心理咨询采用一对一的面谈方式。心理咨询师和有心理困扰的来访者，面对面地交谈，心理咨询师运用心理学的方法，为心理适应方面出现问题并祈求解决问题的来访者提供心理援助。为了帮助更多的当事人，心理咨询发展出应用团体动力学来帮助有相同心理问题的当事人的团体心理咨询模式。团体心理咨询是在团体情境下提供心理帮助与指导的一种咨询形式，即由咨询师根据当事人问题的相似性或当事人自发组成咨询小组，通过共同商讨、训练、引导，解决成员共同或共有的心理问题。大多数学生遇到心理困扰，最先向朋友倾诉和寻找帮助，极少数人寻求专业的帮助。目前，朋辈辅导逐渐受到重视和运用，成为高校心理咨询重要的形式之一。网络咨询也是比较受欢迎的咨询形式。就目前而言，网络咨询主要通过实时聊天软件、电子邮件、电子布告等对有需要的咨询者进行心理咨询服务。

想一想　你认为本"项目导入"中张帅遇到的问题适合做团体咨询还是个体咨询？

(六) 心理咨询来访者的责任与义务

第一，来访者要有自助意识。心理咨询不是一般的帮助人的行为，而是助人自助的过程，心理咨询师不是救世主，只能起到分析、引导、启发、支持、促进来访者的作用，不能替来访者做出改变或决定。心理咨询需要来访者积极主动配合，参与咨询计划的制订，认真完成咨询师布置的作业，勇于改变自己、战胜自己，最终才能走出心理困境。

第二，来访者要有耐心。心理问题、心理疾病不是一天两天形成的，可能是多种原因造成的，解决问题也需要一定的时间。心理咨询是一个循序渐进的过程，一般要经过了解来访者的问题、诊断、设立咨询目标、选择咨询方法、制订咨询计划、实施咨询计划和反馈咨询效果等过程，欲速则不达。有时在咨询的过程中，心理问题会出现反复，这需要来访者有耐心和意志力迎接挑战。

第三，来访者要真诚坦率地交流。心理咨询主要以语言沟通为基础，面对心理咨询师，来访者不要过多地考虑说话的方式方法，要如实地、直截了当地讲述困扰性问题以及在心理咨询过程中的内心感受，即使分不清问题所在，也不用担心，咨询师会在倾听过程中捕捉一些信息点去询问，来访者不用辨别有用与无用，只要实事求是地回答即可。

第四，认真完成咨询作业。咨询过程中，一个重要的环节就是来访者和咨询师共同制订咨询计划，来访者要在咨询的不同阶段，认真完成各种咨询作业，贯彻咨询计划，做好反馈，这样才会达到理想的咨询效果。

(七) 心理咨询与心理治疗的关系

心理咨询与心理治疗都是在理解、尊重的基础上帮助求助者解决其心理及相关行为问题；心理咨询是平等的咨询关系，以帮助来访者独立思考和决策为首要目标；心理治疗则是医患关系，以治愈病人的心理障碍或病态行为为首要目标；心理咨询与心理治疗在一定程度上都强调心理咨询师对来访者的尊重和理解。

任务实施

完成心理测试，通过测试帮助学生初步判断自己的心理是否健康；了解自己的心理健康状态，觉察自己的心理问题，通过情景模拟学会保持心理健康的方法。

一、心理测试

完成表1-3的心理测试，检测心理健康情况。评分规则：每题回答"是"记1分，回答"否"记0分，各题得分相加，统计总分。1～5分：心理健康。6～15分：说明你的心理处于亚健康状态，精神有些疲倦，最好能合理安排学习，劳逸结合，让精神得到松弛。16～30分：你的心理不健康，有必要求助心理咨询师，相信你会很快从烦恼不安中走出来。

表 1-3 心理健康自测表

题号	项目	计分
1	考试时,会紧张和出汗	
2	看见不熟悉的人会手足无措	
3	紧张时,头脑会不清醒	
4	常因处境艰难而沮丧气馁	
5	身体经常发抖	
6	会因为突然的声响而跳起来,全身发抖	
7	别人做错了事,自己也会感到不安	
8	经常做噩梦	
9	经常有恐怖的景象浮现在眼前	
10	经常胆怯和害怕	
11	常常稍不如意就会怒气冲冲	
12	当被别人批评时就会暴跳如雷	
13	别人请求帮助时会感到不耐烦	
14	做任何事情都会松松垮垮,没有条理	
15	脾气暴躁焦急	
16	一点也不能宽容他人,甚至对自己的朋友也是这样	
17	你被别人认为是一个非常挑剔的人	
18	你总是被别人误解	
19	常常犹豫不决,下不了决心	
20	经常把别人交办的事情搞错	
21	会被不愉快的事缠身,一直忧郁,解脱不开	
22	有些奇怪的念头老是浮现脑海,自己虽知其无聊,却又无法摆脱	
23	尽管四周的人在快乐地嬉戏,自己却觉得孤独	
24	常常自言自语或独自发笑	
25	总觉得父母或朋友对自己缺少爱	
26	情绪极其不稳定,很善变	
27	常有生不如死的想法或感觉	
28	半夜里经常听到声响,难以入睡	
29	你是一个感情很容易冲动的人	
30	常感到恐慌、无助	
总分		

二、情景模拟

通过心理测试，同学们基本了解了自己的心理健康情况。请两人一组，分别扮演来访者与心理咨询师，现场模拟心理咨询，完成表1-4。

表1-4 心理咨询情景模拟

班级		第 组	成员姓名	
自测情况	你属于哪个得分区间？			
问题陈述	你的心理问题有哪些？			
情景模拟	简要记录咨询过程。			
方法	在完成任务的过程中，你主要掌握了哪些分析和解决心理问题的方法？			

任务 3 识别和应对心理危机

📖 任务要求

本任务是识别和应对心理危机，通过完成本任务，学生能够识别常见的心理危机，运用危机干预的方法处理危机事件，构建和谐自我。

> 知识链接

一、心理危机的概述

(一) 心理危机的定义

心理危机是指由于突然遭受严重灾难、重大生活事件或精神压力，使生活状况发生明显的变化，尤其是出现了用现有的生活条件和经验难以克服的困难，以致当事人陷入痛苦、不安状态，常伴有绝望、麻木不仁、焦虑，以及植物性神经症状和行为障碍。

(二) 心理危机的分类

1. 成长性危机

成长性危机是指在学生成长和发展过程中所遇到的前所未有的阶段性问题，如大学生活不适应、学习方法欠妥、参加社团组织受阻等。

2. 境遇性危机

境遇性危机是指生活中出现的罕见或者超常性事件，在无法预见和控制时出现的危机，包括自身遭遇的重大疾病、交通意外、亲人死亡、家庭婚变、失恋、暴力伤害、自然灾害等。

3. 存在性危机

存在性危机是指突然发觉人生价值缺失，人生没有了意义。每个人都在探索人生，探索自己发展，探索自己存在的意义和价值，然而在此过程中往往会遇到很多困扰。很多大学生都有这样的疑问：我存在的意义到底何在？

(三) 大学生心理危机的表现

(1) 情绪反应　个体在心理危机中，一般有焦虑、愤怒、恐惧、沮丧、抑郁、紧张、绝望、烦躁、害怕等情绪。例如，失恋的学生会感到愤怒、绝望；考试焦虑的学生，一进入考场就开始紧张；社交恐惧的学生到公众场合讲话会胆怯，表现为脸红、颤抖、出汗。

(2) 认知反应　在强烈的负性情绪状态下，一个人的认知反应会走极端。表现为"绝对化""概括化"或两者交替。"绝对化"是指对任何事物都认为其必定如此。比如"我做什么都不行""周围的人肯定都讨厌我"。"概括化"是指以偏概全、以一概十的不合理思维方式，常常使人过分关注某项困难而忽略其他的解决方法。比如，"我这次比赛没获奖，老师同学们一定会瞧不起我""我有缺陷，别人都瞧不起我"。如果此时能积极地调整自己的认知，去寻找积极的情绪，就能实现自我成长。

(3) 生理反应　危机中的个体突然陷入极端的悲痛、愤怒、绝望当中，可能会出现短时间的意识模糊，呼吸急促，颈部血管紧张，面色苍白或者潮红，手颤，声音粗哑，甚至晕厥等生理现象。

(4) 心理行为反应　危机中的心理行为反应是个体为减轻痛苦而采取的一种防御机

制。高职学生最敏感的心理危机反应就是逃避和专注，并有假装适应的反应，这是一种消极的反应。为了有助于恢复个体平衡，通常要采用升华、坚持等积极的应对反应。

> **知识卡片**
>
> ### 如何识别心理危机
>
> 只有知道心理危机的表现，才能决定你或你所关心的人是否需要帮助。以下情况是心理压力超过应对能力的征兆，存在的现象越多且持续的时间越长，他们就越需要帮助。
>
> ◇ 直接表露自己处于痛苦、抑郁、无望或无价值感中。
> ◇ 易激怒，过分依赖，持续不断的悲伤或焦虑，常常流泪。
> ◇ 注意力不集中，成绩下降，经常缺勤。
> ◇ 孤僻，人际交往明显减少。
> ◇ 无缘无故地生气或与人敌对。
> ◇ 酒精的使用量增加。
> ◇ 行为紊乱或行为怪异。
> ◇ 睡眠、饮食或体重明显增减，过度疲劳，体质或个人卫生状况下降。
> ◇ 日记或其他发挥想象力的作品所透露出的主题为无望、脱离社会、愤怒、绝望、自杀或者死亡。

二、心理危机的干预

心理危机虽然并不是一种疾病，只是一种认知、情感、行为都处于混乱状态的过程，但是心理危机一旦发生，是需要进行干预的。大学生心理危机干预是指采取紧急应对的方法缓解或消除处于心理危机状态的大学生的压力，让其心理功能恢复到正常水平，并获得新的应对技能，以预防将来心理危机的发生。当心理危机发生时，如果能对当事人进行及时的关注和理解，提供心理援助并帮助其找到解决问题的办法，常常可以使当事人脱离困境。但是如果处理不当或不闻不问，当事人可能会出现不良反应，甚至出现严重后果。因此，心理危机干预就是通过短期的帮助，对处于困境或遭受挫折的人予以关怀和支持，帮助他渡过困境，重建心理平衡的过程。

（一）自助与求助

（1）自助 当自己遇到心理危机时，我们要帮助自己渡过难关，去掉消极认知，培养积极认知。维也纳第三心理治疗学派——意义治疗与存在主义分析的创办人维克多·弗兰克尔在《追寻生命的意义》一书中描述了他在奥斯维辛集中营的生活。他看到了三类不同的人：一类人会主动寻求死亡，一类人会主动寻求生存，另一类人被动地生存。这三类人面临的是同样的集中营生活：残酷、冷漠、随时面临生命威胁。他们其实一直处于危机中，但是他们的反应却不一样，在这里面起作用的就是认知，有的人拥有更积极的认知。

（2）求助　当自己遇到心理危机时，不仅要自助，更要求助，求助可分为两个部分。

1）寻求专业帮助。当遭遇心理危机后，往往会出现一些应激反应，如失眠、情绪低落、食欲不振等，通常情况下这些应激反应都会在一周左右减少或者消失，如果这些症状持续两周以上，那就说明需要寻求专业帮助了，比如找心理咨询师或者精神科医生。另一个需要注意的是创伤后应激障碍（Post Traumatic Stress Disorder，PTSD），它是指人在遭遇或对抗重大压力后，心理状态产生失调的后遗症。这些经验包括生命遭到威胁、严重物理性伤害、身体或心灵上的胁迫。这类事件包括战争、地震、严重灾害、严重事故、被强暴、受酷刑、被抢劫等。PTSD 多数在遭受创伤后数日至半年内出现。当出现 PTSD 的症状时，也需要寻求专业帮助。

2）寻求社会支持。当自己生活中遭遇一些危机事件，如家庭重大变故、身体疾病、失恋等，可以寻找必要的社会支持，如老师、同学的帮助等，集众人的力量帮助个体走出心理危机。这个时候需要注意的是，当我们在寻求他人帮助时都会担心是不是会给别人添麻烦，别人会不会帮助自己。在危机情况时，相信大部分人都会伸出援助之手。

（二）帮助他人处理心理危机

如果发现有人正处于心理危机之中，可以采取以下方法来帮助其渡过危机。

1）向他表达你的关心。询问他目前遇到了哪些困难以及这些困难会给他带来哪些负面影响。

2）多倾听，少说话。给他一份信任，使其愿意说出内心的感受和担忧。

3）要有耐心。交谈中可能会出现沉默、无语，但不要轻言放弃，有时重要的信息在沉默之后出现。

4）允许他出现强烈的情感反应，有时找到了宣泄的途径会使他的情感得到释放。

5）保持沉着冷静。要接纳，不做任何评判，也不要试图当下就让他接受正向积极的情绪或情感。

6）给予希望。让他知道困难有好多解决的办法，或许还有些办法现在还没发现。

7）要细心留意任何自杀念头。可以直接询问他是否想过自杀。

8）在结束谈话时，要让他知道你愿意继续帮助他，感谢他给你的这份信任，并且鼓励他再次与你讨论相关的问题。

9）如果他拒绝你的帮助，要知道这是有心理危机的人不愿承认自己的问题而加以否认，并不是针对你而拒绝的。

10）如果你认为他需要专业的帮助，可以向他提供专业机构的信息。如果他对寻求专业帮助有疑虑，应花时间倾听他的担心，告诉他大多数处于这种情况的人都需要帮助，向他说明你不是专业人员，所以建议他咨询专业人员，但并不是对他的事情不关心。

11）如果你发现他有自杀倾向，不要承诺你会对此保密，也不要一个人独自扛起帮助他的责任，应请其他人特别是专业人员一起承担帮助他的责任。

课程思政

做践行社会主义核心价值观的时代新人

12）如果你发现他要立即采取自杀行为，不要让他独处，求助其他人一起对其进行监护，确保生命安全。

13）如果他采取了自杀行为，应立刻把他送到医院抢救。

任务实施

完成以下心理测试，通过测试帮助学生快速判断自己面对生活的态度，了解自己的生活状态，觉察自己的困扰。

一、心理测试

面对生活，你是什么态度呢？请仔细阅读每道题，勾选符合你生活态度的答案，完成表 1-5。

表 1-5　生活态度量表

1. 我对未来充满希望和热情	□符合	□不符合
2. 因为不能把事情做好，我只好认输	□符合	□不符合
3. 当事情变糟时，我知道不会长久如此，心情就会好转	□符合	□不符合
4. 不能想象在今后的 10 年中，我的生活会是什么样子	□符合	□不符合
5. 我有足够的时间完成想做的大多数事情	□符合	□不符合
6. 我预料自己最关心的事情能够成功	□符合	□不符合
7. 我感到前途渺茫	□符合	□不符合
8. 我希望在生活中比一般人获得更多的成功	□符合	□不符合
9. 我运气不佳，也不相信会交好运	□符合	□不符合
10. 过去的经历已为我的将来打下良好的基础	□符合	□不符合
11. 展望未来，我能得到的都是不愉快的事情	□符合	□不符合
12. 我不敢奢求自己真正想要的东西	□符合	□不符合
13. 当展望未来时，我预想会比现在幸福	□符合	□不符合
14. 很多事情的结果不像我所期望的那样	□符合	□不符合
15. 我对未来充满信心	□符合	□不符合
16. 我从未得到自己想得到的东西	□符合	□不符合
17. 将来我不可能获得真正满意的生活	□符合	□不符合
18. 对我来说，前途捉摸不定	□符合	□不符合
19. 我想，将来好的时候会多于坏的时候	□符合	□不符合
20. 追求自己想要的东西是徒劳的，因为很少有可能得到它	□符合	□不符合

评分与评价：

填写表 1-6，计算分数。

表 1-6 评分表

评分标准	得分										总分
符合 0 分，不符合 1 分	题号	1	3	5	6	8	10	13	15	19	
	得分										
符合 1 分，不符合 0 分	题号	2	4	7	9	11	12	14	16	17	18	20
	得分										

得分小于等于 6 分时，表明你对生活充满希望和信心。

得分为 7～12 分，表明你对生活有轻度无望感。

得分为 13～20 分，表明你对生活有重度无望感，甚至有自杀意愿，建议立即寻求心理援助。

二、生命线上的思考

让我们来思考一下自己的生命线，并在纸上画出来。请在标题的横线上写上你的姓名。

_____的生命线

0

出生　　　　　　　　　　　　　　　　　　　　　　　预测死亡年龄

1）预测你的死亡年龄，填写在横线的右上方。

依据：

- 本人的健康状况。
- 家族的健康状况。
- 生活地域的平均年龄。

2）在横线上找出你的年龄位置，并标注出来。

- 写上今天的年龄。
- 写上今天的日期。

3）思考过去的我与未来的我。

- 列出过去影响你最大或令你最难忘的三件事。
- 列出今后你最想做的三件事或最想实现的三个目标。

过去的三件事　　　　　　　　　　未来的三件事

①_____　　　　①_____

②_____　　　　②_____

③_____　　　　③_____

如果你在写未来的三件事时有困难，请阅读以下提示。

首先，想一想自己这一生最终的目标是什么（事业成功、家庭幸福等）？

其次，思考自己未来 10 年想要实现的目标是什么？

再次，思考自己未来 3 年想要实现的目标是什么？

最后，思考自己未来 1 年想要实现的目标是什么？

认真思考自己的目标，把它们写下来，并在众人面前读出来。你会发现，目标在前方引导着自己努力前进。

任务 4　探索生命价值

任务要求

本任务是探索生命价值，通过完成本任务，学生能够感受生命的美好、寻找生命的价值，从而培养积极乐观的生活态度。

知识链接

一、认识生命

（一）生命的定义

狭义的生命是个人从摇篮走向坟墓的延续过程，广义上是指有机个体存在状态。《不列颠百科全书》列举了五种关于生命的定义。

1）生理学定义，即把生命定义为具有进食、代谢、排泄、呼吸、运动、生长、生殖和反应性功能的系统。

2）新陈代谢定义，即生命系统与外界经常交换物质，但不改变其自身的性质。

3）生物化学定义，即生命系统包括储藏遗传信息的核酸和调节代谢的酶蛋白。

4）遗传学定义，即生命是通过基因复制、突变和自然选择而进化的系统。

5）热力学定义，即生命是一个开放的系统，它通过能量流动和物质循环而不断增加内部秩序。

无论哪种定义，生物学意义上的生命是指自然生命。实际上，人的生命是自然生命和价值生命的统一体。自然生命是价值生命的载体，价值生命是自然生命的灵魂，舍弃两者中的任何一个，生命都是不完整的。心理学意义上的生命内涵比生物学意义上的要丰富得多。人的生命成长过程是指人从出生到成熟，直至衰老和生命最后阶段的生命全部的发展过程，包括婴幼儿、儿童、少年、青年、中年、老年六个不同的生命发展阶段。

(二) 生命的特点

（1）唯一性　生命的唯一性是指生命的独特性。我们不可能在世界上发现同样的两片叶子，同样也不可能找到两个完全一模一样的人。唯一性不仅仅指遗传的独一无二，也包括个人心理的独特性和人生经历的独特性。心理独特性指每个人的智力、才能、情感、态度、性格等都是不同的；人生经历独特性指每个人的人生道路和人生体验都是不同，这是由于个人的社会化或教育的不同形成的。在生活中，有人觉得自己就像茫茫大海里的一粒沙子，普通得不能再普通了，但是对于每个生命来说，它都是唯一的，在整个宇宙世界里都是独特的。

（2）不可逆性　生命的不可逆性是指生命不可重复，就如同流水，只能往前走，不可向后退。因为生命的不可逆性，所以生命很宝贵，度过的每一天都应有价值和意义。很多人会有一个习惯："等明天吧""等放暑假的时候我一定怎么怎么样"。有时候生命就在虚度中损耗，过去的只能成为过去，要过好当下的每一天。不要因为年轻就浪费自己的生命，也不要因为年老而抱怨生命的短暂，重要的是珍惜当下。

（3）有限性　人的生命是有限的，最终不可避免死亡，因为死亡也是生命的一部分。按照存在主义的观点，人类在潜意识中会有死亡的焦虑，正因为如此，人们才会进行生涯规划，让自己有限的生命过得更充实、更有价值。人不可能改变生命的长度，但可以改变生命的宽度。要改变生命的宽度，首先要知道自己最需要的是什么。许多时候，人们在经历大的灾难后才能意识到什么对自己最重要。例如，曾经亲历过汶川大地震的人会更加珍惜生活的美好。

（4）创造性　人的大脑功能是任何生物都不能比的，其他生命都是受制于本能，人的生命却具有选择性。人类最大的奇迹就在于它可以对限制其潜能发展的外在因素采取反应，可以主动改变这个世界，可以让这个世界发生变化，展示新的面貌。因而可以让个人有所成就，促进人类文明的进步和社会的发展。这也是人类生命最有价值之所在。

二、尊重生命

尊重生命，包括尊重自己的生命和尊重他人的生命。一个人首先要尊重自己的生命，如果不懂得尊重自己的生命，实际上也不可能懂得尊重他人的生命。一个人要懂得尊重生命，要了解生命的内涵。

1. 生命的价值

当一个人走向成熟时，就开始思考人生的重要问题，即积极探索自己的生命价值和意义。生命价值是指个体的生命在个人、他人、社会、自然发展中所占的地位和所起的作用，以及个人对他人、社会和环境所负的责任和所做的贡献。它既包括物质价值又包括精神价值，既包括生前所做的贡献又包括身后的影响。每一个生命都是不同的，每一个人的生命价值也各不相同。例如，园子里有一棵古树，木匠、画家和农民都跑去看。木匠看了感叹不已："真是一根上好的梁啊！"画家看了说："古松很美，是园中最有诗意的一景。"而农民看后满心欢喜："树下乘凉真不错！"不同的人从各自的角度看到了古松的价值所在。同样，我们对周围人与事的好与坏、对与错，每个人心中都有自己的标准、准则，那就是我们的价值观。美国学者丹尼斯·维特利曾说："你的价值观决定了你的人生道路，决定了你做出什么样的选择，同时，它能影响你发挥潜能的程度。"

> **知识卡片**
>
> ### 无腿的生命走出壮美的人生
>
> 　　陈州，1983年出生于临沂苍山，6岁父母离异，8岁流浪四方，13岁失去双腿，历经生死磨难。18岁时，他说："我不能当一辈子乞丐。"于是，他卖报纸，擦皮鞋，收破烂。他干过很多职业，却从不乞讨。后来，他成了一名流浪歌手，以木盒为腿，用歌声走过了全国700多个城市，被誉为"用歌声走路的人"。
>
> 　　19岁，他和妻子从相遇、相知到相恋，一场梅雨促成了他们一生的爱情故事。他有一双儿女，幸福甜蜜。10年间，他先后登上全国近百座名山大川，仅泰山就登了13次。2012年，他靠双手登顶五岳，成为全球"双手登五岳"第一人，被评为"中国当代徐霞客"。
>
> 　　25岁，他心怀感恩，开始不断回报社会。他先后进行了100多场励志演讲，捐出善款50多万元，被评为"山东十大凡人善举人物"，入选"感动中国"栏目。
>
> 　　30岁，他成为全国出名的残疾歌手、励志演说家，去全国各地演讲、演出。他依然没有停下追梦的脚步，为圆梦想，他报名歌唱、舞蹈多个培训班，考入山东省特教大学继续求学。
>
> 　　陈州说："上天夺走了我的一双腿，但是他给了我一个舞台；同时还给了我一个好的家庭，漂亮的媳妇，一双可爱的儿女，我觉得我的生活超完美。"
>
> **分析点评**
>
> 　　案例中，陈州虽然失去双腿，却走出了壮美的人生。这源于他懂得感恩。
>
> 　　首先，感恩之心成就壮美人生。中国有句古话：滴水之恩，当涌泉相报。是什么让他走出绝望，重新燃起生的希望？听陈州的自我告白就能找到答案。他说："好好活下去，不能浪费恩人给我的第二次生命。"陈州形容自己多年来是在做一张"试卷"。每当遇到困难，他就这样鼓励自己，他觉得自己现在还算及格，才有脸来见恩人们。从他的话中能够听出，一颗感恩之心给了他精神支撑。
>
> 　　其次，感恩的心就像一双隐形的翅膀，帮人飞过绝望，让梦想开花结果。在陈州的人生经历中，他遇到很多好心人，好心人的帮助与鼓励化作他战胜肢体残疾的动力。虽然失去了双腿，但他以木盒为腿，以流浪卖唱为生，走过了全国700多个城市。由于心怀感恩，他为希望小学等义演近百场，他的自强自立感动无数国人。虽然失去双腿，他还时时想着比自己境遇更糟糕的人，而且时时想着帮助别人，想着回报社会，并用自己的经历去鼓励更多的人。这样一位失去双腿的青年人还登上了安徽电视台超级演说家的舞台，激励无数残障人士走出困境，同样也激励着肢体健全的人们。
>
> 　　陈州给当代大学生的启示是：人只要有感恩的心，就有战胜困难厄运的动力，就可渡过所有的难关。所以，大学生一定不能忘记初心，不要急于功利和物质享受，任何时候都要懂得感恩、学会感恩，并不断提高自己回馈他人、回馈社会的能力。

2. 生命的美好

看看你的双手，要创造出比人类的双手更有用的工具真不是件容易的事情。你可以毫不费力地吸进空气，而身体各个部分立刻奇妙地运作起来，你的身体无须任何帮助或指导就能够从中汲取成长所需的养分，你所要做的不过是允许空气进入身体。生命是如此的奇特，如此的美妙。

3. 生命的潜能

每一个生命都是经过选择的，都是具备成就生命所有的可能性而来到这个世界上的。我们天生都是有勇气和充满智慧的。真、善、美、正义和欢乐是人类的内在本性。人具有善良和良好发展的天然本性，人的本性倾向于创造，需要与他人建立亲密的个人关系。

• 走进心理实验室 •

杯子里的跳蚤

心理学家将一只跳蚤放进没有盖子的杯子内，结果，跳蚤轻而易举地跳出杯子。紧接着，心理学家用一块玻璃盖住杯子，于是，跳蚤每次往上跳时，都因撞到这块玻璃而跳不出去。很快它就学得聪明起来，开始调整跳的高度，只在玻璃下自由跳动。一周以后，实验者将玻璃板往下移，跳蚤也继续调整高度。后来，当实验者拿开玻璃，跳蚤仍然在原有高度跳动。它已经无法跳出这个玻璃杯了。

想一想：跳蚤为什么跳不出来了？你是否也有过类似的情景：对某件事，经过一段时间的努力而没有达到目标时，便灰心丧气，认为这件事自己永远都办不到，放弃目标，不再努力。事实上真的办不到么？

三、生命的意义

"生命的意义是什么？"很多人都曾在人生的某些阶段思考过这个难以回答的问题。大学阶段正是人对生命充满迷茫、好奇和探索的阶段。找到自己生命的意义，可以使自己的生活更充实和丰盈。维克多·弗兰克尔认为发现生命意义的途径有：

（1）创造和工作　创造和工作会带来价值感，也是成就感的获得途径。职业的存在意义，在失业时最容易表现出来。

（2）经验　体验某个事件和人物，如工作的本质或文化、爱情等来发现生命的意义。

（3）经历苦难　因为痛苦被发现有意义时便不再痛苦了，认识人生的悲剧性和处理困境，能促使人深思，寻找自我，最终发现人生的意义，达到自我超越。

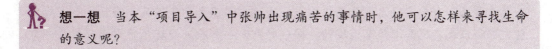
想一想　当本"项目导入"中张帅出现痛苦的事情时，他可以怎样来寻找生命的意义呢？

生命的意义是个体对自己存在目的和价值的感知，是个体关于生命的积极思考，是个体正在努力实现的自己给予高度评价的生命目标。不同的人赋予生命以不同的意义。有的人认为获取足够的物质财富是生命当中最有价值的事，而有的人会认为拥有一份纯真的爱情，人生将充满阳光。当然取得成就、获取知识及智慧、提高精神的层次等也是很多人的生命追求。大学生到底该确定什么样的人生目标呢？

> **知识卡片**
>
> ### 马斯洛的需求层次理论
>
> 需求层次理论，亦称"基本需求层次理论"，由美国心理学家亚伯拉罕·马斯洛于1943年在《人类激励理论》论文中提出。该理论将需求分为五种，像阶梯一样从低到高，按层次逐级递升，分别为：生理需求，安全需求，社交需求，尊重需求，自我实现需求。
>
> （1）生理需求　生理需求是人们最原始、最基本的需求，如空气、水、食物、衣物、性欲、住宅、医疗等。如果得不到满足，人类的生存就成了问题。这就是说，它是最强烈的不可避免的最底层需求，也是推动人们行动的强大动力。
>
> （2）安全需求　安全需求要求劳动安全、职业安全、生活稳定，希望免于灾难，希望未来有保障等。安全需求比生理需求较高一级，当生理需求得到满足以后就要保障这种需求。每一个在现实中生活的人，都会产生安全感的欲望、自由的欲望、防御实力的欲望。
>
> （3）社交需求　社交需求是指个人渴望得到家庭、团体、朋友、同事的关怀、爱护、理解，是对友情、信任、温暖、爱情的需求。社交需求比生理需求和安全需求更细微、更难捉摸。它与个人性格、经历、生活区域、民族、生活习惯、宗教信仰等都有关系，这种需求是难以察觉、无法度量的。
>
> （4）尊重需求　尊重需求可分为自尊、他尊和权力欲三类，包括自我尊重、自我评价以及尊重别人。尊重需求很少能够得到完全的满足，但基本的满足就可产生推动力。
>
> （5）自我实现需求　自我实现需求是最高等级的需求。满足这种需求就要求完成与自己能力相称的工作，最充分地发挥自己的潜在能力，成为大众所期望的人物。这是一种创造的需求。有自我实现需求的人，似乎能够竭尽所能，使自己趋于完美。自我实现意味着充分地、活跃地、忘我地、全神贯注地体验生活。
>
> 马斯洛的需求层次理论认为，这五种需求像阶梯一样从低到高，按层次逐级递升，但次序不是完全固定的，而是可以变化的。五种需求可以分为两级，其中生理需求、安全需求和社交需求属于低一级的需求，这些需求通过外部条件就可以满足；而尊重需求和自我实现需求是高级需求，通过内部因素才能满足，而且一个人对尊重需求和自我实现需求是无止境的。同一时期，一个人可能有几种需求，但每一时

期总有一种需求占支配地位，对行为起决定作用。

不同的人经历不同，对生命意义的理解存在巨大差异。但人的最大价值与生命意义就在于不断地实现自我，追求自我价值。在德国奥斯维辛集中营经历磨难的维克多·弗兰克尔在《追寻生命的意义》中写道"一个人不能去寻找抽象的人生意义，每个人都有他自己的特殊天职或使命，而此使命是需要具体地去实现的。他的生命无法重复，也不可取代。所以每一个人都是独特的，也只有他具有特殊的机遇去完成其独特的天赋使命。"一个人一旦认为自己的地位无可替代，自然容易尽最大心力为自己的存在负起责任。

四、丰盈人生的秘诀

在现代社会，随着人类科学和医学的进步，人类已经在很大程度上扩展了生命的长度，人类的平均寿命已超过 70 岁。但是随着生命长度的扩展，人的生命质量是否得到提高？人的生命是否有意义？是否能够过一个幸福而丰盈的人生成了人们关注的问题。究竟幸福人生有哪些秘诀呢？在《持续的幸福》一书中，美国心理学家马丁·塞利格曼教授提出了幸福生活的五要素（PERMA）。

1）积极情绪（Positive Emotion）包括愉悦、狂喜、入迷、温暖和舒适等。塞利格曼将以此为目标的人生称为"愉悦的人生"。如何能够体验更多积极的情绪呢？品味生活中的好事，可以提升我们的积极情绪。在生活中，我们往往关注坏事多于好事，因而产生更多的消极情绪。

2）投入（Engagement）指的是完全沉浸在一项吸引人的活动中，时间好像停止，自我意识消失。塞利格曼将以此为目标的人生称为"投入的人生"。比如，"有没有感觉到时间停止？""你完全沉浸在任务中了吗？""你忘了自我吗？"虽然在投入的过程中并不一定会体验到积极的情绪，但投入确实会让人感觉到忘我，生活很充实。

3）人际关系（Relationships）。我上一次开怀大笑是什么时候？上一次喜不自禁是什么时候？上一次感觉到深刻的意义和目的是什么时候？上一次产生自豪感是什么时候？通常这些问题的答案都有一个特点——与他人相关，比如我上一次开怀大笑是和好朋友在一起爬山，真的很开心。好的人际关系意味着你在生活中真正关心别人，也有人真正关心你。科学家发现，帮助别人是提升幸福感的最可靠的方法。

4）意义（Meaning）。有意义的人生意味着把人生归属于某些超越你自身的东西，并为之奋斗，比如一个人的理想，为理想而奋斗就是一种意义。

5）成就（Accomplishment）。幸福短暂的形式是成就，长期的形式是成就人生，即把成就作为终极追求的目标。从这个角度看来，成就和幸福之间并不矛盾，并非获取成就就会用幸福人生作为代价。成就能够产生一种自我满足感，不管这种成就是否被社会所认可，但是这种满足感会促进幸福的产生。

> **知识卡片**
>
> ## 四种基本的回应方式
>
> 表 1-7 中列举了四种基本的回应方式，其中只有"积极主动"一种是可以建立良好关系的。
>
> 表 1-7　四种基本的回应方式
>
> | 朋友与你分享好事 | 回应类型 | 你的反应 |
> |---|---|---|
> | 我当学生会主席了 | 积极主动 | "太棒了，我为你感到高兴！我知道这次竞选对你来说很重要，快告诉我当时的情况，你是怎么做到的。我们应该庆祝一下！"
非言语反应：保持目光接触，表达积极的情绪，如真诚的微笑、拍拍肩膀、大笑等。 |
> | | 积极被动 | "这是个好消息，这是你应得的。"
非言语反应：很少甚至没有积极的情绪表达。 |
> | | 消极主动 | "那你以后会更忙啊，学习的时间会更少了吧？" |
> | | 消极被动 | "去吃饭吗？"
非言语反应：几乎没有任何目光接触，转身离开宿舍。 |

任务实施

一、心理测试——评价生命意义

完成表 1-8 心理测试，根据对每一道题的内心体验，按照强度分别在 1～7 之间打分。通过测试帮助你快速判断自己的生命意识；了解自己的内心体验；觉察、调整、提升自己的生命意识。

表 1-8　生命意义评价

序号	题目	得分
1	我有个幸福的家	
2	我相信我能对世界产生影响	
3	知道挫折和失望是生活中不可避免的一部分	
4	相信生活有终极目的和意义	
5	致力于创造性工作	
6	追求值得付出的目标	
7	努力去达到生活目标	
8	关心他人	
9	与人分享亲密感情	

（续）

序号	题目	得分
10	我相信我所追求的东西的价值	
11	想要实现我的潜能	
12	我发现世界有着大致的公平	
13	我努力使这个世界成为一个更好的地方	
14	内心平静	
15	与他人相处得好	
16	我有种使命感或是召唤感	
17	我喜欢挑战	
18	我能充分应用自己的能力	
19	不管做什么，我都努力做好	
20	我有许多好朋友	
21	我被他人信任	
22	对工作很投入	
23	我有生活目的和方向	
24	其他人对我的评价较高	
25	热衷于我所做的事情	
26	生活对我是公平的	
27	接受自己的局限性	
28	能平和地面对自己的过去	
29	有份双方都满意的爱情	
30	我是热心的并且乐于助人的	
31	我被其他人喜爱	
32	我找到了我深爱的人	
33	为个人的成长而努力	
34	接受不能改变的事	
35	在达成目标的过程中我会坚持不懈、竭尽全力	
36	我重视自己的工作	
37	为社会做出杰出贡献	
38	我会为他人的幸福贡献力量	
39	其他人待我是公平的	
40	我得到了平等的机会和奖赏	
41	身体健康	

（续）

序号	题目	得分
42	亲戚朋友间相处融洽	
43	父母身体健康	
44	有良好和谐的人际关系	
45	我的生活充满了乐趣	
46	我有足够多的爱好或娱乐项目	
总分		

说明：

将每题得分相加，最后得出总分（大学生统计平均分为240.26）。

1）总分低于184分：生命意识较低或体验不到生命的意义。

2）总分为185～230分：生命意识模糊，对生命的理解和思考茫然。

3）总分为231～276分：生命意识较强，有较明确的对人生意义的思考和行动。

4）总分为277分以上：生命意识很强，有明确的人生目标与行动。

二、生命之美

请写下5件近一周发生在你身上的值得感恩的事情（如果想不出，可以回想过去一个月所发生的值得你感恩的事情）。并回答：这件事为何会发生？

值得感恩的事情_____

时间及地点_____

事情经过_____

发生原因_____

请你将记录感恩之事变成习惯，每天或者每周记录自己的感恩日记。你会发现，生活原来是那么美好，周围有那么多值得自己感谢的事情或人。

三、生命的意义

1. 思考以下问题。

A. 我的存在有哪些意义_____

B. 我可以为身边哪些人带来怎样的快乐_____

C. 我的存在将为社会带来什么意义_____

D. 我希望我的人生将会在世上留下怎样的痕迹_____

2. 6～8人一组，小组讨论，轮流发表意见，并记录思考结果。

_____

_____

3. 在教室建设"生命的意义"专题园地，激励彼此。

• 项目总结 •

本项目主要围绕探索健康及心理健康、大学生心理健康的维护、心理危机的识别及应对、探索生命价值四个层面由浅入深开展任务实施,让学生通过完成任务提升对自身情况的觉察力、识别力;根据标准判断自身是否健康;能够觉察自身常出现的心理健康和心理危机困扰,通过掌握心理健康和心理危机干预的方法,帮助自己和他人走出不良的状态,为构建和谐自我,养成自尊自信、理性平和的积极心态奠定坚实的基础,从而更好地实现生命的价值。

• 项目实训 •

走进心理健康

请同学们根据本"项目导入"中的案例,结合所学知识,完成项目实训,具体要求:

1)6～8人为一个小组。
2)以小组成员内部自荐(推荐)的方式,选取小组组长,由组长带领组员实施项目实训。
3)你作为班级的心理委员,如何通过心理危机干预的方法,帮助本"项目导入"中的张帅应对心理危机。
4)以小组合作的形式完成项目实训,并填写表1-9。
5)组长负责完成填写表1-10,教师根据项目实训完成情况给出评价。
6)在项目实训完成后,每位同学从情感、知识、技能、方法四方面完成该项目的总结,填写表1-11。

表1-9 项目实训单

负责人		组别		完成日期	
项目		走进心理健康			
走进心理健康	心理危机干预三步法			具体步骤		
	1.怎样识别心理危机?				
	2.如何预防心理危机?				
	3.怎样有效干预心理危机?				
检查人(签字)		检查评语:				

表 1-10　检查评价单

检查目的	监控小组的项目完成情况				
评价方式	小组自评（满分 40 分），组间互评（满分 30 分），教师评价（满分 30 分）				
序号	检查项目	检查标准	小组自评	组间互评	教师评价
1	分工情况	安排是否合理、全面，分工是否明确			
2	学习态度	小组工作是否积极主动、全员参与			
3	纪律出勤	是否按时完成项目，遵守工作纪律			
4	团队合作	是否相互协作、互相帮助，是否听从指挥			
5	创新意识	看问题是否具有独到见解和创新思维			
6	完成质量	项目实训单是否记录完整，是否按照计划完成			
检查评价	班级			第　　组	
	评语： 检查人员签名：				

表 1-11　项目总结单

项目	走进心理健康		
班级		第　　组　　成员姓名	
情感	通过对项目的完成，你认为自己在社会主义核心价值观、职业素养、学习和工作态度等方面有哪些需要提高的部分？		
知识	通过对项目的完成，你掌握了哪些知识点？请画出思维导图。		
技能	在完成项目的过程中，你主要掌握了哪些技能？		
方法	在完成项目的过程中，你主要掌握了哪些分析和解决问题的方法？		

• **推荐资源**

1. 推荐书籍

《追寻生命的意义》(弗兰克尔著,何忠强、杨凤池译,新华出版社,2003年出版)

推荐理由:《追寻生命的意义》是一个人面对巨大的苦难时,用来拯救自己的内在世界的故事,同时也是对一个关于每个人存在的价值和能者生存的社会所应担负职责的思考。本书对于每一个想要了解我们这个时代的人来说,都是一部必不可少的读物。这是一部令人鼓舞的杰作,他是一个不可思议的人,任何人都可以从他无比痛苦的经历中,获得拯救自己的经验。

2. 推荐电影

《心灵捕手》(导演:格斯·范·桑特,主演:罗宾·威廉姆斯、马特·达蒙)

推荐理由:影片讲述了一个名叫威尔的麻省理工学院的清洁工的故事。威尔在数学方面有着过人天赋,却是个叛逆的问题少年,在教授蓝勃、心理学家桑恩和朋友查克的帮助下,威尔最终把心灵打开,消除了人际隔阂,并找回了自我和爱情。

全片在讲述故事的同时,插入了大量的心理斗争。影片还给我们传输了一种友谊观,就像片中的桑恩和蓝勃,以及威尔和查克那样,朋友并不一定要志同道合,只要互相关心,为对方考虑,也能收获真正的友谊。

项目 2 适应大学生活

项目导入

李新是高职院校的大一新生,入学后,原本积极乐观的自信女孩由于适应不良变得郁郁寡欢。她觉得饭菜不可口,宿舍人太多、太吵,不知道如何处理与室友的关系,不知道如何管理生活费……随着问题积少成多,超过她的承受能力,她形成了强烈的心理冲突,引起了不良生理反应,包括失眠、食欲不振、注意力不集中等状况,甚至出现了退学的念头。如果你是班级的心理委员,如何帮助李新认识大学生活,适应大学生活呢?

本项目通过揭秘大学生活、融入大学生活 2 个任务,提升学生的积极适应能力,让学生顺利渡过大学适应期,为未来适应社会、适应职场奠定基础。

学习目标

(1)能够客观认识大学生活。
(2)掌握适应的定义、类型、方式等,觉察自己的应对方式。
(3)能够根据防御机制的定义、类型,正确理解防御机制,觉察常用的防御机制类型。
(4)能够通过适应能力测验,判断自己是否出现适应不良。
(5)能够掌握适应的方法,顺利渡过大学适应期。

项目实施

任务 1 揭秘大学生活

任务要求

通过完成本任务,学生能够认识自己的大学生活,学会对比理想中的大学生活和现实中的大学生活,觉察自己适应不良的事件,为适应大学生活奠定基础。

知识链接

一、大学的使命

大学是人生的美好阶段,大学意味着我们要学习更多的文化知识,参加更多的文娱活动,结交更多的知心朋友,邂逅一段美好的爱情……然而,大学不仅仅是这些,适应大学生活从揭开大学的面纱开始。我国学者刘伟章在《大学的精神》一文中谈道,"大学教育是塑造灵魂的教育"。在大学里,学生不仅要学习科学文化知识,更要塑造自己的灵魂,培养健全的人格,树立伟大的理想信念,积淀丰富的人生智慧,还要通过培养独立思想,使自己具有独立判断的能力、独立思考的能力,使自己具有博大、宽容的胸怀,能够与自己、与他人、与周围的环境和谐相处,能够自主做出决定,能够勇于担当,做社会主义合格的建设者和可靠接班人。

课程思政

用习近平新时代中国特色社会主义思想指引青年大学生勇做新时代的弄潮儿

知识卡片

大学之道

大学之道,在明明德,在亲民,在止于至善。——《大学》

明明德,即净化和升华心灵的德性品格,达到礼德明亮、光明磊落、大公无私的修养状态。

所谓明,即太阳和月亮的光明,要学习太阳无私地自燃,为万物照明;学习月亮无欲地返照,为万物照明。做到"明"的关键是要像太阳和月亮那样无私无欲,奉献能量不求回报。人能做到无私无欲,则必然会心明!

> 所谓德，即心灵的德行，仁德、义德、礼德、智德、信德这五种道德性能量，滋养着我们的精神和灵魂。
>
> 教育的灵魂是道德、心明！礼德明亮，这才是真正的学问。礼德明亮即心中要有光明，既能照亮自己的人生之旅，又能用光明帮助别人，造福于社会。
>
> 所谓亲，即仁爱、慈爱、博爱，亲民即对人心存慈悲和博爱。
>
> 止于至善，大学之道的基础和根基，就是修养至善。何为至善？大公无私、仁爱众生、唯德是行就是至善。至善，也就是老子《道德经》所阐释的上善，其根本是指修十善之心。要求修养道德者，一心一意去实践并且做到十善之心，即忠孝心、好善心、慈悲心、平等心、博爱心、教化心、忠恕心、和蔼心、忍耐心、勇猛心。

二、大学与个人发展

1. 教育的目标

联合国教科文组织的报告《学会生存》指出，教育的目的在于使人成为他自己，"变成他自己"应该把"学习实现自我"放在最优先的地方。教育要把一个人在体力、智力、情绪、伦理各方面的因素综合起来，使他成为一个完善的人，成为他自己文化进步的主人和创造者；教育要解放人民的才能，挖掘其创造力。

可见，教育应该培养人的全面发展，培养一个全人。全人教育即人的德、智、体全面发展的教育，生理与心理、智力与非智力、情感与意志等协调发展的教育。塑造全面的人就是要培养道德高尚的人、人格独立的人、身心健康的人、智能双全的人、善于创造的人。全人教育即身、心、灵的教育，使个体的身体、心灵和心智达到均衡。教育学生珍爱生命、爱护身体，通过休闲活动，使自己的身体得到放松，调整自己的身体使之达到最佳状态。心灵即个体生命的内在本质、个体内在的精神和思想。心智即个体的思考能力、智慧、心理和性情。全人意味着身、心、灵的和谐统一。

全人教育的目的在于：使个体充分发展生命的潜能；把学生培养成一个有情感、有智慧的人；使学生的真、善、美，知、情、意等心理品质得到全面发展。全人教育重视个体作为"人"的价值——和谐、平静、合作、合群、诚实、公正、平等、同情、理解和爱。

2. 大学阶段要做的事

联合国教科文组织对21世纪青少年教育提出要"学会认知，学会做事，学会共同生活，学会生存"的教育目标，这对我们的大学生活有如下启示。

（1）学会做人　大学首先要学会做人，适应与发展的目的在于：使人日臻完善；使人人格成熟，不断增强自主性、判断力和个人的责任感；使人拥有正确的人生观、价值观，拥有明确的伦理道德观和是非观，能够遵守社会公德，使自己的行为符合新时期大学生的行为规范。

（2）学会做事　大学生要有敬业精神和社会责任感，要有独立的生活管理能力，独立选择、独立决断、独立处理问题的能力，以及应付各种情况和各种环境的适应能力，能够不断积累做事的相关经验，使工作富有成效。

（3）学会与人相处　与人相处是一种人际交往的能力，也是一种人际资源。大学生应当对他人有尊重、真诚的态度，能够接纳他人的长处与不足，能够与他人进行良好的沟通，建立亲密的合作关系，在交流与分享中促进自我发展。

（4）学会学习　学习是一个终身任务。大学生不仅要学习专业知识，还需要学习与之相关的各种人文和自然科学知识；拥有综合分析问题、解决问题以及在复杂信息环境下检索和判断的能力，拥有创新能力。学会学习，不仅仅是为了获得知识本身，更重要的是获得一种认识世界的手段和能力。

任务实施

通过认识自己的大学生活，对比理想和现实中大学生活的差异，找出适应不良的事件和应对方法。

一、认识我的大学生活

通过填写表 2-1，对比理想大学生活与现实大学生活，从环境、学习、交往、生活、休闲等方面认识自己的大学生活，为尽快度过大学阶段适应期奠定基础。

表 2-1　理想大学生活与现实大学生活

	理想大学生活	现实大学生活
环境		
学习		
交往		
生活		
休闲		
……		

二、我的适应地图

填写表 2-2 我的适应地图,在小组内进行分享,组长将大家适应不良的方面进行归类。小组讨论:面对适应不良的事件,我们应如何改变?各小组派代表分享本组的讨论结果。

表 2-2 我的适应地图

问题	答案
(1)请写出学校的准确地理位置	
(2)请写出学校三年的课程设置	
(3)你是通过什么渠道了解这些的	
(4)请写出学校内部及周围的店家及其经营特色(如食堂、图书馆、复印店、洗衣店、饭店等)	
(5)写出你在校园里最不能适应的事件	
(6)写完你的适应地图,请认真看看,哪些事情可以克服,哪些事情让你无法适应	

任务 2　融入大学生活

📖 任务要求

通过完成本任务,学生能够觉察自己适应不良的主要表现,掌握顺利渡过大学适应期的方法,帮助自己或他人走出适应不良的困扰,提升适应能力。

> 知识链接

一、适应的定义

严复翻译的英国生物学家赫胥黎的《天演论》中提出"物竞天择，适者生存"这一自然的法则，这要求我们改变自己、适应社会。除此之外，瑞士儿童心理学家皮亚杰对适应也有较深入的研究。皮亚杰认为适应是有机体通过同化和顺应两种机制不断地认识环境，不断地与环境形成一种平衡的过程。皮亚杰强调适应是主体对变化的环境做出一种主动反应，强调适应中主体的自身能动性和积极性。

《心理学大词典》将适应（adaptation）分为生物学适应和心理学适应。

1. 生物学适应

生物学适应是指能增加有机体生存机会的身体和行为上的改变，动物在环境的压力下自身做出各种形式的合宜性调整。

2. 心理学适应

心理学适应是指一个人在心理上进行自我调节、自我平衡，以适应社会生活和社会环境的能力。适应是自我与环境和谐统一的一种良好的生存状态，可分为三个层次。

（1）感官上的适应　感官上的适应指个体感官对声音、光线、味道等刺激物的适应，即个体的听觉、视觉、味觉等感官接受刺激的时间延长，使得敏感度下降而导致绝对感觉阈限上升的现象。

（2）认知结构上的适应　根据皮亚杰认知发展理论，认知结构上的适应指个体因环境限制而不断改变个体认知结构以求内在认知与外在环境保持平衡的过程。同化指的是个体把外界刺激所提供的信息整合到自己原有认知结构中的过程。顺应指的是外部环境发生变化，而原有认知结构无法同化新环境提供的信息时所引起的认知结构发生重组与改造的过程。适应是儿童智慧发展的实质和原因。

（3）社会上的适应　个体为排除障碍、克服困难、满足自己的需要、与环境保持和谐而改变自己的一切内在观念（如态度、价值观）和外在行为的过程。

二、适应的类型

依据不同的标准可将适应分成不同的类型。根据适应的对象，适应可分为对自然环境的适应和对社会环境的适应；根据适应的程度，适应可分为浅层适应和深层适应；根据适应过程中是否有意识的参与，适应可分为有意识的适应和无意识的适应；根据适应过程中态度的积极或消极，适应可分为主动适应和被动适应。

（1）主动适应　主动适应是个体在客观环境中积极主动地调整自己与环境的不适应行为，增强个体在环境中的主动性、积极性，使自身得到发展。任何环境中都存在着有利于个人成长的积极因素和不利于个人成长的消极因素。积极、主动的适应是个体能全面客观地分析自身的特点及环境的特点，能够将环境中的有利因素和个性中的积极因素统一在自己能动的实践活动中。

（2）被动适应　被动适应是个体在客观环境中不能积极调解自己的行为去适应环境。在与环境消极的互动过程中，个体仅仅关注到了环境中的消极因素，压抑了自身的积极因素及自身的潜能，其结果是个体无法发挥主观能动性，致使环境改造了人。

> **心理故事**
>
> ### 蚌和珍珠的故事
>
> 珍子家世代采珠，在她出国留学前，母亲郑重地把她叫到一旁，给了她一颗珍珠，并告诉她说："当女工把沙子放进蚌的壳内时，蚌觉得非常不舒服，但是又无力把沙子吐出去，所以蚌面临两个选择，一个是抱怨，让自己的日子很不好过，另一个是想办法把这粒沙子同化，使它跟自己和平共处。于是蚌开始把它的精力和营养分一部分去把沙子包起来。当沙子裹上蚌的外衣时，蚌就觉得它是自己的一部分，而不再是异物了。沙子裹上的蚌的成分越多，蚌越把它当作自己，就越能心平气和地与沙子相处了。"
>
> 母亲启发她道："蚌并没有大脑，它是无脊椎动物，在演化的层次上很低，但是连一个没有大脑的低等动物都知道要想办法去适应一个自己无法改变的环境，把令自己不愉快的异己转变为自身可以忍受的一部分，人的智能怎么会连蚌都不如呢？"
>
> 美国著名思想家尼布尔有一句有名的祈祷词说："上帝，请赐给我们胸襟和雅量，让我们平心静气地去接受不可改变的事情；请赐给我们勇气，去改变可以改变的事情；请赐给我们智慧，去区分什么是可以改变的，什么是不可以改变的。"

三、适应的方式

当生活发生变化时，人们的适应方式主要有本能的防御机制和习得的应对方式。

1. 防御机制

防御机制是弗洛伊德提出的心理学名词。它是指个体在学习、工作、生活等方面面临挫折或冲突的紧张情境时，在其内部心理活动中具有的有意或无意地解脱烦恼，减轻内心不安，以恢复心理平衡与稳定的一种适应性倾向。

> **知识卡片**
>
> ### 弗洛伊德的人格结构理论
>
> 弗洛伊德认为人格结构由本我、自我、超我三部分组成，如图2-1所示。
>
> 本我即原我，是指原始的自己，包含生存所需的基本欲望、冲动和生命力。本我是一切心理能量之源，本我按快乐原则行事，它不理会社会道德、外在的行为规

范，它唯一的要求是获得快乐，避免痛苦。本我的目标是求得个体的舒适、生存及繁殖，它是无意识的，不被个体所觉察。

自我，是自己可意识到的执行思考、感觉、判断或记忆的部分，自我的机能是寻求本我冲动得以满足，而同时保护整个机体不受伤害，它遵循的是"现实原则"，为本我服务。

超我，是人格结构中代表理想的部分。它是个体在成长过程中通过内化道德规范，内化社会及文化环境的价值观念而形成的，其机能主要在监督、批判及管束自己的行为。超我的特点是追求完美，所以它与本我一样是非现实的。超我大部分也是无意识的，超我要求自我按社会可接受的方式去满足本我，它所遵循的是"道德原则"。

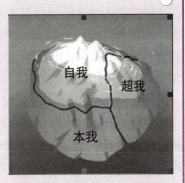

图 2-1　弗洛伊德的人格理论

防御机制是自我受到超我、本我和外部世界的压力时，自我发展出的一种机能，即用一定方式调解、缓和冲突对自身的威胁，使现实允许，超我接受，本我满足。

防御机制是一种本能的应对方式。积极的意义在于当个体遭受困难、陷入困境时，它可以使人暂时忘记痛苦和不安，减轻或免除心理压力，恢复心理平衡，甚至激发主体的主观能动性，克服困难，战胜挫折。消极意义在于使个体可能因压力的缓解而自足，或出现退缩、恐惧，导致心理疾病的产生。因此，适当的防御机制在紧急情况下可以缓解一个人的痛苦，使波动的情绪重新获得平衡，但如果个体运用不当，或者将防御机制作为一种行为习惯时，就是不健康的反应方式。防御机制主要有以下几大类。

（1）逃避机制　逃避机制主要包括压抑、否认、退行三种机制。

1）压抑。压抑是各种防卫机制中最基本的方法。此机制是个体将一些自我所不能接受或具有威胁性、痛苦的经验及冲动，在不知不觉中从个体的意识中排除或抑制到潜意识里去，以免产生焦虑、恐惧、愧疚的过程。被压抑的冲突、紧张或经验并没有真正消失，而是处于潜意识里，以梦、口误、笔误、遗忘等伪装的形式表现出来。例如，有些遭受"5·12"汶川大地震的人，会把这段悲伤、恐惧的经历"遗忘"，无法回想当时事件发生的情景，这就是用记忆丧失来避免悲伤和绝望。

2）否认。否认是一种比较原始而简单的防卫机制，其方法是借助扭曲个体在创伤情境下的想法、情感及感觉来逃避心理上的痛苦，或将不愉快的事件否定，当作它根本没有发生，来获取心理上暂时的安慰。否认不是有目地忘却，而是期望把痛苦事件加以否定。例如，许多人面对绝症，或亲人的死亡，就常会本能地说"这不是真的"，用否定来逃避巨大的伤痛。其他如"眼不见为净""掩耳盗铃"，都是否认作用的表现。

3）退行。退行是指个体在遭遇到挫折时，表现出与其年龄不相符的幼稚行为反应，是一种反成熟度的倒退现象。随着年龄的增加，人们的行为逐步成熟起来，本该运用成人的方法和态度来处理事情。但在某些情况下，当用成人的方法难以达到目的时，个体会采取幼稚的行为反应获得满足。适度的退行可以增加生活乐趣，如妻子偶尔向丈夫撒娇。但若成人常常使用退行这一原始而幼稚的方式来应对困难，利用自己的退化行为来争取别人的同情与照顾，就会妨碍个体的成熟。例如，大一女生小瑾平时温柔可人，懂事、乖巧，但是每次与男朋友吵架时，都会大哭大叫，甚至坐在地上不起来，直到男朋友认错才肯罢休，她采取的问题解决方式就是退行。

（2）自骗机制　自骗机制包括反向、合理化两种机制。

1）反向。反向是个体的冲动和欲望不为自己的意识或社会所接受时，个体将其压抑至潜意识，再以相反的行为表现在外显行为上。换言之，使用反向防御机制的个体，其所表现的外在行为，与其内在动机是相反的。例如，小铭很喜欢同系的女生小夏，但是觉得自己的外貌、成绩等配不上小夏，于是故意在其他人面前说她的不是，甚至有时候还会对小夏骂脏话。他这种讨厌的行为其实是内心喜欢小夏的表现。反向行为，如果使用适当，可帮助人在生活上逐步适应；但如过度使用，轻者不敢面对自己，活得很辛苦、很孤独，重者可能形成严重的心理困扰。

2）合理化。合理化也称文饰，是个体用一种自我能接受、超我能宽恕的理由来为难以接受的情感、行为、动机辩护，使其可以接受，以减免焦虑的痛苦和维护自尊免受伤害。换句话说，合理化就是制造合理的理由来解释并遮掩自我的伤害。例如，小威是大一会计系学生，在本学期的期末考试中有一科考试不及格，他不认为自己不努力，而认为自己太倒霉，监考老师太严格，致使自己作弊没成功。

（3）攻击机制　攻击机制包括转移、投射两种机制。

1）转移。对某些对象的情感、欲望或态度，因不合社会规范而难以表现出来，通过转移到一个安全的、为大家所接受的对象上，从而减轻个体心理上的焦虑，称为转移。例如，被上司责备的先生回家后因情绪不佳，就借题发挥骂了太太一顿，而太太莫名其妙挨了丈夫骂，心里不愉快，刚好小孩在旁边吵，就顺手给了他一巴掌，儿子平白无故挨了巴掌，满腔怒火地走开，正好遇上家中小黑狗向他走来，就顺势踢了小黑狗一脚。

2）投射。投射是个体将自己不喜欢或不能接受的，而自己又具有的性格、特点、观念、态度、动机或欲求等转移到别人身上，指责别人这种性格的恶劣及批评别人这种态度和意念的不当。所谓"以小人之心，度君子之腹"就是投射的表现。投射能让我们利用别人作为自己的"代罪羔羊"，使我们逃避本该面对的责任。

（4）代替机制　幻想是一种主要的代替机制。当个体无法处理现实生活中的困难，或是无法忍受一些情绪的困扰时，可以通过幻想来满足自己的愿望，让自己暂时远离现实，在幻想的世界中得到内心的平静，减少焦虑和痛苦。例如，一个学业倦怠的学生，玩网游几乎成了他大学生活的主题，面对几门课程的重修和补考，他幻想有一天能够顺利拿到毕业证书，找到一份令自己满意的工作。幻想并不能解决现实问题，当幻想成为个体的行为习惯时，会使人分不清虚拟世界和现实世界，过分沉迷于自己虚构的世界是不健康的，发展到极端就会患上妄想症。

（5）建设机制　升华是一种主要的建设机制。个体将一些本能的行动如饥饿、性欲或攻击的内驱力转移到自己或社会所接纳的范围时，就是升华。例如，一生命运多舛的西汉文史学家司马迁，因仗义执言，得罪当朝皇帝，被判处宫刑，在狱里，他撰写了《史记》；《少年维特的烦恼》的作者歌德，失恋时创作了此书。他们都是悲恼中的坚强者，将自己的"忧情"升华，为后世开创了一个壮观伟丽的文史境界。升华是一种建设性的心理机制，是维护心理健康的必需品。

> **想一想** 你常用的防御机制有哪些？

当我们处于矛盾、冲突与困境时，会有意或无意采用防御机制来调节自己的心理感受。在防御机制中升华是积极的对应方式，而其他消极的防御机制如果成为人们应对变化、挫折的习惯，就会影响人的身心健康。因此，当遇到困难和挫折时，个体不应采取过多的消极防御机制，而应要采用积极的应对方式。

微课学习
心理防御机制

2. 应对方式

应对方式是个体在压力情境中为减轻压力采取的特定行为模式。应对方式通常情况下分为三大类：情绪取向应对、问题取向应对和逃避应对。

情绪取向应对是指个体在面对压力时，尽量控制自己的情绪，同时找出问题解决的方式。问题取向应对是指个体直接通过外部行为或认知结构的改变直接应对压力源进而解决问题的策略。逃避应对是指个体通过否认、逃避等方式应对压力。

学会积极应对，改变和避免消极应对对于大学生适应大学生活至关重要。

（1）学会积极应对的策略　积极应对是指遇到问题，采用积极的认知方式进行思考和行动，以达到解决问题的目的。以下是七种积极应对的技巧和策略。

妙招1：学会从另外一个角度看问题。

妙招2：信任他人，伸出援助之手。

妙招3：降低对自己的期望。

妙招4：用心建立支持性的人际关系。

妙招5：允许自己一时无能和笨拙。

妙招6：不要做一个完美主义者，从小事做起。

妙招7：增强幽默感。

（2）改变消极应对方式　消极的应对方式指遇到问题常常采用否定、压抑、逃避等消极的方式去解决。以下是七种常见的消极应对方式。

1）我必须克制自己的失望、悔恨、悲伤和愤怒。

2）我可以努力工作或忙个不停，暂时把问题抛开。

3）通过吸烟、喝酒和吃东西来解除烦恼。

4）如果我把自己的问题告诉别人（父母、朋友、老师等），那说明我是一个很笨的人。

5）男儿有泪不轻弹。

6）时间会改变现状，唯一要做的就是等待。

7）万事不求人，我的事情自己解决。

四、影响适应的因素

1. 客观因素

影响适应的客观因素包括环境因素（如家庭环境）、物质条件、社会支持等。如果个体面临的客观因素与原来所处的客观因素差距越大，个体适应起来越困难，发生适应不良的概率越高。现如今，高校心理咨询中越来越多解决的是大学生适应不良问题。大学中影响适应的客观因素如下。

（1）家庭环境　有些大学生家境优越，在家时养尊处优，形成了唯我独尊的心理和行为倾向。一方面，这种心理和行为倾向导致他们在与人交往时，只顾自己的利益，较少考虑他人的感受，经常目中无人，致使其他同学对他们敬而远之；另一方面，由于父母在家时对他们的生活过分包办代替使得他们缺乏生活的自理自立能力，也缺乏问题解决的技巧和方法。这就导致他们在独立解决衣、食、住、行问题及复杂的人际关系时，常常陷入苦恼和矛盾中，产生了种种适应不良。还有的大学生家庭贫困，常为交不起学费、生活拮据而苦恼，甚至产生自卑、嫉妒等消极情绪。

（2）社会支持　新生入校后，社会支持发生了很大变化。高中时，学生主要接受来自父母、教师、同学的支持。可是进入大学后，学生远离父母，来自父母的支持度降低；同学友谊尚未根深，支持度也较低；由于授课方式的改变、学生管理方式的变化，学生无法从老师那里得到更多的支持和关注，所以来自教师的支持也有所下降。这种来自家人、同伴、教师等社会支持的降低与缺乏，导致学生产生孤独、无助、焦虑等情绪，难以适应大学生活。

2. 主观因素

影响适应的主观因素包括认知方式、需要与动机、气质与性格、兴趣与态度等。客观因素相对于主观因素而言较为稳定，通过个体改变难度较大，但是主观因素是可以改变的，个体可以通过自身努力而达到目标。大学中影响适应的主观因素如下。

（1）气质和性格差异　气质和性格作为心理结构的重要特征，是影响新生适应性的重要因素。气质是指个体表现在心理活动的强度、速度、灵活性与指向性等方面的一种稳定的心理特征，即我们平时所说的脾气、秉性。现代气质学说将气质分为四种典型的类型：多血质、胆汁质、黏液质和抑郁质。一般来说，多血质的大学生开朗活泼，胆汁质的大学生热情奔放，这两种气质的人都能较快地适应新的环境。而黏液质和抑郁质的大学生相对含蓄、沉静、不善于与人交往，融入新环境的速度慢一些。

性格是指表现在人对现实的态度和相应的行为方式中的比较稳定的、具有核心意义的个性心理特征，是一种与社会相关密切的人格特征。在性格中包含许多社会道德含义。一般来说，外倾性的大学生比内倾性的大学生好交际、更活跃、人际关系处理得更好，适应环境更快一些。

（2）认知不当　高中时代，学生对大学生活的想象过于理想化。进入大学后，才发现理想中的大学生活和现实中的大学生活很不一样，它没有想象中那样多姿多彩，每天自己要处理各种各样的生活琐事，要面临纷繁复杂的人际关系……理想和现实的差距，激化了有些同学的心理矛盾，他们开始感到茫然、烦躁，甚至产生一种上当受骗的感觉，导致一些心理问题的出现。

（3）入学准备不足　有些学生入学前没有充分估计进入大学后即将出现的各种变化，没有做好相应的准备，依然用旧眼光来评判新环境中的人和事物。比如，学习方法仍采取记忆的方式，不会充分利用图书馆的资源去查找资料，进行推理论证，每当自己要独立撰写论文的时候就变得焦头烂额，难上加难；在师生关系上，有些学生认为老师还会像高中时期那样看管自己、督促自己学习，由于自己的自律性不强，进入大学后学习成绩更是一塌糊涂；有些学生则会感到无所适从，压力倍增而找不到有效的应对方式……

适应是大学新生入校的第一关，需要认真对待。只有在主观上积极应对，才是最好的选择，也只有尽快适应，才能让自己的大学生活更精彩。

五、大学生适应不良的主要表现

1. 环境适应不良

1）生活方式的变化带来的适应不良。现在好多学生都是独生子女，在家时一切事务都由父母代办，不需要自己费心，年复一年，习以为常，这就使得他们的自理自立能力较差。然而上了大学以后，学生开始独立生活，没有了家人的悉心照料，要住集体宿舍，要到餐厅吃饭，要自己整理床铺，换洗衣物，生活中的每一件琐事都要自己处理，因而感到很不习惯，不适应，有的甚至偷偷哭泣。生活自理能力较差，依赖性较强，再加上陌生的校园、陌生的老师、陌生的集体，使得部分大学新生常会感到苦闷、彷徨、压抑等。

2）生活环境的变化带来的适应不良。与初、高中相比，高等院校的占地面积较大，功能和结构较为复杂，新生面对这一环境的改变，既感到新奇、刺激又感到紧张、陌生。环境适应，必定要经历一个由不熟悉到熟悉的过程，在这个过程中新生可能会出现不同程度的焦虑感。

3）生活习惯的变化带来的适应不良。有的新生由于自己与他人生活习惯不同较难适应集体生活。同一个宿舍有来自五湖四海的同学，每个人的生活背景、家庭环境、饮食习惯等千差万别：有的学生外向，整天说个不停；有的学生内向，少言寡语；有的学生喜欢早睡早起；有的学生喜欢晚睡晚起……这样一来，同寝室的学生生活较难同步，而每个人的生活习惯一时都较难改变，所以部分新生的情绪会烦躁不安，严重者还会出现神经衰弱、心情抑郁。

2. 学习适应不良

1）学习环境的变化带来的适应不良。初、高中上课有固定的教师，固定的教室，甚至固定的座位，然而大学上课则不然。上学期间，学生一般不划定座位，上课地点也不固定。上课或考试找不到教室，上课、下课要急急忙忙换教室，抢座位等现象使有些学生感到紧张慌乱。

2）授课方式的变化带来的适应不良。中学老师上课，多以班级为单位，以教材为基础，课后大多会布置作业。而大学上课则不同，有些课（如公共必修课）要几个班的同学合在一起上大课，老师为阐明本学科的理论体系，往往要引经据典，旁征博引，一节课下来知识面广，信息量大，而老师课上讲的内容，教材上可能没有，因而学生感到不会听课，不会做笔记，抓不到要领，跟不上老师讲课的速度，课后又没有作业，不知道课下该干什么，感到空虚、茫然、不知所措。

3）学习方法的变化带来的适应不良。有些新生进入大学学习后，不了解大学学习活动的特点，仍旧使用高中阶段老师教、学生学的学习方法和学习习惯，过分依赖记忆而较少进行独立思考和推理论证，这样就无法适应新的学习任务。在这种情况下，一些大学新生会感到慌乱、恐惧，不知道如何下手，往往会出现学业倦怠、厌学情绪、动机缺乏、方法不当等问题。

4）专业的不符合带来的适应不良。一方面，由于入学前，大学生对自己所学专业了解不深、准备不足，致使入学后，发现自己对所学的专业一点也不感兴趣。另一方面，一些大学新生初、高中的知识储备不足，导致学习大学课程（如高等数学、物理、英语等）时出现困难，这些又是短时间内很难提高的，这就导致他们对所学专业不适应，出现焦虑、烦闷，甚至产生退学的想法。

3. 人际交往适应不良

1）缺乏人际交往技巧。由于缺乏人际交往的技巧，有些学生想与室友搞好关系，可是觉得生活习惯相差太多；有的学生想与异性交往，但一见到异性就会害羞；还有些学生在与他人交往过程中由于缺少解决问题的能力而使矛盾加深。交往技巧的缺乏往往使大学生产生交往障碍，出现孤单、苦恼、郁闷、浮躁等心理。

2）人际交往冲突或人际关系紧张。与人交往中，有些学生以自我为中心，时时、事事唯我独尊，很少考虑其他人的感受；有的学生过分追求个人利益；还有的学生性格内向，有矛盾和心事憋在心里，不敢与人交流；那些脾气暴躁、忍耐性差、自私、虚荣、任性的学生在人际交往中往往会发生冲突。

4. 性心理适应不良与恋爱问题

大学生正处于青年中后期，性发育成熟是重要特征，恋爱与性问题是不可避免的。由于他们心理还不够成熟，不懂什么是真正的爱情，在恋爱中可能会因为受到伤害而导致各种心理问题，严重的还会导致心理障碍。

有的学生由于求爱遭到拒绝而变得不再自信；有的学生面对第三者而变得焦虑、抑郁；有的学生因为失恋而萌发了自杀的念头；有的学生因为单相思或暗恋某人而变得茶不思饭不想；还有的学生会受到性意识的困扰，常常体验到对性需求的压抑。由于大学生对性知识、性行为、恋爱问题的不恰当的认识和理解，会造成诸多心理压力，轻者影响学习成绩乃至正常毕业，重者则会患上精神疾病。

> **想一想** 本"项目导入"中李新可能面临哪些方面的适应不良？该如何调节自我，使自己更快适应大学生活呢？

六、适应大学生活的方法

（一）适应环境

1. 了解和熟悉校园环境

校园是大学生活的重要场所，学生的吃、住、学都在这里。只有充分了解和熟悉校园环境，才能消除陌生感，在学校中自如地学习和生活。当新生被安排好住宿后，应该尽快熟悉校园环境，如宿舍的位置、食堂的位置、图书馆的位置、上课教室的位置、辅导员办公室的位置等。这样，新生在办理各种手续、解决各种问题时，就会变得省时省力。

2. 了解和熟悉学校周边环境

新生不仅要尽快了解和熟悉校园内部环境，还要了解学校的周边环境。可以利用闲暇时间到学校周围走一走、看一看、问一问，了解一下校园周边的交通线路、娱乐设施、学习资源、小吃饭店等。熟悉学校的周边环境，也可以让新生尽快适应大学生活。

3. 了解和熟悉城市环境

新生入校后，可以利用周末的时间找同乡或者同寝室的室友，与他们结伴而行，通过逛街、外出郊游、参观某地等方式了解自己学校所在的这座城市。了解它的历史背景、人文环境、地貌特征、饮食文化等。对于城市的了解和熟悉，可以让我们逐渐形成对它的认同，进而愉悦地在这座城市里学习和生活。

4. 尽快适应气候及饮食习惯的变化

新生从自己的家乡来到异地求学，既要尽快适应当地的气候变化，也要适应当地的饮食习惯。入学前，学生可通过上网的方式了解当地的气候特点、饮食特点，做到有的放矢；还可以通过向师兄师姐询问的方式，了解当地的情况，安排好自己的穿衣、吃饭、学习等。

5. 尽快适应语言环境

我国有不同的民族语言和地方方言。在大学里，学生、老师大多都是用普通话进行交流。可是，由于有些地区基础教育薄弱，普通话推广水平不高，有的新生普通话不标准。这不仅影响了人际交往的质量，还可能因为交往不利而伤害到他们的自尊心和自信心。所以，语言环境的适应是不可忽视的。大学新生可以通过查字典、听广播、向同学学习等方式学习普通话，只要勇于开口，提高自信心，就能将普通话说得更加标准。

（二）培养生活能力

学会打理自己的个人生活，能够独立解决学习、生活、交往中遇到的问题，培养和锻炼自己独立生活的能力，是新生适应大学的关键，也是将来走向社会必须要具备的素质。

1. 培养自理自立能力

大学新生应学会打理自己的日常生活，要准时起床、运动，学会自己整理床铺、收拾房间、洗衣服、照料自己的生活等。在这个过程中，新生可以跟其他同学多做交流和分享，一方面可以促进友谊，另一方面可以向他人学习经验，提高自己生活的自理自立能力。

2. 培养良好的生活习惯

生活习惯代表个人的生活方式。良好的生活习惯可以促进大学生顺利、平稳、成功地度过大学阶段。为达到身心健康的目的，大学新生应该培养良好的生活习惯，防止不良生活习惯的养成。

（1）合理安排作息时间　有规律的作息制度能使大脑和神经系统的兴奋与抑制交替

进行，天长日久，能在大脑皮层上形成动力定型，这对促进身心健康是非常有利的。大学生应养成早睡早起的习惯。有些同学喜欢在睡前开"寝室卧谈会"，天马行空地一谈就谈到后半夜，结果越聊越精神，导致入睡困难，第二天上课的时候非常疲惫，无法集中精神听课。长期如此，不仅影响平时的课业学习，还容易引起失眠，甚至引发神经衰弱症。

（2）进行适当的体育锻炼和文娱活动　利用课余时间，适当地参加一些文娱活动，不但可以缓解紧张的学习生活，还能够放松心情，缓解压力，提高学习效率。跑步、跳健美操、踢足球、打篮球……都有助于增强体质，提高免疫力，这是一种积极的休息。实践证明："7+1>8"。"7+1"表示"7"个小时的学习加上"1"个小时的体育文娱活动，"8"表示"8"个小时的连续学习。也就是说，1小时体育文娱活动加上7小时学习，比连续8小时学习的效果更好。

（3）养成良好的饮食习惯　良好的饮食习惯，会促进人体健康。不良的饮食习惯则会导致人体正常的生理功能紊乱而感染疾病。大学生饮食不良现象主要表现在两个方面。一是饮食不规律。以早餐为例，很多学生早晨起床较晚，为了上课不迟到，吃早餐的时候狼吞虎咽；有的则习惯性不吃早餐，在课间饿的时候随便吃些零食。二是暴饮暴食，饥饱无序。食堂是大学生就餐的主要地点，但食堂的就餐时间较为固定，菜品较单一。有的学生由于某些原因错过了就餐时间，将两顿饭并一顿；有的则吃腻了食堂饭菜，在学校就餐时吃得较少，在外边就餐时进食较多。

（4）改正不良的生活习惯　不良的生活习惯包括吸烟、酗酒、沉溺于网络游戏等。吸烟不但危害自身的健康和生命，还会污染空气，危害他人；酗酒会引起神经和心血管方面的疾病；沉溺于网络游戏会使个体产生很强的心理依赖，不仅会严重耽误学业，对身心的危害也极大。

3. 培养钱财的管理能力

大学新生一般没有太多的理财经验。家长一般每月或每几个月给一次生活费，大学生要自己独立计划如何进行消费。有的学生花钱没有计划，经常大手大脚，赶时髦、讲排场，会把后面的生活费提前花掉。因此，大学生要学会理财，在消费时要考虑：在生活中，哪些开支是必要的，哪些开支是完全不必要的，哪些开支是可有可无的。有了这些基本情况的分析，再确定自己每个月的消费计划，使之切实可行，并且尽量按照计划执行，多余的钱可以存入银行，以备不时之需。

> **做一做**
>
> 请填写表2-3，分析自我消费观。步骤如下：
> 1）分析自己每天、每月、每学期或每年必须消费的项目及其预算。
> 2）分析自己每天、每月、每学期或每年非必须消费的项目及其预算。
> 3）如何调整生活费的消费比例？
> 4）如何增加生活费？
> 5）列出大学时期生活费的消费计划。

表 2-3　分析自我消费观

生活费类型	如何安排		
	消费计划	消费现状	执行情况
按月获取			
按学期获取			
按年获取			
不定期获取			
贷款或打工弥补			

4. 培养时间管理能力

美国管理学家科维提出了时间四象限。第一象限是重要而紧急的事，这要我们马上做，尽快完成；第二象限是重要而不紧急的事，这要我们投入主要的精力和时间；第三象限是紧急而不重要的事，这要我们学会说"不"；第四象限是不重要也不紧急的事，这要我们尽量不去做。大学生要学会管理自己的时间，学会管理发生在身边的事件，将学习生活、娱乐活动做出妥当安排，这样能使自己的学习和休闲有条不紊地进行，使身心得到有效的调适和放松，从而更好地适应大学生活。

做一做

你会管时间吗

时间管理是大学生活适应的重要内容。时间是每个人一生中最重要的资源，如果一个人不重视时间，那么他就是在浪费自己的资源，在人生成功的战略上他已经输给了别人。你的时间管理情况如何呢？请填写表2-4，选择和你情况相符的数字。1表示"从不"；2表示"偶尔"；3表示"时常"；4表示"总是"。

表 2-4　你会管时间吗

题目	从不	偶尔	时常	总是
1. 考试前我必须要抱"佛脚"	1	2	3	4
2. 我能够按时交课后作业	1	2	3	4
3. 我觉得自己每天都有充足的睡眠	1	2	3	4
4. 我计划好了每周与朋友们玩耍的时间，并且通常可以按原计划行事	1	2	3	4
5. 当需要完成一篇论文时，我总是拖延到最后几天才开始写	1	2	3	4
6. 我经常因为时间紧而取消其他活动项目	1	2	3	4
7. 我通常可以按时完成学习任务	1	2	3	4
8. 我觉得自己经常因为不能完成老师布置的任务而找各种借口	1	2	3	4
9. 我对自己目前的时间规划很满意	1	2	3	4
10. 我心头总有事情悬着，但就是没有时间去完成它	1	2	3	4
A:		B:		

【评分和评价】

分数 A：将 1、5、6、8 和 10 题前括号里的数字相加，就得到分数 A。

分数 B：将 2、3、4、7 和 9 题前括号里的数字相加，就得到分数 B。

如果分数 B 大于分数 A，你可能经常拖延任务；如果分数 B 小于分数 A，说明你能够很好地管理自己的时间；如果两个分数相等，你可能偶尔会拖延任务，但还没形成习惯。

根据以上评分，你的时间利用水平如何呢？黑格尔称"时间犹如流逝的江河，一切东西都被置于其中席卷而去"。时间具有不可逆性、瞬逝性的特点，所以我们要提高管理时间的能力，利用好当前拥有的每一分钟。

（三）主动融入新团体

人是一种群居类动物，希望依附于某个群体，具有归属感。马斯洛将需要分为五个层次：生理需要、安全需要、爱和归属的需要、尊重的需要和自我实现的需要。当人的生理需要和安全需要被满足的时候，就希望爱和归属这一社会性需要被满足。爱和归属的需要是指个体希望得到爱和爱他人，与他人建立良好的人际关系，能够被团体所接纳，有归属感。一个人若经常不被他人或群体需要、接纳、喜欢，就会感到空虚、寂寞、孤独，甚至觉得失去自身存在的价值，产生情绪困扰。大学新生只有努力使自己融入新的团体，才能更快地适应大学生活。

大学新生与人交往，融入新团体需做到以下几点。

（1）彼此尊重，求同存异　在一个群体中，同学之间的交往应做到有礼貌、谦虚、宽容、相互关心、相互体谅。当他人的言行举止不符合自己的要求时，应学会求同存异，学会更好地理解他人、尊重他人。

（2）心胸开阔，积极融入　在人际交往中，大学生应宽容豁达，做到三个主动：主动与同学打招呼、主动与同学讲话、主动帮助别人。同时注意三不原则：不影响别人、不伤害别人、不侵害别人的利益。人际交往的黄金法则是"你想别人如何对你，你就先如何对他"。黄金法则的正确运用可以让大学生具有较好的人缘。

（3）掌握技巧，良性沟通　大学生可以通过以下几方面来提高人际交往的技巧。

1）进行有效的人际沟通，可以化解人与人之间的误会，增进人与人之间的感情。

2）真诚地赞美别人，使别人感受到自己的价值。

3）乐于助人，从物质或精神上给予他人帮助，可以迅速缩短人与人之间的距离，建立起亲密关系。

心理故事

方向在哪里，人生就在哪里

大象、猎豹、骆驼决定一同进入沙漠寻找生存的空间。在进入沙漠之前，天使告诉它们，进入沙漠以后，只要一直向北走，就能找到水和食物。

进入沙漠以后，它们发现沙漠比想象的大多了，也复杂多了。最要命的是，它们不久就失去了方向，不知道哪个方向是北。

大象想，我如此强壮，失去了方向也没有关系，只要我朝着一个方向走下去，肯定会找到水和食物。于是，它选定了自己认为是北的方向，不停地前进。走了三天后，大象惊呆了，它发现自己回到了原来出发的地方。原来，它用三天时间绕了一个大圈。三天的时间和力气就这样白费了，大象气得要死，它决定再走一次。它一再警告自己不要转弯，要向正前方走。三天过后，它发现自己竟然又重复了上一次的错误。大象简直要发疯了，它不知道为什么会这样。此时，它又饿又渴，决定休息后，再度出发。可是，接下去每一次都是相同的结果。不久，大象精疲力尽而死。

豹子奔跑得很快，向自认为北的方向奔去。它想，凭我这样快的速度，再大的沙漠也能够穿越。可是，它跑了几天后却惊异地发现，它越是向前，越是草木稀少，最后，它已经看不到任何绿色植物了。它害怕了，决定原路返回。可是，当它原路返回的时候，又一次迷失了方向。它越是向前，越是不毛之地。它左突右奔，但是都没有找到目的地。最后，它绝望而死。

骆驼走得很慢。它想，只要找到真正向北的方向，只要不迷路，用不了三天，一定会找到水和食物。于是，它白天不急于赶路，而是休息。晚上，天空中挂满了亮晶晶的星星，骆驼很容易地找到耀眼的北斗星。每天夜里，骆驼沿着北斗星的方向慢慢地行走。白天，当它看不清北斗星的时候，它就停下来休息。三个夜晚过去了。一天早上，骆驼猛然发现，它已经来到了水草丰美的绿洲旁。从此，骆驼就在这里安了家，过上了丰衣足食的生活。

骆驼不如大象强壮，不如豹子快捷，它成功的秘诀是找准了前进的方向。

任务实施

完成心理测试任务及心理活动任务，帮助学生了解自己常用的应对方式，准确判断自己是否出现适应不良；引导学生找出顺利度过大学适应阶段的方法。

一、应对方式测试

当你在生活中遇到冲突、挫折、困难或不愉快的时候，采取了哪些应对方式？请填写表2-5，根据自己的情况，选择相应的答案，并打√。

表2-5 应对方式测试

条目	是	否
1. 能理智地应付困境		
2. 善于从失败中吸取经验		
3. 制订一些克服困难的计划并按计划去做		

（续）

条目	是	否
4. 常希望自己已经解决了面临的困难		
5. 对自己取得成功的能力充满信心		
6. 认为"人生经历就是磨难"		
7. 常感叹生活的艰难		
8. 专心于工作或者学习以忘却不快		
9. 常认为"生死由命，富贵在天"		
10. 喜欢找人聊天以减轻烦恼		
11. 请求别人帮助自己克服困难		
12. 只按自己想的做，且不考虑后果		
13. 不愿过多思考影响自己情绪的问题		
14. 投身其他社会活动，寻找新的寄托		
15. 常自暴自弃		
16. 常以无所谓的态度来掩饰内心的感受		
17. 常想"这不是真的就好了"		
18. 认为自己的失败多是外因所致		
19. 对困难持等待观望、任其发展的态度		
20. 与人冲突，认为多是对方性格怪异引起的		
21. 常向引起问题的人和事发脾气		
22. 常幻想自己有克服困难的超人本领		
23. 常自我责备		
24. 常用睡觉的方式来逃避痛苦		
25. 常借娱乐活动来消除烦恼		
26. 常想高兴的事自我安慰		
27. 避开困难以求心中宁静		
28. 为不能回避困难而懊恼		
29. 常用两种以上的办法解决问题		
30. 常认为没有必要那么费力去争取成功		
31. 努力去改变现状，使情况向好的一面转化		
32. 借烟或借酒消愁		
33. 常责怪他人		
34. 对困难常采用回避的态度		
35. 认为"退一步，海阔天空"		
36. 把不愉快的事埋在心里		
37. 常自卑自怜		
38. 常认为生活对自己不公平		
39. 常压抑内心的愤怒与不满		

（续）

条目	是	否
40. 吸取自己或他人的经验去应付困难		
41. 常不相信那些对自己不利的事		
42. 为了自尊，常不愿意让人知道自己的遭遇		
43. 常与同事、朋友一起讨论解决问题的办法		
44. 常告诫自己"能忍者自安"		
45. 常祈祷神灵保佑		
46. 常用幽默或玩笑的方式缓解冲突或不快		
47. 自己能力有限，只有忍耐		
48. 常怪自己没出息		
49. 常爱幻想一些不现实的事来消除烦恼		
50. 常抱怨自己无能		
51. 常能看到坏事中有好的一面		
52. 认为挫折是对自己的考验		
53. 向有经验的亲友、师长求教解决问题的方法		
54. 平心静气淡化烦恼		
55. 努力寻找解决问题的办法		
56. 选择职业不当，是自己常遇挫折的主要原因		
57. 总怪自己不好		
58. 经常看破红尘，不在乎自己的不幸遭遇		
59. 常自感运气不好		
60. 向他人诉说心中的烦恼		
61. 常自感无所作为而顺其自然		
62. 寻求别人的理解和同情		

表2-6用于测量个体在应激状态下所使用的应对方式类型，包括解决问题、自责、求助、幻想、逃避、合理化6个应对因子。测验记分：分量表因子分=分量表单项条目分之和/分量表条目数。

六个因子从消极到积极排序：逃避-幻想-自责-求助-合理化-解决问题。个体一般都使用1种以上的应对方式，根据应对方式的不同组合，可分为：

"解决问题——求助"：成熟型。这类受试者在面对应激事件或环境时，常能采取"解决问题"和"求助"等成熟的应对方式，在生活中表现出一种成熟的稳定的人格特征和行为方式。

"逃避——自责"：不成熟型。这类受试者在生活中常以"逃避""自责"和"幻想"等应对方式应付困难和挫折，而较少使用"解决问题"这类积极的应对方式，表现出一种神经症性的人格特点，其情绪和行为均缺乏稳定性。

"合理化"：混合型。合理化应对因子既与"解决问题""求助"等成熟应对因子呈正相关，也与"逃避""幻想"等不成熟应对因子呈正相关，反映出这类受试者集成熟与不成熟的应对方式于一体，在应对行为上表现出一种矛盾的心态和两面性的人格特点。

表 2-6 "应对方式测试"分量表条目构成

分量表	分量表条目构成编号
解决问题	1，2，3，5，8，-19，29，31，40，46，51，55
自责	15，23，25，37，39，48，50，56，57，59
求助	10，11，14，-36，-39，-42，43，53，60，62
幻想	4，12，17，21，22，26，28，41，45，49
逃避	7，13，16，19，24，27，32，34，35，44，47
合理化	6，9，18，20，30，33，38，52，54，58，61

注：各分量表条目没有"-"者，选"是"得1分，有"-"者，选"否"得1分。

二、适应能力测验

适应能力是人的一种综合心理特性，是人适应周围环境的能力。在生活中人们经常遇到考试、比赛等种种复杂、紧急的情况。适应能力强的人，能够摆脱困境，发挥自己应有的能力水平；适应能力差的人，则会紧张、不知所措，发挥失常。为了帮助大家了解自己的适应能力。我们根据美国心理学家赫普纳的问卷题，结合我国的实际情况，编制了一套简便易行的适应能力调查问卷。该问卷共有20道题目，每道题后有3个供选的答案。你可以根据自己的实际情况，选出其中一个答案。

1. 假如你的朋友突然带来一个你最不喜欢的人到家里，你会（　　）。

A. 表示惊奇

B. 把你的感觉完全隐藏着

C. 暂时忍耐，以后再把实际情况告诉朋友

2. 对自己的某次失败，你（　　）。

A. 只要别人有兴趣随时都会告诉他

B. 只在谈话时顺便说出来

C. 决不说出，怕会被别人抓住弱点，对自己不利

3. 遇到难题时，你（　　）。

A. 毫不犹豫地向有关专家征求意见

B. 经常向熟人请教

C. 很少麻烦别人

4. 你骑车去一个较远的地方参加社交活动，中途找不到路标，你（　　）。

A. 赶快查自带的地图

B. 大声埋怨，不知何时才能到达目的地

C. 耐心等待过路车或有人走过时，问个清楚

5. 当选择衣服时，你（　　）。

A. 总是固定在一种款式上

B. 跟随新潮流，希望适合自己

C. 在选定之前，先听取陪同的朋友或售货员的意见

6. 当知道将要有不愉快的事时，你会（　　）。

A. 自己进入紧张状态

B. 相信事实并不会比预料的更差

C. 感觉完全有办法应付

7. 在嘈杂、混乱的环境里，你（　　）。

A. 总觉很烦，不能静下心来读书

B. 仍能集中精力学习，但效率降低

C. 不受影响，照常学习

8. 和别人争吵时，你（　　）。

A. 有能力反驳对方

B. 常常语无伦次，事后才想起如何反驳对方，可是已经晚了

C. 能反驳，但无多大力量

9. 每次参加正式的考试或竞争，你（　　）。

A. 常常比平时的成绩更好些

B. 常常不如平时的成绩

C. 和平时成绩差不多

10. 必须在大庭广众面前讲话时，你（　　）。

A. 因怯场，便不知所措或说话结结巴巴

B. 感觉虽然难，但还是想方设法完成

C. 会侃侃而谈

11. 对团体或社会性的集会，你（　　）。

A. 总是想领导讨论

B. 只有在知道讨论的题目时才参加

C. 讨厌在集会上说话，所以不参加

12. 受到别人的批评，你（　　）。

A. 想找机会反过来批评他

B. 想查明受批评的原因

C. 想直接听一下批评的理由

13. 当情况紧迫时，你（　　）。

A. 仍能注意到该注意的细节

B. 就粗心大意，丢三落四

C. 就慌慌张张

14. 参加各种比赛时，赛场越激烈，群众越加油，（　　）。

A. 你的成绩越好

B. 你的成绩越上不去

C. 你的成绩不受影响

15. 碰到阻力或困难时，你（　　）。

A. 经常改变既定的主意

B. 不改变既定的主意

C. 更有干劲

16. 你符合下面（　　）情况。

A. 不安于现状，总想改变点什么

B. 凡事只求规范，不办破格的事

C. 礼貌要讲，但事也要办

17. 你赞成下面（　　）说法。

A. 只要是正确的，就坚持，不怕打击

B. 在矛盾方面让一让，就过去了

C. 尽量求和平，把批评和斗争降到能够接受的程度

18. 假如自己被登报，你（　　）。

A. 有点自豪，但不以为然

B. 很高兴，想让朋友也看看

C. 完全不感兴趣

19. 为了给人留下好印象，你（　　）。

A. 想方设法，并花一定时间考虑计划

B. 不特意去做，但有机会就利用

C. 根本不想在别人面前做这种事

20. 你同意下列（　　）观点。

A. 深入地了解国内外的知识是件好事

B. 外国的知识与我们没有任何关系

C. 学习外国的知识比学本国的知识更感兴趣

记分与评价方法：

根据自己的选择，对照表2-7，算出总分数。你的得分是_____。

表2-7　记分表

	1	2	3	4	5	6	7	8	9	10	11	12	13	14	15	16	17	18	19	20
A	2	2	3	2	1	1	1	3	1	2	1	3	3	1	3	3	3	3	2	1
B	1	3	2	1	3	2	2	1	3	3	3	2	1	2	1	1	1	1	3	2
C	3	1	1	3	2	3	3	2	2	1	2	1	2	3	2	2	2	1	3

适应能力判断：

如果你的得分为49～60，说明你的适应能力很强。你能很快地适应新的学习、工作、生活环境，与人交往轻松、大方，给人的印象良好。你无论进入什么样的环境，都

能应付自如，左右逢源。

如果你的得分为 37～48，说明你的适应能力较强。你能较好地适应环境的变化，态度积极，乐于与外界交往，有较强的调适能力。

如果你的得分为 25～36，则表明你的适应能力一般。当你进入新环境后，经过一段时间的努力，基本就能适应新环境。

如果你的得分在 25 分以下，表明你的适应能力较差。你习惯于较好的学习、生活环境，一旦遇到困难，就会惊慌失措。

如果你在本测验中得分较低，也不必忧心忡忡，因为一个人的适应能力是随着年龄的增长，知识、经验的丰富而不断增强的。只要你有信心，努力学习，加强锻炼，一定会成为适应社会的成功者。

三、写一封信——致三年后的自己

学生应从长远的眼光看待现在的压力与不适应问题，找到顺利度过大学适应阶段的方法。

具体要求：

1）引导学生为三年后的自己写一封信。
2）在信中写下自己现在烦恼的事，以及三年里对自己生活的向往和对未来的规划。
3）请学生分享如何看待当前的烦恼，教师给予指导和建议。
4）结合未来规划，引导学生找出尽快适应大学生活的方法。

写给三年后的自己

我现在的烦恼：

大学三年我希望怎么过：

我未来的规划：

通过这封信，我找到度过大学适应阶段的方法：_____

_____

_____

_____。

• 项目总结 •

本项目主要围绕认识大学生活、适应大学生活两个层面由浅入深开展任务实施，学生通过完成任务，觉察自己适应不良的主要表现；掌握顺利度过大学适应期的方法，帮助自己或他人走出适应不良的困扰，提升适应能力，为未来适应社会、适应职场，奠定基础。

• 项目实训 •

适应大学生活

请同学们根据本项目导入中的案例,结合所学知识,完成项目实训。

具体要求:

1)6~8人为一个小组。

2)以小组成员内部自荐(推荐)的方式,选取小组组长,由组长带领组员进行项目实训。

3)你作为班级的心理委员,如何帮助李新走出适应不良的困境。

4)以小组合作的形式填写表2-8项目实训单。

5)组长填写表2-9,教师根据项目实训完成情况给出评价。

6)在项目实训完成后,每位同学从情感、知识、技能、方法四方面完成该项目的总结,填写表2-10。

表2-8 项目实训单

负责人		组别		完成日期	
项目	适应大学生活				
适应大学生活	1.李新出现了哪些方面的适应不良?		2.李新适应不良的身心反应有哪些?		
	3.如何认识大学生活?				
	4.如何适应大学生活?(请用思维导图形式呈现)				
检查人 (签字)			检查评语:		

表 2-9　检查评价单

检查目的	监控小组的项目完成情况			
评价方式	小组自评（满分 40 分），组间互评（满分 30 分），教师评价（满分 30 分）			
序号	检查项目	检查标准	小组自评	组间互评	教师评价
1	分工情况	安排是否合理、全面，分工是否明确			
2	学习态度	小组工作是否积极主动、全员参与			
3	纪律出勤	是否按时完成项目，遵守工作纪律			
4	团队合作	是否相互协作、互相帮助，是否听从指挥			
5	创新意识	看问题是否具有独到见解和创新思维			
6	完成质量	项目实训单是否记录完整，是否按照计划完成			
检查评价	班级		第　　　组		
	评语： 检查人员签名：				

表 2-10　项目总结单

项目	适应大学生活		
班级		第　　组	成员姓名
情感	通过对项目的完成，你认为自己在社会主义核心价值观、职业素养、学习和工作态度等方面有哪些需要提高的部分？		
知识	通过对项目的完成，你掌握了哪些知识点？请画出思维导图。		
技能	在完成项目的过程中，你主要掌握了哪些技能？		
方法	在完成项目的过程中，你主要掌握了哪些分析和解决问题的方法？		

● 推荐资源 ●

1. 推荐书籍

《适者生存》(曲小月，中国长安出版社)

推荐理由：随着生活和工作压力的增大，现在的适者生存更多的是指心理上的适者生存。也就是说，谁的心理素质强，谁的心理状态就能适应社会的发展和变迁。学习心理学有助于我们认识自己，了解他人，使我们在生活中轻松自在，在工作中圆融通达，在交际中如鱼得水。

2. 推荐电影

《三傻大闹宝莱坞》(导演：拉库马·希拉尼，主演：阿米尔·汗、马达范、沙尔曼·乔什和卡琳娜·卡普尔)

推荐理由：影片是根据印度畅销书作家奇坦·巴哈特的处女作小说《五点人》改编而成的。影片采用插叙的手法，讲述了三位主人公法罕、拉加与兰彻间的大学故事。兰彻是一个与众不同的大学生，公然顶撞院长，并质疑他的教学方法，用智慧打破学院墨守成规的传统教育观念。兰彻的特立独行引起模范学生——查尔图的不满，他们约定十年后一决高下，然而毕业时兰彻却选择了不告而别。十年之后，事业有成的查尔图归来，要兑现当年的诺言，他找来法罕、拉加，一同踏上寻找兰彻的旅程，一路上，他们回忆起大学生活的点点滴滴，也发掘出兰彻不为人知的秘密……

项目 3 ▶ 认识自我，健全人格

📋 项目导入

小雨，一位高职二年级的大学生。她从小都在别人的比较之下生活，这让小雨觉得自己一无是处，非常自卑。由于高考的失误，她进入了一所高职院校。她觉得自己一败涂地，处处不如别人。当学习成绩一塌糊涂时，她觉得所有的同学都不喜欢她，大家似乎都看不起她。小雨为何会觉得自己一无是处，处处比别人差呢？你是否有过和小雨一样的遭遇呢？如果你是班级的心理委员，如何帮助小雨接纳自己、欣赏自己，形成健全的人格呢？

本项目通过认识自我、悦纳自我、健全人格3个任务，使学生了解自我意识、人格的基本知识，认识自我意识、人格发展的重要性，识别自我意识、人格在发展过程中出现的偏差和原因，并能够对其进行调试，从而为建立自尊自信的自我意识和健全的人格奠定基础。

📝 学习目标

（1）了解自我意识的定义、类型，认识自我意识。
（2）能够根据自我意识的发展阶段、自我意识发展的特点，了解自我意识的作用。
（3）能够根据自我意识偏差的类型，掌握自我意识偏差的调试方法。
（4）能够根据人格的概述，认识人格的概念、特点。
（5）能够根据人格的结构与特征，了解自己的性格、气质类型。
（6）能够根据常见的不良人格的品质及表现，掌握影响人格发展的因素。

项目实施

任务 1 认识自我

任务要求

通过完成认识自我的任务，学生能够知晓自我意识的概念、自我意识的作用、自我意识发展的特点，掌握自我意识偏差的调试方法。

知识链接

一、自我意识的概述

（一）什么是自我意识

自我意识是人类所特有的心理活动，是个体意识发展的高级阶段，也是人的心理发展的重要标志之一。它不是生来就有的，而是在社会实践过程中，随着语言和思维的发展而产生的，是在不知不觉中形成的。自我意识是一个人对自己以及自己与周围事物关系的认识和态度，也就是"我"对"我"的认识。其中前一个"我"是意识的主体，是意识者，后一个"我"是意识的客体，是被意识的对象。自我意识是人的意识的一种重要特征和形式，是人在社会实践交往活动中，由于言语和思维的发展，逐步认识自己及环境而形成和发展起来的。自我意识具有完整的心理结构，包括意识到自己的存在，意识到自己的个性心理品质和特点，意识到社会道德的自我评价系统等。

（二）自我意识包含的内容

自我意识是一个人对自己立体的、多维度的认知。从不同的维度看，人的自我意识包含不同的内容：自我认识、自我体验、自我控制；生理自我、社会自我、心理自我；现实自我、投射自我、理想自我。

1. 自我认识、自我体验、自我控制

自我认识是个体认知、情绪和意志的统一，即自我认知、自我体验、自我控制的统一。

自我认识包括自我感觉、自我观察、自我观念、自我分析和自我批评等，主要解决"我是一个什么样的人""我为什么是这样的人"等问题。例如，有些人说"我是帅哥""我是真诚的""我的能力很强""我有冷静的头脑"等。

自我体验属于情绪范畴，是指主观自我对客观自我产生的情绪体验，是在自我认识基础上产生的，包括自我感受、自爱、自尊、自恃、自卑、责任感、义务感、优越感等，主要解决"我是否接受自己""我是否满意自己""我是否悦纳自己"等问题。例如，一个人因为自己很内向而不喜欢自己的性格，或因自己的容貌很好而非常喜欢自己等。

自我控制主要表现为人的意志行为，它监督、调节人的行为活动，调节、控制自己对自己的态度和对他人的态度，表现为自主、自立、自强、自制、自律、自我监督、自我调节、自我控制等。它涉及"我怎样节制自己""我如何改变自己""我如何成为理想的那种人"等问题。

以上三个方面互相联系、有机组合、完整统一，成为一个人个性中的核心内容。

2. 生理自我、社会自我、心理自我

生理自我是指个体对自己身体状态的认识和评价。生理自我是自我意识最原始的形态。这些意识能使一个人把自我和非自我区别开来，体会到自己的存在是寄托在自己的躯体之上的，如对自己身高、体重、容貌、性别、身材的认识以及温饱感、饥饿感、舒适感、病痛感的感受等。

社会自我是指个体对自身与外界客观事物关系的认识和评价。随着社会化的进程，个体逐渐实践角色，从而出现了社会自我。社会自我包括个人对自己在客观环境及各种社会关系中的角色、地位、权利、义务、责任、力量等的意识。

心理自我是个体对自身心理状况的认识和评价，包括对自己的心理活动、个性特点、心理品质的认识、体验和愿望。在社会自我出现的同时，心理自我也同时形成和发展，如对自己的感知、记忆、智慧、兴趣、爱好、气质、能力、性格、情绪等的认识和体验。

3. 现实自我、投射自我、理想自我

现实自我是个体通过对自己的感觉、观察、分析、评价而产生的对自己当前状况的认识和评价。从意识的信息来源看，现实自我是来自自我观察与感受。从时间指向看，现实自我是指向当前的，是现在时。

投射自我也叫镜中自我，是个体印象中他人对自己的看法或评价，以及由此产生的情绪体验及调控。比如，大家都认为我是一个聪明热情的人，对我印象不错；老师对我印象不好；某人不会喜欢我，她肯定觉得我长得不怎么样。投射自我使自己通过观察他人的反应，来揣度他人对自己的评价，并不一定与他人的评价一致。同时，自己感觉到的自我即现实自我与印象中他人评价的自我也可能不一致，比如，我觉得我是一个非常实在的人，可我总被人认为是一个狡猾奸诈的人。当这二者距离加大时，人就会有一种不被理解的感觉。

理想自我是指个体要实现的一种比较完善的自我境界或形象，是个人追求的目标。从时间指向看，这种意识是指向未来的，但是，它却对人的现实认知和行为有很大的影响，是人前进的动力和方向。

对自我意识结构的分析有利于我们更深入地认识自己的自我意识水平。

（三）自我意识的发展阶段

个体自我意识的发展一般要经过三个阶段，即自我意识的萌芽、自我意识的发展、自我意识的完善。

1. 自我意识的萌芽（0～3岁）

刚出生的新生儿并没有意识，也没有自我意识，只有一些简单的、片段的感觉，动作和本能的反射，因而和一般的小动物没有多大区别。他们认识不到自己的存在，分不清自己的身体与外界有什么区别，吮吸自己的指头和吮吸母亲的乳头一样。

婴儿一般在8个月时产生生理自我，1岁左右产生自我感觉，这是自我意识最原始、最初级的形态。儿童这时开始能区分自己的动作与动作对象，之后把自己这个主体与自己的动作对象区分开来，有了自我意识萌芽。例如，儿童发现咬自己的手和脚，与咬别的东西（玩具、饼干等）感觉不一样；可以将拿着玩具的手同玩具区分开来，不会再认为玩具是手的一部分。儿童开始认识到自身是一个独立实体，是动作的主体，体验到了自我的存在和力量，产生了最初的自豪感和自信心，从而形成了自我感觉。但这个时期的儿童是将自己当客体来认识的，最有代表性的表现就是用自己的名字来称呼自己。比如，"小红要吃饭""小红要玩具"，还不会用"我"来称呼自己。

2岁以后，儿童学会了使用人称代词"我"，开始从把自己当作客体转化为把自己当作主体来认识。

3岁左右的儿童，"我"的使用频率增加，产生了一些较为极端的自我独立要求。在成人的眼中，这时的孩子常常与父母闹别扭，原来顺从而又可爱的孩子变得很有主见，总想按照自己的方式去处理问题，达到自己的目的，开始出现羞耻感、自主性和占有欲。比如，看到母亲喜欢其他的孩子时，他会生气、嫉妒，甚至动手打那个抢走母爱的孩子。这一时期儿童的行为是一种以自我为中心的行为，即以自己的想法解释外部世界，并把自己的想法和情感世界投射到外界事物上去。这一时期又被称为生理自我时期或自我中心期，是自我意识的萌芽阶段。

• 走进心理实验室 •

点红实验

心理学家阿姆斯特丹借用动物学家盖勒帕在黑猩猩研究中使用的点红测验（以测定黑猩猩是否知觉"自我"这个客体），从而使有关婴儿自我觉知的研究取得了突破性进展。实验的被试者是88名3～24个月大的婴儿。实验开始，在婴儿毫无察觉的情况下，主试者在其鼻子上涂一个无刺激红点，然后观察婴儿照镜子时的反应。研究者假设，如果婴儿在镜子里能立即发现自己鼻子上的红点，并用手去摸它或试图抹掉，表明婴儿已能区分自己的形象和加在自己形象上的东西，这种行为可作为自我认识出现的标志。

阿姆斯特丹对研究结果总结后得出，婴儿对自我形象的认识要经历三个发展阶段。

第一个阶段是游戏伙伴阶段：6～10个月。此阶段婴儿对镜中自我的映像很感兴趣，但认不出自己。

第二个阶段是退缩阶段：13～20个月。此时婴儿特别注意镜子里的映像与镜子外的实体的对应关系，对镜中映像的动作伴随自己的动作显得好奇，但似乎不愿与"他"交往。

第三个阶段是自我意识出现阶段：20～24个月。这时婴儿能明确意识到自己鼻子上的红点并立刻用手去摸，婴儿显然意识到鼻子上的红点不属于自己，此时婴儿有了明显的自我意识。

2. 自我意识的发展（3岁～青年初期）

这一时期是个体接受社会化影响最深刻的时期，经历了从幼儿园、小学、中学到大学的人生成长最为关键的时期。个体在游戏、学习、劳动、生活中，通过模仿、认同、练习等方式，逐步形成各种角色观念，建立角色意识，开始能意识到自己在人际关系、社会关系中的地位和作用，意识到自己所承担的社会责任与享有的社会权利。

幼儿期，自我意识的特点是完全依照成人的影响认同自己、他人以及自己与他人的关系，几乎是从他人那里获得"肤浅"的自我评价与自我认识。个体没有困惑、烦恼与忧愁，因此，单纯而快乐。

童年期，自我意识是模糊的，心理活动主要指向外部世界，对自己的内心世界没有多少认识。如果问"你是一个什么样的人？"许多小学生会答不上来，说没有想过，即使回答，也往往是对自己一些外部特点的描述，如"我是一个爱画画的人""守纪律的人""爱玩猫的人"等，或者是转达教师、家长或其他成人对他的评价。他们也意识不到自己所面临的各种矛盾，因而内心世界很平静。小学儿童已经能够对自己的行为及与行为相联系的一些品质进行评价，并能初步有意识地调节控制自己的行动。

少年期，自我意识的发展有了质的变化，独立性、自觉性和自律性都有了迅速发展，并能够深入到自己的内心世界，意识到自己的个性品质，但水平还比较肤浅，不够清晰全面。他们开始意识到自己与他人、与集体的关系，意识到自己的内心活动，开始想到自己，"发现"自己，关心自己的发展，根据自己的喜好规划自己的人生发展，出现了有一定现实基础的理想，有了较稳定的兴趣爱好，同时，还有了许多内心的小秘密；他们开始对周围人的精神世界、个性品质等感兴趣，开始关注周围人的内心体验、动机、想法、个性特点等。但这时自我意识的水平还不高，对自己的内心世界了解也不深，加之，生理发育的加快，面对压力的增加，心理矛盾也开始变得日益突出。

青年初期，是自我意识发展的关键时期。期间自我意识经过分化、整合而接近成熟，从而逐渐清晰地意识到自己的内心活动，全面认识到自己的心理品质，正确地感知到自己的社会角色，并能主动地根据社会要求去认识和发展自己。自我意识的显著特征是把原来主要朝向外部的认识活动转向自己的内心世界，探索自己的内心活动。比如，这时的青年会提出一系列的问题，要自己回答：我是一个什么样的人？我要成为一个什么样的人？我的长相如何？我的脾气、性格怎样？我有什么样的特长和才能？我能成就什么样的事业？我在别人心目中的形象如何？我怎样走人生之路？这都是由于个体生理和心理日趋成熟、社会角色逐步确定而促进自我意识发展的具体表现。

青年自我意识发展中的一个突出特征是：自我意识的分化与统一。自我意识的分化，就是自我意识在青年期由一个完整的自我一分为二，成为两个不同的"我"，一个是"理想的我"，即关于自己未来的总观点和总设想，"我希望成为怎样一个人"；另一个是"现实的我"，即当前的形象和实际水平，"我现在是怎样一个人"。或者说，一个是"主体的我"，即我是什么，我做什么；另一个是"客体的我"，即别人怎样看我，对我的态度如何等。这样，一个人既是自我的观察者，又是被观察的对象。处在观察者地位的是"主体的我"，被自己观察的是"客体的我"。这就为青年客观地评价自己和他人，合理调节自身的行为和活动奠定了基础。所以，自我意识的分化是自我意识走向成熟的标志。

由于青年不断地进行自我观察、自我分析、自我评价，把"现实的我"与"理想的我"加以比较，青年时期"现实的我"往往落后于"理想的我"，二者之间的矛盾和距离会使他们感到很痛苦，并产生强烈的内心体验，从此进入一个内心动荡不安、情绪体验错综复杂的时期。因此，青年人的情绪波动有很大一部分是自我意识的矛盾所带来的。

3. 自我意识的完善（青年中期~终生）

如果说前一个阶段是自我意识迅速发展并趋向成熟的阶段，那么，从青年中期开始，个体的自我意识便开始进入完善阶段，这一阶段一直持续到人生的终结。也就是说，自我意识的完善是个体毕生的任务。

大学生处于青年中期，是自我意识完善的关键时期。他们的自我意识发展正经历着一个特别明显的分化—冲突—统一的过程。这时，原本"笼统的我"被打破了，出现了两个"我"，一个是处于观察地位的我，即"主体的我"，另一个是处于被观察地位的"我"，即"客体的我"，出现了"主观我"与"客观我"、"理想我"与"现实我"的分化。这种分化标志着大学生自我意识已开始走向成熟，也是他们自我意识发展的最重要的过程。正是这种分化过程，促进了大学生思维和行为主体性的形成，从而为客观地评价自己或他人，合理地调节自己的言行奠定了基础。

（四）自我意识的作用

大学阶段是人生全面发展的高峰时期，也是一个人的自我意识迅速发展并在成长中发挥特殊作用的时期。这一时期自我意识的发展状况决定个体自主功能的发展状况，自主功能的发展状况又决定着个体能否成功地走向人生。

1. 决定个体行为的持续性与目标性

人是社会的动物，人的行为既受诸多社会因素决定，又在很大程度上与自我意识有密切的联系。每个人的现实行为，并不单是由其所在的情境决定的，更重要的是与自我认知、自我意识有着密切的联系。那些自我意识积极的学生，其成就动机、学习投入及学习成绩明显优于那些自我意识消极的学生。当学生认为自己名声不佳时，他们会放松对自己行为的约束。可以说，个人怎样理解自己，是保证个体如何采取行为及以何种方式采取行为的重要前提。

2. 决定个体对经验的解释

不同的人可能会获得完全相同的经验，但每个人对这种经验的解释却可能有很大的不同。解释经验的方式决定于一个人的自我意识。一个自认为能力一般，只该获得平均成绩的学生，对于比较好的成绩会认为是取得了极大的成功，感到十分满足；而对于同样的成绩，一个自认为能力优秀、应当获得好成绩的学生，会认为遭到了很大的失败，并体会到极大的挫折。事实证明，当个人的自我意识消极时，每一种经验都会与消极的自我评价联系在一起；当自我意识是积极的，每一种经验都可能被赋予积极的含义。

3. 影响个体的期望水平

自我意识不仅影响个体现实的行为方式和个体对过去经验的解释，而且还影响到个体对未来事情发生的期待。因为，个体对自己的期望是在自我意识的基础上发展起来的，并与自我意识相一致，其后继的行为也决定于自我意识的性质。研究发现，差生的成绩落后并不是孤立存在的，而是他的整个行为动力系统都出现了角色偏离。成绩长期落后对于普通学生是不正常的，但对于差生，由于他们的整个行为动力系统都出现了偏离，并在偏离的状况下形成了一个新的自相一致的系统，因而在系统内部一切并没有不正常。换言之，落后的学习成绩正是差生自己期待的结果。

（五）自我意识发展的特点

大学阶段是自我意识稳步发展的特殊时期，处于青年中后期的高职大学生，自我意识的发展经过分化、矛盾、统一、转化、稳定，逐渐成熟，直至最终定型。在这一发展过程中受年龄、生活经历、生活背景、专业知识以及教育环境等因素的影响，高职大学生自我意识表现出以下特点。

1. 主动关注自我

进入大学后，高职大学生对自我认识更加积极主动，不断探索；表现在经常自觉、主动地对自己的思想、学习、生活、成长等情况进行自我反思和评价；对与自我主题相关的讲座、书籍、调查与测试等表现出较高的关注并积极参与，以寻求解答。

随着知识水平的提高和思维能力的发展，高职大学生自我意识的内容也不断丰富起来，不仅涉及自己的外表、行为举止等外在因素，而且更关注自己的性格、智力、交际能力、组织能力等内在因素。对自己的内心世界和行为、对自己的角色和责任有了新的认识，能自觉地赋予自我以重要地位的角色。

2. 自我体验敏感、丰富而复杂

随着对自我内心世界的进一步关注，高职大学生自我情感体验变得敏感起来。个人越发地重视自己在集体中的地位和威信，希望得到认同。凡涉及"我"及与"我"相关的许多事物，如人品、地位、能力、理想及异性交往等方面的问题，都容易引起他们强烈的情绪和情感的反应。在各种各样的学习、生活和活动中，他们不仅有积极、肯定、轻松、敏感、愉快的自我体验，也有消极、否定、紧张、迟钝和沮丧的自我体验。这种体验还很不稳定，有明显的波动性，他们可能会因一时的成功而产生积极的、愉快的情感体验，对自我充满了自信，甚至骄傲自满、忘乎所以；也可能会因一时的挫折而低估自我，丧失自信甚至悲观失望。当受到他人表扬时，就觉得自己满是优点；若受到别人批评时，就觉得自己处处不行。这些都说明，高职大学生的情绪体验还不够成熟，起伏变化大。

3. 独立意向增强

高职大学生进入学校后,需要安排自己的学习,照顾自己的生活,组织自己的活动,经常希望摆脱家长和老师的束缚。在他们心目中,自己不再是中学生那般孩子气的自我形象,而是一个肩负着历史使命,又有一定知识和才能的高职大学生形象。他们强烈地期望发展自己的独立性,有强烈的自我设计和自我规划的愿望,经常考虑"我应该成为什么样的人""我怎样才能成为那样的人"等问题。

4. 自我意识充满矛盾性

高职大学生的自我意识在发展过程中由于分化,带来了主体我与客体我的斗争,加剧了理想我和现实我的矛盾,表现出明显的内心冲突,由此带来在自我体验上的焦虑、痛苦和不安。

(1)主观我与客观我的矛盾　主观我是自己所认识和评价的我;客观我是他人所认识和评价的我。这种自我评价与他人对自己评价的矛盾构成了主观我与客观我的矛盾。由于高职大学生活的范围比较窄,交往多限于老师、同学、父母,因此高职大学生对自我的认识参照点少,局限性较大,很难做到全方位地对自己进行客观的审视和评价,而他人却可以从不同的地点、不同的情况、不同的视角对他进行审视和评价。主观我和客观我的矛盾对高职大学生来讲是不可避免的。

> **想一想**　在"项目导入"中高职大学生小雨的"主观我"和"客观我"分别是什么?

(2)理想我和现实我的矛盾　理想我和现实我的矛盾是高职大学生自我意识矛盾中最突出的表现。由于高职大学生有理想,有抱负,成就欲望强,因此在思想上形成了理想我,这个理想我包含着他所希望达到的一切美好的愿望。但由于他们缺乏社会经验,不能很好地把理想和现实有机地结合起来,因此理想我也就不可避免地包含着某些难以实现的愿望,从而使理想我与现实我之间产生了较大差距,两个自我无法统一。小雨的理想我希望自己是学习最好的,可现实我却无法实现。在现实生活中,人的理想自我与现实自我总是存在着一定差距,合理的差距能够激发人奋发进取,使人不断进步。但当现实我与理想我差距太远时,会使人产生各种各样的心理不适,如焦虑苦恼、痛苦不安,导致一系列心理问题。

(3)独立意向与依附心理的矛盾　高职大学生所处的重要矛盾是亲密与孤独的矛盾。高职大学生渴望摆脱家长和老师等成人的束缚,希望自立自强,成为一个有独立见解、能决定自己命运的人。然而,高职大学生的经济来源一般都是来自家庭,所以他们虽然希望独立,却又不能真正独立。一方面他们渴望独立,以独立的个体面对生活、学习与工作中遇到的问题,以证明自己长大;另一方面长期的校园生活使他们的社会阅历与经验相对匮乏,在心理上又对父母、朋友存在深深的依赖,特别是遇到困难和挫折时,这种依赖就表现得更为明显。不成熟的独立性与依赖性相互纠缠,构成了高职大学生自我意识冲突的主要根源。过分的依赖使高职大学生缺乏对问题的分析、判断与决策能力，显得优柔寡断，缺乏主见；而过分的独立又使部分学生陷入"凡事不求人"的偏执状态，采取我行我素、孤傲自立的行为方式，但在遭遇挫折时又会出现不知如何寻求帮助的情况。

（4）交往需要和自我闭锁的矛盾　高职大学生内心迫切需要友谊，渴望交往与分享，渴望理解与被认可，渴望有知心朋友，希望自己成为群体中受尊敬与欢迎的人。然而他们又有意无意地把自己封闭起来，害怕交往中被伤害，所以要与同学保持一定的距离，不能轻易向他人敞开心扉，不随意与人交流沟通，因此，感到没有人能理解自己，人心难测，难以找到知心朋友，感到孤独。

• 走进心理实验室 •

聚光灯效应

有时候，我们总是不经意地把自己的问题放到无限大，当我们出丑时总以为人家会注意到。其实并不是这样的，人家或许当时会注意到，可是事后马上就忘了。它的表现是：我们会普遍高估别人对我们的关注程度。换句话说，我们很在意自己给别人留下了什么印象，以至于我们倾向于认为别人对我们的关注比别人实际给予的关注要多得多。

1999年，康奈尔大学（Cornell University）心理学教授汤姆·季洛维奇和心理学家肯尼斯·萨维斯基在期刊上发表"聚光灯效应"的实验，验证了人们总认为自己是一切的中心，是所有情境的焦点。他们要求受试者穿上印有过气歌星头像的T恤，走进已有5人的房间。研究人员先询问穿T恤的受试者，觉得有多少人注意到身上这件T恤？再去问另外的5个人是否注意到T恤上的头像？结果显示，穿T恤的受试者觉得有5成以上的人都注意到他的衣服，但是针对其他5人的调查，却只有1人看清楚T恤上是什么图案。季洛维奇和萨维斯基由此推论：人们太在乎和自己有关的事物，以为别人的目光都聚集在自己身上，这就是聚光灯效应。英国心理专家艾玛·库克撰文称，有两种情况最容易出现聚光灯效应：第一，在重大聚会之前，一个人会想象很多消极的、令自己尴尬的场景；第二，把自己的思想蜷缩在内心，而不是真实地观察外在的环境，就好像有一只聚光灯照在自己身上，所有的眼睛都在盯着自己。

出现聚光灯效应的原因是，我们在评价自己的行为和在别人面前的形象时存在偏见。我们会习惯性地认为自己才是世界的中心，这就使得我们夸大了自己的重要性。对周围的许多人来说，我们的行为究竟如何其实是一件无关紧要的事——因为他们也很有可能认为自己正站在聚光灯下。人们太习惯于从自己的角度看问题，因而也就很难准确判断别人的观点，同时把自己在别人眼中的行为放大成千上万倍。其次，还有心理学家所说的透明度错觉的原因。通俗来说，我们错误地认为表情会泄露出我们的担忧，因为所有人都可以看到我们的表情。我们认为别人可以看到我们的反应，感觉到我们的感受。但除了脸涨得通红、手紧张得发抖这种明显的征兆之外，没人能分辨出我们其实处于社交失态后的焦虑中。

克服聚光灯效应，首先要提醒自己，别人的注意力并不在你身上。一项研究表明，人们对你的注意力只有你想的一半多。聚光灯效应只存在于你的头脑中，而非真实情况的反映。为了转移注意力，多问问自己，周围的墙纸是什么颜色？别人都穿了什么衣服等。其次，参加聚会前，弄清楚自己的目的。尝试心理暗示："我紧张是再正常不过的事情，别人肯定也和我一样紧张。"再次，调节自己的呼吸。如果出现心悸、出汗、视线狭窄，深呼吸几次，配合心理上的暗示，症状会大大缓解。另外，如果你常把聚会看成考验，那是因为你太在乎别人的看法，你感觉自己在他们眼中是失败的、消极的，所以要勇敢抛掉这些不正确的假设，这些想法本来就是不切实际的。

二、自我意识偏差的调试方法

（一）健康的自我意识的标准

什么是健康的自我意识？虽然心理学家对于这一问题尚无统一的界定，但他们大多在论述心理健康标准时，对健康的自我意识都有相应的描述。比如美国心理学家奥尔波特提出关于心理健康的六条标准里就有"能客观地看待自己"；马斯洛和米特尔曼提出的心理健康十条标准中有两条涉及自我意识，即"能充分地了解自己，并能对自己的能力做出适度的估计"和"能适度地发泄情绪和控制情绪"。我国学者樊富珉教授提出五条很有参考价值的标准是：

- ◇ 一个有健康自我意识的人应该是一个自我肯定的、自我统合的人。
- ◇ 一个有健康自我意识的人应该是自我认识、自我体验、自我监控协调一致的人。
- ◇ 一个有健康自我意识的人应该是独立的，同时又与外界保持协调的人。
- ◇ 一个有健康自我意识的人应该是一个自我发展的人，其自我具有灵活性。
- ◇ 一个有健康自我意识的人应该是一个心理健康的人，不仅自己健康发展，而且能促进周围的人共同进步。

这五条标准为健康自我意识的形成、调适和培养提供了可供借鉴的心理依据。

（二）高职大学生常见的自我意识偏差及调试方法

高职大学生有时难以认清自己，常常被他人或自己贴上标签，"我"就应该是这个样子，否则那不是我。高职大学生常见的自我意识偏差及调试方法有以下几点。

1. 自卑

本"项目导入"中的主人公小雨，她觉得自己失败、处处不如别人，这就是自卑的体现。自卑是个体由于自我认知偏差等原因所形成的自我轻视和自我否定的情绪体验。个体心理学认为，人类普遍存在自卑感，只是自卑的程度、内容不同。适当的自卑不仅无损于身心，还可以成为个体超越自我、追求卓越的内在动力，对个人和社会都会大有益处。但过分的自卑则会夸大自己的缺点，鄙视自己，敏感多疑，担心他人不尊重自己。高职大学生很多心理问题的根源都来自于自卑。其人际交往模式一般是"我不好，你好""我不行，你行"，常常是拒绝或压抑自己的积极性，遇事退缩逃避，限制自己对生活的憧憬和追求，易引起情感损伤和内心冲突，严重的还可能由自我否定发展为自我厌恶，甚至是走向自我毁灭。

改变自卑心理的方法

导致学生自卑的原因有主观方面的，如自我认识不足、性格内向等，也有客观方面的，如家长、老师、同学等周围的人总是用挑剔的眼光看自己等。如何战胜自卑呢？

战胜自卑可以采取以下几种方法：

- ◇ 认知法。全面客观地认识自己，辩证地看待自己，坦然地接受自己的缺点。不以己之短比他人之长，最重要的是自己和自己比，不断进步，从而实现自己特有的价值。
- ◇ 升华法。用其他方面的成功来补偿自己的缺陷和不足，如生理的补偿——盲人尤明，聋者尤聪；心理上的补偿——勤能补拙等。向海伦、拿破仑等超越自我者学习。
- ◇ 自信训练法。采取自我暗示法（我能行）进行自我鼓励。

2. 自负

自负是个体自以为是、自命不凡的一种情感体验和情绪表现。高职大学生虽然有强烈的自尊心和自信心，好强、好胜、不甘落后，但如果把握不好度，就会物极必反，产生骄傲自大、自我膨胀、过度自我接纳的倾向。自负的人缺乏自我批评，而且不允许别人批评，唯我独尊，自我中心，盛气凌人，缺乏自知之明。其人际交往模式一般是"我好，你不好""我行，你不行"，总认为自己对而别人错，拿放大镜看自己的长处，拿显微镜看他人的短处，把自己的意志强加于别人身上，不能与人和睦相处。

战胜自负可以采取以下几种方法：

- ◇ 要看到自己的不足，承认自己也需要不断完善，人无完人。
- ◇ 要看到他人的长处，用欣赏的眼光看待他人，三人行必有我师。
- ◇ 多与他人交往，横向比较，人外有人，天外有天，尊重和接纳来自他人的反馈意见。

事实上，自卑和自负是密切联系，互为一体的。那些自负表现得越外显、越强烈的人，往往越是自卑的人。自负心理和自卑心理过强都会影响高职大学生的心理发展和人格成熟，是不容忽视的自我意识的偏差。

3. 以自我为中心

以自我为中心是指个人在处理自己与他人或社会的关系时只从自我的立场出发，而不能从他人或社会的角度去思考问题或处理问题的认知方式。

这类人的为人处世常常是以自己的需要和兴趣为中心，只关心自己的利益得失，而不考虑别人的兴趣和利益，不能设身处地为他人着想，完全从自己的角度，从自己的经验去认识和解决问题，把自己的意志强加于别人。由此，以自我为中心的人不易赢得他人的好感和信任，容易造成人际关系的不和谐。

战胜以自我为中心可以采取以下几种方法：

◇ 摆正自己的位置，既重视自己也不贬低他人，自觉地把自己和他人、集体结合起来，走出自己的小天地。
◇ 实事求是、恰如其分地评估自己，既不骄傲自大，也不妄自菲薄。
◇ 学会移情，多设身处地地从他人的角度思考问题，尊重他人的感受，关心他人。

4. 从众

从众是以自我为中心的对立面，就是认为大多数人的意见肯定是正确的，在群体的影响和压力下，放弃自己的意见而采取与大多数人相一致的行为，通俗地说就是"人云亦云""随大溜"。高职大学生的从众行为比较普遍，既有积极的从众行为，也有消极的从众行为。积极的从众行为能增加群体的相似性和一致性，从而提高群体的凝聚力和工作效率，并可以在集体中学习他人的智慧、经验，扩大视野。消极的从众行为对个体的成长和发展是有危害的，会阻碍个体分析判断能力的提高。从众行为的消极作用表现在以下两个方面：首先，从众行为倾向于一致性，容易给个体和群体带来惰性，抑制个性发展，束缚思维，扼杀创造力。其次，在决策时人们倾向于受到某种压力而不愿意发表不同意见，以至于出现表面一致的强行通过或仓促做出不正确的结论，最终导致决策出现偏差。

战胜从众可以采取以下几种方法：

◇ 提高认知能力，增强自信心。研究表明，个体认知能力和自信心与从众行为成反比。从众倾向明显的人往往是因为自己在某一方面的知识比较匮乏，自信心不足。
◇ 坚持自己的不同意见。

5. 逆反

逆反是指个体在生理基本成熟、心理迅速走向成熟而又没有真正达到成熟的时候，渴望在思想上、行动上乃至经济上尽快独立，从而表现出具有较强独立意识的心理状态，一般在个体青春期表现最为明显。大学生正处在个体发展的青春期，有强烈的寻求自我肯定、强调个人意志的愿望，但由于社会经验不足，容易感情用事甚至出现偏激行为。过度的逆反是不容忽视的自我意识缺陷。过度的逆反主要表现为，对师长的教育或周围正常的事物持消极、冷漠、反感甚至抗拒的态度；有时是为了反抗而反抗，以对着干来显示自己的与众不同；有时对正面教育表现出怀疑、不认同的抵制态度，对社会、人生和个人前途玩世不恭。

战胜逆反可以采取以下几种方法：

- ◇ 提高自身的心理适应能力、抗挫折能力和自我调节能力，形成优良的心理品质。
- ◇ 努力克服思想偏激，能够辩证地看待生活中的各种问题，对社会有一个正确合理的认识。
- ◇ 学会宽容，多用理解取代埋怨，用尊重取代蔑视，用积极的思考和乐观的精神来配合控制自己的情绪。

6. 放纵

放纵是指个体不能约束自己的行为和克制自己的情绪，"跟着感觉走"。处于青春期的高职大学生的最大特点是感情易于冲动，对待问题容易偏激和情绪化，往往是理智让位于感情，自我控制能力不足。具体表现为缺乏恒心，更缺少决心，羡慕他人在某方面成绩的时候也会自己努力，在努力的过程中稍有挫折或困难便放弃。对自己的将来抱着走一步看一步的态度，没有具体的奋斗目标，每天无所事事，整日沉迷游戏玩乐或不切实际的幻想之中。

战胜放纵可以采取以下几种方法：

- ◇ 增强自身的意志力，时刻提醒自己要不断努力。
- ◇ 真正地认清自己，制定符合自己实际能力的目标。不苛求自己，不被他人的期望要求所左右。
- ◇ 学会欣赏自己的独特性，不断自我激励。在现实的、平凡的甚至是有缺陷的自我上，创造出自己的、不同于任何人的、有价值的人生。

 想一想 本"项目导入"中高职大学生小雨属于哪种类型的自我意识偏差？

心理故事

贝多芬自我激励的故事

贝多芬是一位集古典主义大成的德国古典音乐作曲家，是维也纳古典乐派代表人物之一。贝多芬25岁时患耳疾，45岁时失聪。贝多芬的音乐给后人带来了无尽的享受，可他却不能在生前享受自己创作的作品。他4岁时就会弹奏羽管键琴，8岁起就登台演出，并获得了音乐神童的美誉。10岁时，他拜师于普鲁士最著名的音乐教育家聂费。12岁时经聂费的推荐，他到瓦尔特斯坦伯爵的宫廷乐队担任管风琴师助手，这是贝多芬音乐仆役生涯的开始。17岁时，贝多芬去拜访音乐大师莫扎特，受到热情接待。莫扎特在听完贝多芬弹的几首钢琴曲后兴奋地说："各位，请注意这位年轻人，不久的将来他就会博得世人的称赞！"莫扎特还答应给贝多芬上课。可惜此后两个月，贝多芬母亲突然去世。对此，贝多芬父亲意志消沉，终日酗酒，贝多芬不得不挑起了养家糊口的重担，再次回到原来的歌剧院当钢琴师。19岁那年，法国大革命爆发，贝多芬满怀激情地写了《谁是自由人》的合唱曲，来表达他对自由与民主的渴望。后来，贝多芬认识了李希诺夫斯基公爵。他很欣赏贝多芬的才华，收他为音乐仆役。贝多芬也很快以自己的即兴钢琴演奏迷住了维也纳人，其音乐旋律时而如细水长流，时而如惊涛骇浪，时而如鸟语鸡鸣，时而如暴风骤雨。有人曾评论贝多芬的即兴曲"充满了生命和美妙"。他在给朋友的一封信中写道："我要扼住命运的咽喉，不容它毁掉我！"贝多芬立志要在余生中从事音乐创作。从此，维也纳的宫廷音乐会少了一位出色的钢琴演奏家，但世界乐坛却诞生了一位不朽的作曲家。贝多芬从32岁起开始音乐创作，在近两年的彷徨与探索后，他终于创作出第一部具有自己鲜明特点的作品——《第三交响曲》（《英雄交响曲》），其最突出的特点是音调跌宕起伏，时而沉静凝思，时而愤慨咆哮，令人情绪激愤。贝多芬创作的《英雄交响曲》，本来是献给拿破仑的，但他听到拿破仑在巴黎圣母院加冕称帝的消息时，怒不可遏，愤而涂去原来的献词，而是把它改成《英雄交响曲》——为纪念一位伟大的人物而作。1809年10月，法军占领维也纳，趋炎附势的奥地利贵族们争相向占领者们献媚，其中也包括李希诺夫斯基公爵，他强迫贝多芬为法军军官弹奏钢琴曲，这使贝多芬忍无可忍，他操起一只凳子向公爵扔去，并在当晚离开了公爵家。临行前留下一张纸条，上面写着："公爵，您之所以成为一个公爵，只是由于偶然的出身所造成；而我之所以成为贝多芬，却是由于我自己。公爵现在有的是，将来也有的是；而贝多芬却只有一个！"贝多芬54岁时，创造出《第九交响曲》（《欢乐颂》）。他前后用了六年时间来创作、修改这部曲子。1824年5月7日，《第九交响曲》首次在维也纳卡德剧院演奏。贝多芬亲自指挥演奏，他既不看眼前的乐谱，也听不见丝毫的琴声。他全凭自己的记忆来指挥这场演奏。结果听众们兴奋若狂，不时爆发出热烈的喝彩声，鼓掌次数多达五次！

贝多芬的可贵还在于他永远傲视达官显贵，不因自己出身卑贱就去刻意巴结他们。他在音乐创作中也体现出傲骨，他谱写的旋律可比惊涛骇浪，可如气壮山河，充满了个性特征。一个失聪之人，却能写出人类最动听、最振奋的音乐篇章，这是贝多芬自励人格的不朽传奇。

三、形成高职大学生自我意识偏差的因素

（一）个体生理因素

高职大学生自身生理状况影响自我的认识和体验。对自身生理状况认可的人能自我接纳，正确地评价自己，引起和促进自我意识的积极发展。反之，则容易出现现实自我、客观自我和理想自我的矛盾与斗争，引起消极的自我意识，甚至出现心理行为异常问题。例如，有的高职大学生认为自己长得不漂亮或个子矮，是自己成功的最大障碍，

因而自卑、敏感，甚至出现自杀等过激行为，这是对自身形象不予认可带来的自我意识问题。有的高职大学生身体状况不佳，不是积极地治疗，而是埋怨上天不公平，自怨自艾，甚至轻生，这是不能正视生理状况而出现的心理问题。

（二）个体心理因素

个体心理因素主要包括认识、情绪情感和意志三个部分。认识是情绪情感和意志的前提和基础。情绪情感在认识的基础上，反映个体的愿望与体验，并制约和调节着个体的行动。意志以认识、情绪情感为前提和动力，促进认识的不断深入，并控制着情绪情感的方向与力量。三者之间的协调发展对自我意识的形成与发展产生影响。总体来看大学生处于智力发展的高峰期，智力的核心成分——抽象思维能力得到了较大的发展，这使他们观察事物、发现问题、分析解决问题的能力大大提高，从而使他们认识事物的水平极大地提高，也使他们能更好地反思自我、了解自我，走向成熟。作为个体，如果能对自己的长处和短处有客观、全面、明确的认识，正确地评价自己，细致地观察事物，他就能做出有效、可行的行动计划，并在计划执行中体验自信、自豪、成就感等积极的情感，同时对自己的智力、能力、知识等各方面有一个深入的认识，形成一个良性循环。而自我意识就在这种良性循环中得到了健康的发展。相反，一个高职大学生若对自我评价过高或过低，就会影响自我意识的发展。

（三）家庭因素

自我意识是高职大学生在同他人的交往中进行社会学习而逐步发展的，他人的言论、行为甚至思想对高职大学生自我意识的形成和发展产生很大的影响。因此，家庭对自我意识的形成与发展、对高职大学生心理的影响不可低估。主要有以下几个方面：

1）家庭成员的自我意识表率作用。父母和亲朋好友的自我认可、自我信任、自我表率影响高职大学生的自我意识发展，父母对待子女的态度也影响子女自我意识的形成与发展。自我意识健康发展的家庭成员，能在潜移默化中给高职大学生树立一个自信、自强、自立的榜样，容易让高职大学生在现实自我与理想自我之间找到一个平衡点，并以此作为其自我意识发展的良好开端。父母对待子女正确而良好的态度，能让高职大学生体验到肯定与满足等积极的情感并促使他们发展良好的意志力，掌握更多的知识。

2）父母的教养方式。好的教养方式能充分发挥高职大学生的内在潜能，让其自我意识逐步得到完善。例如，在民主型的教养方式中，父母与子女间是一种朋友的关系，父母能引导子女独立、自主、合作，培养他们的自立精神，子女长大后常表现为自信、自强、自主，情绪稳定、团结协作、自控能力强。而溺爱型家庭的子女，往往成人后依赖性强、任性、自私，情绪不稳定。

• 走进心理实验室 •

卡罗尔·德韦克的成长性思维实验

卡罗尔·德韦克是斯坦福大学的行为心理学教授，也是著名的人格心理学、社会心理学和发展心理学领域的研究者。德韦克教授和她的团队在十年间对纽约的20所学校、400名五年级的学生做了长期的研究——成长性思维实验，这个实验影响深远。

　　德韦克教授在一所学校的五年级学生中选了一批学生，将他们分成两组。第一阶段，先是让孩子们完成一个简单的题目，然后告诉一组孩子，因为你们聪明，所以你们很快完成了题目，告诉另一组孩子，因为你们的努力，所以你们完美完成了题目。一句话是表扬了孩子自身的聪明，一句话是表扬了孩子行为的努力，这两句话产生了非常奇妙的效果。

　　第二阶段，让孩子自己选择测试题目的难易程度，一种简单，一种困难。有趣的事情发生了，被夸奖了努力的孩子90%选择了难题，而被夸奖了聪明的孩子90%以上选择了简单的题目。

　　第三阶段，德韦克教授给了孩子们超出他们能力的难题，所有孩子都做不出来，但两批孩子的反应却截然不同。那些被夸奖努力的孩子，在面对困难时会更加努力，而那些被夸奖聪明的孩子，在面对难题时却抓耳挠腮，非常沮丧。即使做不出难题，被夸奖努力的孩子会说这次的题目非常有挑战性，下次还想试试，而被夸奖聪明的孩子则支支吾吾说不出话，为自己加以掩饰。

　　第四阶段，让这两组孩子再回到第一阶段的难度，那些被夸奖努力的孩子成绩上升了30%，而那些被夸奖聪明但遭受挫折打击的孩子，成绩退步20%。

　　这个实验表明，用鼓励的语言培养孩子成长性思维对建设健全的人格很重要。

　　3）家庭的氛围。家庭的氛围和家庭成员间的关系，对高职大学生自我意识的发展有一定影响。充满关爱、和谐温馨的家庭氛围以及家庭成员间亲密友好的关系，能使个体形成较好的个性品质，自我意识得到较好的发展。反之，如果一个家庭缺少关爱，成员间冷漠、嫉妒，容易使个体感到无所适从、性格孤僻、自尊受挫。

（四）学校因素

　　进入大学后，高职大学生要经过一段较长时期的独立生活与学习，学校对其自我意识的形成与发展有着不可忽视的作用。学校因素主要体现在以下几个方面。

　　1）集体因素，包括学校和系（班）集体两个方面。高等学校作为向社会输送人才的基地，对高职大学生的心理健康、综合素质提高等方面给予了高度重视，这对于高职大学生自我意识的发展十分有益。集体良好的学风和班风对高职大学生的行为起到较强的制约作用，促使其自我意识积极发展。高职大学生在学习与生活中，会对学校和系（班）集体产生归属感，并自觉地按这个集体的要求进行自我活动，在活动中得到集体的支持和强化，增强个体的自尊心、自信心，这时个体的自我意识得到了相应的发展。

　　2）个人因素，主要指教师、同学以及非正式群体的朋友。一位优秀的教师不仅能给人以知识的启迪，而且在人格上独具魅力。教师通过良好的言谈举止，为高职大学生树立自我评价的榜样，激发高职大学生强烈的成就动机，唤起高职大学生的自尊、自重、自强的良好体验。同学、朋友间的良好关系及同学、朋友的个人典范作用，使高职大学生找到了自我评价的参照标准。这种个人因素带有很大的心理暗示性，加上同龄人的共同特点，更容易让高职大学生接受，从而影响高职大学生自我意识的发展水平。

（五）社会文化因素

社会文化是人们在社会历史实践中积累与形成的知识、技能和思想观点。社会文化因素从个体掌握语言文字开始就时刻对人们产生作用。社会文化因素主要有以下几个方面：

1）文化观念。改革开放给社会带来了深刻变化。21世纪，文化观念的更新使得人们的思想获得了前所未有的解放，个体自我意识得到了增强。高职大学生作为时代的佼佼者，自我意识明显增强。在认识社会、改造世界的同时，自我控制、自我完善，自我意识向着积极健康的方向发展。

2）信息传媒。网络社会的形成，让人们对高职大学生的成长喜忧参半。一方面，网络信息的快捷、便利，有利于高职大学生更快、更全面地了解社会，获取信息，为他们的发展提供了更大的空间；另一方面，网络成瘾症的出现和网络虚拟性带来的不确定性，加上自我封闭，对高职大学生的成长产生极为不利的影响。因此，高职大学生在利用网络的便捷性的同时，一定要注意合理安排时间，善于学习，促进自我意识的健康发展。

任务实施

通过以下心理活动，了解自己，从而建立全面的自我意识；通过心理测试任务，帮助学生快速判断自我意识的和谐程度，减少自卑带来的伤害，树立正确的自我意识。

一、建立全面的自我意识

请你在10分钟内写出20个以"我"为主语的陈述句。
要求：
1）这些句子是为自己而不是为别人写的。
2）按照思考顺序来写，不考虑其中的重要性和逻辑关系。
3）尽量选择能反映个人特点的，真正代表独一无二的自己的语句。
4）请从中找出更喜欢自己什么？想改变些什么？
通过练习20个以"我"为主语的句子，可以让学生建立更加全面的自我意识。

二、自我和谐量表

表3-1是一些个人对自己看法的陈述，填答时，请看清每句话的意思，然后圈选一个数字（1代表该句话完全不符合情况，2代表比较不符合情况，3代表不确定，4代表比较符合情况，5代表完全符合情况），以代表该句话与你现在对自己的看法相符合的程度。每个人对自己的看法都有其独特性，因此答案是没有对错的，只要如实选择就可以。

表 3-1 自我和谐量表

个人对自己看法的陈述	与自己的看法相符合的程度				
	完全不符合	比较不符合	不确定	比较符合	完全符合
1. 我周围的人往往觉得我对自己的看法有些矛盾	1	2	3	4	5
2. 有时我会对自己在某方面的表现不满意	1	2	3	4	5
3. 每当遇到困难,我总是首先分析造成困难的原因	1	2	3	4	5
4. 我很难恰当表达我对别人的情感反应	1	2	3	4	5
5. 我对很多事情都有自己的观点,但我并不要求别人也与我一样	1	2	3	4	5
6. 我一旦形成对事物的看法,就不会再改变	1	2	3	4	5
7. 我经常对自己的行为不满意	1	2	3	4	5
8. 尽管有时得做一些不愿意的事,但我基本上是按自己意愿办事的	1	2	3	4	5
9. 一件事好就是好,不好就是不好,没有什么可含糊的	1	2	3	4	5
10. 如果在某件事上不顺利,我往往会怀疑自己的能力	1	2	3	4	5
11. 我至少有几个知心朋友	1	2	3	4	5
12. 我觉得自己所做的很多事情都是不该做的	1	2	3	4	5
13. 不论别人怎么说,我的观点决不改变	1	2	3	4	5
14. 别人常常会误解我对他们的好意	1	2	3	4	5
15. 很多情况下我不得不对自己的能力表示怀疑	1	2	3	4	5
16. 我朋友中有些是与我截然不同的人,这并不影响我们的关系	1	2	3	4	5
17. 与朋友交往过多容易暴露自己的隐私	1	2	3	4	5
18. 我很了解自己对周围人的情感	1	2	3	4	5
19. 我觉得自己目前的处境与我的要求相距太远	1	2	3	4	5
20. 我很少去想自己所做的事是否应该	1	2	3	4	5
21. 我所遇到的很多问题都无法自己解决	1	2	3	4	5
22. 我很清楚自己是什么样的人	1	2	3	4	5
23. 我能很自如地表达我所要表达的意思	1	2	3	4	5
24. 如果有足够的证据,我也可以改变自己的观点	1	2	3	4	5
25. 我很少考虑自己是一个什么样的人	1	2	3	4	5
26. 把心里话告诉别人不仅得不到帮助,还可能招致麻烦	1	2	3	4	5
27. 在遇到问题时,我总觉得别人都离我很远	1	2	3	4	5
28. 我觉得很难发挥出自己应有的水平	1	2	3	4	5
29. 我很担心自己的所作所为会引起别人的误解	1	2	3	4	5
30. 如果我发现自己某些方面表现不佳,总希望尽快弥补	1	2	3	4	5
31. 每个人都在忙自己的事,很难与他们沟通	1	2	3	4	5

（续）

个人对自己看法的陈述	与自己的看法相符合的程度				
	完全不符合	比较不符合	不确定	比较符合	完全符合
32. 我认为能力再强的人也可能遇上难题	1	2	3	4	5
33. 我经常感到自己是孤独无援的	1	2	3	4	5
34. 一旦遇到麻烦，无论怎样做都无济于事	1	2	3	4	5
35. 我总能清楚地了解自己的感受	1	2	3	4	5

评分与评价：

各分量表的得分为其包含的项目分直接相加，三个分量表包含的项目如下。

1）自我与经验的不和谐：1，4，7，10，12，14，15，17，19，21，23，27，28，29，31，33。

2）自我的灵活性：2，3，5，8，11，16，18，22，24，30，32，35。

3）自我的刻板性：6，9，13，20，25，26，34。

将自我的灵活性反向计分，再与其他两个分数相加。得分越高，自我和谐度越低。在高职学生中，低于74分为低分组，75～102分为中间组，103分以上为高分组。

三、向自卑说"NO"

同学们给自己的标签是否存在偏见呢？完成以下心理测试任务，帮助自己减少自卑带来的伤害。

1）请认真回想一下你的自卑有哪些表现、自卑的危害有哪些、这种心态是怎么形成的，填在表3-2中。

表 3-2　探索自卑表

自卑的表现	自卑的危害	这种心态的成因

2）对自己说："我明白了，我决心向它说'NO'！"

3）我们要送给自己一份珍贵的礼物，礼物的内容可以保留一辈子，让我们一起把礼物完成。

我喜欢我自己_____，因为_____。

虽然_____，我仍然喜欢我自己，因为_____。

我曾经克服的最大的困难是_____，所以我觉得_____。

将内容补充完整后，将以上内容抄写在卡纸上，把卡纸放在你可以常常看得到的地方，就像一份礼物让自己心情愉快，充满信心。

四、谢谢你的给予

1）两个人一组，各自回忆一件令自己骄傲自豪的事。

2）分享：将此时你认为应该向对方学习的品质讲给对方听，并想象当自己也具有这样的品质后将会怎样？

此活动既可以让学生拥有积极全面的自我意识，也可以让学生形成一种内驱力，去学习他人的良好品质。

任务 2　悦纳自我

任务要求

通过完成本任务，学生对自我意识的培养应落实到自我塑造、自我完善和自我酝酿上，这种追求是学生自我意识的最高表现，树立自我的信念，从认知角度对自己的深度信念进行思考和改变。

知识链接

一、悦纳自我的概念

所谓悦纳自我，是指一个人相信自己的存在价值，认同自己的能力，并在行为上表现出一种与环境和他人积极互动的心理定势。悦纳自我是发展积极自我意识的核心和关键。

二、如何悦纳自我

对学生而言要做到悦纳自我，可以从以下几方面入手。

1. 接受瑕疵、放下完美

无条件地接受自己的一切，对自身的一切无论是好是坏，都积极接受和悦纳。一些缺点和不足，本身并不会对生活造成非常严重的影响，而往往人们接受不了，却难以改变，从而徒增自己的烦恼。要悦纳自己就要学会无条件地接受自己，试着把那些不喜欢又无法改变的方面当作自身的一部分，或当作自己生活的一部分。古人云："金无足赤，人无完人。"世界上没有十全十美的东西，也没有完美无瑕的人，接受自己的瑕疵，允许自己有缺点有不足。完美只是一个概念，不完美才是现实存在的。人正因为有这样那样的不足、缺憾，才能够更自谦地努力奋斗，不断地提升自我，发掘更大的潜能。

2. 通过接纳别人来接纳自我

仅接纳自己是远远不够的，无论个人还是社会，要想进入良性循环，就需要与外界合作，一个不能接纳他人的人，是无法与他人友好合作的。任何真正接纳自己的人，都会接纳他人，而无法接纳他人的人，通常都是不能接纳自己的人。一个人不接纳他人，通常因为他不能接纳自己，不能容忍自己的弱点。又无意识地努力捍卫自己的尊严，两者之间的冲突就会导致焦虑。焦虑激活了防御机制，于是他就出现了投射反应，把自己不能接受的投射成别人不能接受的，这就是人们无意识不接纳自己的心理过程。

3. 自尊自信

自尊分两种：有内在价值感的自尊心和缺乏内在价值感的自尊心。前者不把外部成就视为自尊的唯一指标，后者则把外部成就作为自尊的唯一指标。自信是建立和促进心理健康的重要因素，是学生学习进步、生活愉快、技能开发的重要保证。

4. 喜欢自己、欣赏自我

每个人都知道自我是重要的，可总有些人不尊重自己、爱惜自己。他们可以喜欢朋友，喜欢知识，喜欢自然，却不愿意喜欢自己，结果自己不快乐。实际上悦纳自我是发展健全自我的核心和关键，所以要喜欢自己，欣赏自己，看到自己身上的闪光点，相信自己潜藏着大量待挖掘的能量，具有存在的价值，只有这样，自己的人生画卷才会有创意，哪怕是一幅简单的素描，它的内涵也不会因此而逊色。

5. 建立和巩固良好的自我感觉

有的学生只关注自己没有做好的事情，而忽略了自己能做好的事情，认为那些都是微不足道的小事，失败的经历不断被记住，成功和进步却没有得到及时的肯定，久而久之自我评价越来越低，自我感觉也越来越差。大家应及时地了解自己各方面的进步和成绩，肯定自己的能力，增加自信心，这有助于建立和巩固良好的自我感觉，悦纳自己，提升自己的生命价值。

练一练

自我催眠

找一个安静、舒适的地方，坐在椅子上或坐垫上，保持上身中正，脊柱挺直。给自己 15～30 分钟不被打扰的时间。

坐好之后，闭上眼睛，开始缓慢的深呼吸，呼吸的时候慢慢地放松自己，从头到脚逐一放松，放松头发—头皮—额头—太阳穴—眉毛—眼睛及眼睛周围的肌肉，放松脸颊—耳朵—鼻子，感受到呼吸，放松嘴巴—嘴巴周围的肌肉—下巴，放松脖子，放松双肩，就好像放下重担一样，放松两条手臂—手掌—手指头，放松前胸—腹部，放松内脏的所有器官，放松整个后背—脊椎—腰部—髋关节—大腿—大腿的肌肉、骨骼—膝盖—小腿—脚腕—脚掌—脚趾头。

现在从头到脚都完全放松了，随着身体的放松，你的内心也完全放松了。感受到内心的平静、和谐、自由，感受到整个人的完整。

这时仿佛你看到了自己的形象，越来越清晰地看到以前不自信的自己，正在离你渐渐地远去……远处隐隐约约地有一个人影向你走来，越来越近。你惊异地发现，那是一个和自己完全一样的形象。一个充满自信、充满热情、富有魅力的形象走进内心，他（她）说：我正是拥有自信，拥有热忱与激情，拥有雄心与抱负、成就事业的那个自我。

　　我总能发现自己所具有的优良品质。
　　我总是对生活充满感激之心。
　　我经常记录我对他人的奉献和帮助。
　　我经常记下我应该感激的人或事。
　　我总是不断写出自我升华的各种办法。
　　我总是随手记下自己的灵感与想法。
　　我每天都祈唤力量和智慧。
　　我每天描述自己奋斗成功的理想境界。
　　我善于扬长避短，充分发挥自己的才干。
　　为人处世我有自己的风格、特点。
　　我具有独立自信的个性。
　　我是自己思想和行动的主人。
　　我具有豁达的胸怀。
　　我原谅别人对自己的冒犯。
　　我能宽容地对待他人的失误。
　　我能以平和的态度处理生活中的矛盾。
　　我总是客观地处理问题。
　　我实事求是地评价别人。
　　我与众不同，我敢作敢为。
　　我能客观地分析他人的意见。
　　我敢于坚持自己的正确观点。
　　我善于在生活中寻找积极的因素。
　　我积极地处理生活中的每件事。
　　我追求成功，也敢于尝试失败。
　　即使屡屡失误，我仍会继续尝试。
　　我全身心地投入现实生活。
　　我充分利用眼前的时间。
　　我做每一件事都从现在开始。
　　我是一个行动积极的实干家。
　　我能充分发挥自己的才能。
　　我敢于拼搏进取。
　　我善于奖赏和激励自己。
　　我有竞争精神，敢于面对挑战。

我善于取长补短，获得成功。
我勤奋工作，乐于助人。
我每天都能最大限度地利用时间。
我能有效地利用每一分钟。
我每周都妥善安排学习工作日程。
我能合理地做出时间计划。
我每天都过得很充实、很快乐。
我专心致力于现在。
我全神贯注地做自己的事情。
我能够控制自己的思想，调节自己的情绪。
我能够说服自己，专心做事。
我乐于从批评中学习经验。
我乐于学习成功者的行为策略和思想方法。
我乐于接受新知识、新观念。
我虚心遵从师长的教诲。
我善于打破常规并赢得人们赞同。
我能够战胜自己的恐惧心理。
我具有幽默感。
我善于摆脱困境。
我具有顺其自然的态度。
我从容不迫地对待生活。
我敢于面对错误和失败。
我勇敢，我坚定，我自信。
我能够接受自己的一切。
我珍视自己的存在价值。
我有天赋，聪明非凡，充满创造性。
我拥有美好的人生。
带着这份自信、宁静与舒畅，我们把这些牢牢记在潜意识里。

6. 超越自我

每个大学生都有很高的抱负和远大的理想。经验告诉我们，自我认识已是不易，自我控制更难，若再期望自我开拓、提升、超越，更是难上加难。但做人一生，唯求成为自己。对于大学生而言，塑造自我、实现自我是终生努力的目的。但古人说得好，要"齐家治国平天下"须从"修身、养性"开始，从点滴小事开始，从积极行动开始，行知并重。要想运动健身，就天天进行自己喜欢的体育活动；要想开阔思路，就多读书，多听讲座。在行动时，无论对人对事，均全力以赴，使自己的能力得到最大限度的锻炼和提高；行动之后反省得失原因，再度投入行动吸取教训经验，一旦有所进步，便再反省总结。如此往复进行，自我便一步一步得到扩展和深化，自我的境界也就自然而然地得到开拓与提升。

> ✎ **任务实施**

通过以下心理活动，接纳自己，欣赏自己，形成乐观积极向上的心态。

一、爱我所有

1）将左手放在一张 A4 纸上，右手用彩笔画出 5 个手指，然后在食指、中指、无名指上写出自己的优点，越多越好；在大拇指和小拇指上各写一个自己认为的缺点，并仔细思考这个缺点曾给你带来过哪些好处？有哪些故事？然后分享给大家。
2）分享过这些故事后，你如何看待自己的缺点？
3）向你的缺点说三句感谢的话。
通过此任务，学生可以真正地接纳自己的缺点，悦纳自我。

二、自我欣赏

请根据自己的实际情况，填写下列空格。
1）我最欣赏自己的外表是：_____。
2）我最欣赏自己对朋友的态度是：_____。
3）我最欣赏自己对求学的态度是：_____。
4）我最欣赏自己的一次成功是：_____。
5）我最欣赏自己的性格是：_____。
6）我最欣赏自己对家人的态度是：_____。
7）我最欣赏自己做事的态度是：_____。
8）别人最欣赏我的是：_____。
9）家人常以我为荣的是：_____。
10）我最拿手的事情是：_____。
请把填完的内容与同学分享。
通过此任务，学生可建立自信，形成积极向上的心理状态。

任务 3 健全人格

> 📖 **任务要求**

通过完成本任务，学生能够掌握人格的概念、特点；了解人格的类型、结构与特征；掌握影响人格发展的因素、常见的不良人格品质及表现。

> 知识链接

一、什么是人格

快节奏的生活与工作带给人们的心理压力日渐沉重。有的人虽然生活安定、富足，但常常觉得百无聊赖；有的人不肯原谅别人的过错，对一些小事总是耿耿于怀；有的人由于自己认识不足，未能充分发挥潜能而整日怨天尤人……这些都是人格不健全的表现。健全的人格能够帮助人们充分体验生活的乐趣，挖掘人自身的潜能，充实人的精神世界，有助于营造健康的心理环境，提高生活质量。

（一）人格的概念

人格一词，来自拉丁文 persona（面具），即戏剧中演员所戴的特殊面具，用来表现剧中人物的角色和身份。从词源上讲，personality 是指用面具进行的角色表演，也指人从自身筛选出来的公布于众的某些侧面，即向外展现的特质。把面具释义为人格，实际上说明人既有表现于外的特点，也有某些外部未显露的特点。

人格是一个在日常生活中被广泛使用的词汇，同时也是一个学术概念。在不同学科中，人格有着含义不同的规定。法学、哲学、伦理学、社会学、人类文化学等学科都对人格问题进行了广泛而深入的探讨。我国学者通常把人格当作或者理解为在实践基础上形成的"品质"或"人品"，即古人所说的"气象""风范"等。在法律意义上，人格是指作为权利和义务主体的人的资格。从伦理道德的角度上看，人格被规定为个人的品格、志趣、情操，是个体的尊严、责任、价值及道德品质，即一个社会人的资格和品格的总和。从心理学的意义上看，人格主要指个人比较稳定的心理和行为特征的总和。

19 世纪 20 年代以来，人格成为西方学术界最引人注目的课题之一，心理学产生了许多关于人格的定义。美国心理学家阿尔波特曾列举了 50 多种不同的定义，足见人格概念的分歧，也表明人格本身的复杂性，但众多定义有大致相通之处。简单说来，人格指的是真正构成一个人特征的外在行为、心理状态、精神面貌的总和。人格是一种一贯性、稳定性的心理特征，是人在社会生活中呈现出的整体的、综合的状态。

人格可以是外在的，也可以是隐藏在内部的。心理学家大都认为人格是由气质、性格以及能力等共同构成的。气质概念和人格概念一样古老，气质被认为较多、较明显地与人的体质因素相关，性格则是人格中涉及社会评价的部分，更多地受环境影响。人格是先天与后天综合作用的结果，需在社会生活中形成和体现，既可获得也可丧失，既可能健康也可能病态，同时也有完整与分裂、高尚与卑下、健全与缺损等差别。

每个人的心理特征是不同的，因此人格表现也是千差万别。有人细心深刻；有人粗心肤浅；有人遇到困难勇于面对，有百折不挠的精神；有人知难而退，畏首畏尾。所以在认识、改造外部世界的活动中，每个人表现出来的心理特征不同。能力、气质、性格的不同组合形成一个人较稳定的人格特征。

（二）人格的特点

和其他心理品质一样，人格也有自己的特点，包括独特性、稳定性、整体性、功能性和社会性。

1. 独特性

人格的独特性是指每个人都是独一无二的个体，人与人之间的心理和行为都是各不相同的。由于每个个体的遗传基因、成长环境、接受教育水平各不相同，所以，每个人的人格都是独特的，不仅表现在个体心理、行为上，也表现在整个思维模式上，从而使得人与人之间区别开来。

> **做一做**
>
> **让我认识你的独特**
>
> 请一个寝室的同学并排站在讲台前，一个同学出列，说出某个室友的一些生理、心理特点，然后大家共同猜猜他是谁。

2. 稳定性

人格的稳定性是指那些经常表现出来的特点，是一贯的行为方式的总和。一般表现为跨时间的稳定和跨情境的一致，昨天的你是开朗外向的，今天的你也是开朗外向的；在家活泼开朗，在学校也一样。当然，人格具有可塑性和可变性。一般而言，儿童的人格正在形成中，还不稳定，容易受环境影响而发生变化；成年人的人格比较稳定，但对个人具有决定性影响的环境因素和机体因素也有可能改变个人的人格，如移民异地、严重疾病、严重挫折等有可能影响某些人格特征的变化，如自我观念、价值观、信仰等的改变。

3. 整体性

人格是人的各种人格倾向性和人格特征的有机结合。人格由气质、性格、能力、兴趣、爱好、需要、理想、信念等成分构成，这些成分不是孤立地存在着，而是具有内在的统一性。当一个人的人格结构的各方面彼此和谐一致时，人们就会呈现出健康的人格特征，否则就会出现各种心理冲突，导致人格分裂。美国电影《搏击俱乐部》刻画了平凡的中年都市白领杰克的分裂性，他一方面做着一成不变的工作，患有严重的失眠症，另一方面却分裂出另一个人格——泰勒，成立地下搏击俱乐部，疯狂地发泄情绪。

4. 功能性

在某种意义上讲，一个人的人格特点会直接或间接地决定一个人的命运，甚至人生成败。为什么面对挫折和失败时，坚强者会发奋拼搏，不放弃；而懦弱者一蹶不振，失去了奋斗目标？究其原因在于不同的人格特征发挥不同的功能。人们经常倾向于用人格特征来解释人的言行。当人格正常发挥其功能时，个体会表现出健康而有力的特征；而当人格功能失调时，个体就会变得软弱、失控，甚至变态。

5. 社会性

人格是个体的自然属性和社会属性的综合。一方面，虽然人格是在个体的遗传和生物特性基础上形成的，但人的自然生物特性不能预测人格的发展方向。人的自然属性会受人的社会属性制约，被打上社会的烙印。另一方面，人格是个体在社会化过程中逐渐形成和发展的。人格既是社会化的对象，也是社会化的结果。因此，人格的社会性是人格的本质特征，影响着人格发展的方向和方式，影响着某些人格特征形成的难易度。

（三）人格类型

1. 大五模型

心理学家塔佩斯等人运用了词汇学的方法，对人格特质变量进行了再分析，发现了五个相对稳定的特质因素，这五种特质因素可以涵盖人格描述的所有方面，形成了著名的人格五因素模型（five-factor model，FFM），又称大五模型。这五个因素分别是：

- 外倾性。表现出热情、社交、果断、活跃、冒险、乐观等特质。
- 宜人性。具有信任、直率、利他、依从、谦虚、移情等特质。
- 责任心。显示了胜任、公正、条理、尽职、成就、自律、谨慎、克制等特质。
- 神经质或情绪稳定性。具有焦虑、敌对、压抑、自我意识、冲动、脆弱等特质。
- 开放。具有想象、审美、情感丰富、求异、创造、智能等特质。

这五个特质因素的首字母合在一起构成了"OCEAN"一词，代表了"人格的海洋"。美国心理学家麦克雷和可斯塔（Mc Crae & Costa，1989）编制了大五人格因素测定量表（NEO-PI-R）。

2. 内—外倾向性人格类型

瑞士著名的人格心理学家荣格依据心理活动的倾向性对人格进行了划分，并提出内—外倾向性人格类型。荣格认为，当一个人的兴趣和关注点指向外部客体时就是外倾人格（extroversion）；而当一个人的兴趣和关注点指向主体时就是内倾人格（introversion）。任何人都具有外倾和内倾这两种特征，但只有其中一种占优势，因而可以确定一个人的人格倾向。外倾人格的主要特点是注重外部世界、情感表露于外、热情奔放、善于交往、果断、独立，有时轻率；内倾人格的主要特点是自我剖析、不善交往、做事谨慎、疑虑、困惑、优柔寡断，有时适应困难。

荣格将内—外倾向性与四种个体心理活动的基本功能相结合，构成八种人格类型。

- 外倾思维型
- 外倾情感型
- 外倾感觉型
- 外倾直觉型
- 内倾思维型
- 内倾情感型

◇ 内倾感觉型
◇ 内倾直觉型

3. 场独立—场依存型人格类型

人格差异不仅表现在气质和性格上，而且也表现在认知风格上。美国心理学家威特金根据人的认知风格的不同提出了场独立、场依存学说，并把人的性格划分为场独立型和场依存型两类。

威特金认为，场独立型的个体较少受到知觉环境的影响，往往倾向于更多地利用自身内在的参照标志去主动地对信息进行加工，这类人社会敏感性差，对他人不感兴趣，不善社会交往，比较喜欢独立地发现问题和解决问题，不易受次要因素干扰，受暗示性也较小，在活动中易发挥自己的能力，比较有创造性，有时喜欢把意志强加于人，带有支配倾向。场依存型的个体容易受周围环境的影响，常处于被动、服从的地位，缺乏主见，受暗示性强，这类人常对他人感兴趣，社会敏感性强，善于社会交际，但在紧急情况下易惊慌失措，抗应激能力差。

威特金强调，这两个类型的性格特征属于同一人格维度连续体的两端，每一个人的性格特征都处于这个链条的某一点上，两种人格的差异表现在心理活动的许多方面，如场独立的人在认知中具有优势，而场依存的人在人际交往中占有优势。威特金以大学生为对象，进行了十年的追踪研究发现，场独立的学生比较偏爱需要认知改变的、技能性的、与人联系较少的学科，如自然科学；而场依存的学生比较偏爱对认知改变较少的、人际关系的学科。

4. A—B型人格类型

美国心脏病学家弗雷德曼和罗斯曼在研究心脏病与人格特征的关系时，把人的人格划分为A型和B型。

A型人格（A-type personality）的显著特点是时间紧迫感、竞争和敌意、性情急躁、缺乏耐性。A型人格的人成就欲高、上进心强、做事认真负责、雄心勃勃，易于激动，好争执，敏捷但缺乏耐心，生活常处于紧张状态，属于不安定型人格，社会适应性较差。临床研究表明，A型人格的人易患冠心病，美国20世纪60年代进行的一项研究——"西方协作研究计划"表明，在257名冠心病患者中，A型人格的发病率是B型人格的2.37倍，A型人格被认为是冠心病的危险致病因素。

B型人格（B-type personality）的特点是与A型人格相反，性格温和，心胸开阔，与人为善，面对生活和工作从容不迫，满足感强。B型人格在上述研究中患病率低，是一种健康人格。

二、人格的结构、特征及影响因素

（一）人格的结构与特征

人格是由不同成分构成的一个结构系统，不同成分从不同侧面反映了人格的差异。人格的结构系统主要包括认知风格、气质、性格、自我调控等成分。其中认知风格是体现在认知加工过程中的差异，气质是体现在高级神经活动类型上的差异，性格是体现在社会道德评价方面的差异，自我调控是使各成分协调一致的统合机构。结合高职大学生的身心发展需要，本书主要介绍气质、性格及两者之间的关系。

1. 气质

（1）气质的概念与类型　气质是指个体表现在心理活动的速度、强度、灵活性与指向性等方面的一种稳定的心理特征，即人们常说的"脾气"和"秉性"。气质是以人的高级神经活动的类型为生理基础，因此受生物规律制约比较明显。每个人生来就具有一定的气质。它使一个人的全部心理活动都染上了个人独特的色彩。气质特点在人身上的不同组合，构成了不同的气质类型。

最早提出气质这一概念并加以分类描述的是古希腊医生希波克拉底，后来罗马医生盖仑做了整理，提出了气质的体液学说。他认为人体有四种不同的体液——血液、黏液、黄胆汁和黑胆汁，根据这四种体液在每个个体体内所占比例的不同，将人分为四种不同的气质类型，即胆汁质（黄胆汁占优势）、多血质（血液占优势）、黏液质（黏液占优势）和抑郁质（黑胆汁占优势）。各种气质类型典型的心理特征表现如下。

- ◇ 胆汁质：行动与情感发生迅速、强烈，大都热情、直爽，精力旺盛，做事勇敢果断，但脾气急躁，争强好斗，粗枝大叶。
- ◇ 多血质：思维灵活，动作敏捷，对环境适应力强，情绪丰富且外露，大都活泼好动，乐观、热情，喜与人交往，但缺乏耐心和毅力，注意力易转移，稳定性差，见异思迁。
- ◇ 黏液质：安静稳重，沉默寡言，情感不易外露，自制力、忍耐力强，注意力稳定，但思维的灵活性及行为的主动性略差，墨守成规。
- ◇ 抑郁质：踏实稳重，自制力强，富于想象力，喜欢独处，善于觉察他人不易觉察的细节，但情感体验深刻而持久，多愁善感，不善交际，不合群，优柔寡断，行动迟缓。

四种气质显示了人们不同的天性。但事实上单纯属于某一种气质类型的人很少，大多数人属于复合型的气质类型。我国学者阮承发和许智权对大学生气质类型的调查结果表明，在复旦大学、南开大学、四川大学、第四军医大学、安徽师范大学5所高校被调查的36名大学生中，单一气质类型的学生占34.07%，复合型气质类型的学生占65.93%。

（2）气质的特点与意义

1）气质的特点。气质既有稳定性，又有可塑性。人的气质特征更多的来自于先天遗传的生物因素。所以较之其他个性心理特征更为稳定，但是，所处的环境和教育所形成的行为活动方式可以掩盖真实的气质类型特征。也正由于这个原因，人们的气质类型特征由于后天的磨炼，很少纯属某一类型，而多以某型特征为主，兼有其他类型的特点。除了少数人具有典型特征外，大多数人都属于中间型或混合型。

气质类型本身在社会价值评价方面并无好坏之分。每种气质类型都有可能形成积极或优良的心理品质，也都有可能形成消极的心理品质。比如，胆汁质的人可以形成热情、开明、刚强、动作迅速有力、生气勃勃、工作效率高等良好品质，但也容易形成暴躁、任性、蛮横、粗野等不良品质。多血质的人富有朝气，爱交际，思想灵活，但也容易形成志趣多变、轻浮、粗枝大叶、意志力薄弱等缺点。黏液质的人容易养成自制、镇静、踏实等品质，但也容易形成冷漠、迟缓、固执、保守等缺点。抑郁质的人具有思想敏锐、想象力丰富、情感深刻等优良品质，但也容易形成多疑、孤僻、郁闷、怯懦等缺点。一个人的气质究竟向哪个方向发展，关键在于后天的环境，尤其是教育。

2）气质的意义。了解一个人的气质，对临床工作具有重要意义。在临床上，不同气质类型的人对待疾病、治疗和痛苦的态度是不一样的。比如，对同样的疾病痛苦，胆汁质的人可能无所谓，多血质的人可能面部表情十分丰富，黏液质的人可能不声不吭，而抑郁质的人可能叫苦不迭，焦虑不安。

另外，气质类型也可以成为职业选择的依据之一。某些气质类型的特征能为一个人从事某种职业提供有利条件。气质类型不决定一个人成就的高低，但能影响工作的效率。一般说来，需要迅速、灵活品质的工作对胆汁质和多血质的人比较适合，而黏液质和抑郁质的人比较适合做持久、细致的工作。

2. 性格

（1）性格的概念　性格（character）是指一个人在社会实践活动中所形成的对现实的稳定态度以及与之相适应的行为倾向性。

（2）性格的特征

1）性格的理智特征是指人们在感知、记忆、想象和思维等认识过程中所表现出来的特征，如思维的独立性。

2）性格的情绪特征指人们情绪活动时在强度、稳定性、持续性以及主导心境等方面表现出来的特征，如热情、冷漠、多愁善感等。

3）性格的意志特征。当人为了达到既定的目的，自觉地调节自己的行动，千方百计地克服前进道路上的困难时，就表现出人的性格的意志特征，如目的性或冲动性，果断性与坚忍性等。

4）性格对现实的态度特征主要指人在处理各种社会关系方面所表现出来的性格特征。这包括对待社会、集体、学习、工作劳动的态度，对待别人和对待自己的态度等。诚实、正直、富有同情心、热情、喜欢交际、工作认真、勤劳、勤俭等都是对人对事所表现出来的性格特征。对待自己的态度方面的性格特征主要是谦虚或自负，自信或自卑，羞怯或大方等。

性格是具有核心意义的心理特征。人格差异的主要表现不是气质和能力的差异，而是性格的差异。性格具有直接的社会价值，不同性格特征的社会价值不同。例如，诚实、善良、节俭等性格对社会具有积极作用；而虚伪、残忍、挥霍等性格对社会具有消极作用。一个品德高尚的人，才能越高，对社会的贡献越大；一个心术不正的人，能力越强，对社会的危害越大，如一些高科技犯罪等。

（3）性格的外在表现

1）性格在活动中的表现。人的性格特征常常在各种活动中表现出来。如有的人在活动中习惯于指挥别人，充当领袖；有的人则不愿出头露面，甘愿做被指挥者。从一个人对劳动的态度可以看出他是勤劳的还是懒惰的，从一个人对待困难的态度可以知道他的意志是否坚强。透过一个人对待公共财物的态度又可以看出他是节俭的还是浪费的。其他种种活动也无不显示出人们性格的差异。

2）性格在言语中的表现。一个人的言语风格往往表现出某些性格特征。健谈者多开朗、善交际，他可能关心别人，富有同情心，也可能自负，爱表现自己，妄自尊大等。唠唠叨叨、信口开河往往显示出缺乏自制力，沉默寡言可能是对自己言谈的高度责任感，也可能是明哲保身，也可能是想掩饰自己的思想和情感，还可能是由于孤僻、怯懦和疑心。一个人的言行是否一致，也往往能反映出一个人的性格特征。

3）性格在外貌上的表现。面部表情、姿态甚至衣着，也在某种程度上反映出一个人的性格特点。经常面带笑容的人和经常面带愁容的人性格很不相同，透过大笑、微笑以及不同的笑可以看出一个人的性格特点。一般来说，人的眼睛往往是心灵的一面镜子，显示出人的性格特征。另外在姿态上，高傲的人多是摇头晃脑，昂首挺胸；谦虚的人往往躬身俯首，微缩双肩。一个人走路的快慢，大步走还是碎步走，说话时是否爱打手势等，也往往能表现出不同的性格特征。衣服和饰物也可以表现出人的性格，例如，演员就是根据人物的性格而选择衣服和饰物的。

（4）良好性格的标准

所谓良好的性格就是有助于心理健康的性格，有利于处理好人际关系的性格，有助于应对困难、取得事业成功的性格。良好的性格应具备以下十个标准。

1）善良，即对弱者的关怀、同情与怜悯，以及慷慨的帮助；对他人更多友善的表达，而不是损人利己，或者损人不利己。

2）负责，即积极地行使权利，履行责任和义务。

3）自制，即能控制和调节自己行为的特性。自制是一种良好的性格。要塑造自制的性格，应做到拿破仑提出的八个控制：控制自己的时间；控制自己的思想；控制接触的对象；控制沟通的方式；控制自己的情绪；控制自己的承诺；控制行为的目标；控制自己的忧虑。

4）宽厚，即胸怀宽广，不斤斤计较。为人处事能够考虑他人的利益，不损害他人的利益。做到以德报德，甚至以德报怨。宽厚的性格有助于形成和谐的人际关系。

5）豁达，即遇到挫折、困难时能够拿得起放得下，不被烦恼的事情所困，遇到利益冲突时想得开，不计较，不执迷不悟。心胸豁达的人不怕与他人共享资源，不拒绝与他人竞争，能心平气和地、坦然地面对得失，能乐观、勇敢地去面对来自各方面的挑战。

6）诚信，即为人处事诚实于心，言行一致。做到言出必行，不失信于人。诚信是进德修业之本。

7）正直，即做人堂堂正正、襟怀坦白、直率、说话做事不绕弯子。正直的人不做违背良心的事情，不会挖空心思算计别人，更不会做违背道德和法律的事情。

8）勤勉，即勤奋，能吃苦耐劳，当自己疲惫、偷懒时能自我激励。

9）热忱，即对所从事的学习、工作有兴趣，积极主动地从事这些活动。

10）自信，即对自己的能力、水平或价值的确信。自信的人能够了解自身的需求和渴望，懂得肯定并欣赏自己和他人，能够清楚、直接、坦诚、适当地表达自己的真实情感、态度和想法，对自己的生活负责，不盲从，不怨天尤人。

以上都是非常重要的积极性格，我们只要注意培养，就能塑造良好的性格形象。

3. 气质与性格的关系

气质和性格都是构成人格的重要因素，两者相互渗透，相互影响，彼此制约。两者不同的是，一方面性格是后天形成的，更多地受到环境的影响，具有较大的可塑性，另一方面性格是人格中涉及社会评价的内容，具有社会评价意义，反映了社会文化的内涵，因此有好坏之分，而气质是先天的，更多受生理特征的制约，虽然在后天环境下可以有所改变，但与性格相比更具稳定性，变化较为缓慢。

性格和气质虽然有区别，但又密切联系。首先，气质按照自己的动力方式，给性格全部打上烙印，涂上色彩。例如，同样是助人为乐的性格特征，多血质者在帮助别人时，往往动作敏捷，情感表露在外，而黏液质者则可能动作沉着，情感内敛。其次，气质可以影响性格特征的形成和发展速度。例如，在自制力的形成方面，胆汁质的人需要经过极大的努力和克制；而抑郁质的人用不着特别努力就易形成。胆汁质、多血质的人易形成外向性格，黏液质、抑郁质的人易形成内向性格。第三，性格对气质的影响也是明显的，在生活实践过程中所形成的稳定的态度体系和行为方式，可以在一定程度上掩盖或改造气质，使它服从于生活实践的要求。例如，从操作速度上来说，胆汁质和多血质的人适合当外科医生，但前者易轻率，后者缺乏耐心。要当好外科医生，适应特定的工作环境和实践的要求，这两种不同气质特征经过意志努力都会改变，最后，不同气质类型的人可以形成同样的性格特征；相同气质类型的人可以带有同样动力色彩而性格却互不相同。所以在气质基础上形成什么样的性格特征，在很大程度上取决于性格中的意志特征。

（二）影响人格发展的因素

1. 遗传因素

许多心理学家认为，人格发展是遗传与环境交互作用的结果。研究表明，遗传对人的智力、气质及某些精神疾病等具有影响作用，即使同卵双生子被分开抚养，他们之间的相似性也大于异卵兄弟姐妹。

遗传对人格发展的影响是通过成熟表现出来的。成熟是相对独立于外部环境的、预先决定的生长或身体变化的顺序。遗传是人格形成的自然因素，为人格的发展提供了可能性，并为人格差异提供了最初的生理基础。

2. 环境因素

环境因素按性质可分为自然环境和社会环境。自然环境包括生态环境、气候条件、空间拥挤等物理因素，会不同程度地影响人格。例如，天热会让人烦躁不安，使他人产生负面的反应。社会环境包括社会、家庭、学校、同辈友伴间互相作用等。社会环境对人格的形成和发展起着决定性的作用。在社会环境中，学校教育作为一种有目的、有计划、有系统的环境影响，对学生人格发展起导向作用。

3. 自我意识

人格的形成发展并不是机械地受外因影响，更重要的是人可以对自己目前的状态及未来发展状态做出解释和判断，并主动采取措施，促进自身人格的改变和完善。自我意识是人格调控系统的核心。

总之，我们应该清楚地认识到，在人格的形成与发展过程中，遗传、环境与自我意识之间并不是静止、孤立地发挥作用，它们之间相互作用、相互影响、相互制约、共同促进。人格的形成和发展是各种影响因素交互作用的结果。

三、常见的不良人格及人格障碍

人格形成与发展过程中，由于受到来自内外主客观等不良因素的影响，有可能会导致人格发展出现不同程度的缺陷，严重者甚至引发人格障碍。

（一）常见的不良人格及表现

不良人格又称人格缺陷，是介于正常人格与人格障碍之间的一种状态，是人格发展的不良倾向。一般来说，生活中有人格障碍的人只占极少数，而绝大多数人都有可能会或多或少、不同程度地存在着人格缺陷。

1. 自卑

自卑是对自己不满、鄙视、否定的情感。进入高职院校后，有些学生发现山外有山，人外有人，尤其是当学习、社交、文体方面显露出某些不足时，就会陷入怀疑自己、否定自己之中，产生自卑心理。因此，自卑往往是自尊心受挫的结果，没有自尊心也就不会有自卑感，过强的自卑感往往又以过强的自尊心表现出来。有些高职学生敏感脆弱，经不起批评，原因就在于此。

由这个定义，我们可以看出：愤怒和眼泪都可能是自卑情结的表现。由于自卑感总是会给人造成紧张感，所以争取优越感的补偿动作必然会同时出现，但是其目的却不在于解决问题。在产生自卑感后，个人就想通过争取权力或变得更为有力量以补偿机体之不足。

作为一个整体单位，活动的个体可以通过两种基本途径进行补偿。一种是觉知到自己的生理缺陷后，集中力量在低劣的器官上发展其功能。例如，体弱者通过持久的体育锻炼以增强体质。当个体通过极大的努力使原来的缺陷变成为自己的优势，对此心理学家阿德勒称为超补偿。另一种是承认自己的某种缺陷，发展自己的其他机能以弥补有缺陷的机能。例如，失明者通过发展听觉或触觉来进行弥补，或者一个体弱的人转向思想领域，以笔代剑寻求补偿，都属于后一类补偿方式。

关于自卑的说法不但适用于每个人，而且可以说还适用于整个人类。在阿德勒看来，自卑感"是人类地位之所以增进的原因"。例如，科学的兴起就是因为人类感到他们的无知和他们对预测未来的需要；它是人类在改进他们的整个情境，在对宇宙作更进一步的探知，在试图更妥善地控制自然时，努力奋斗的成果。事实上，我们人类的全部文化都是以自卑感为基础的。

自卑感是人的一种生存情境，自卑感的存在使人产生紧张感，是人格发展的动力。每个人都有不同程度的自卑感，因此心理上的自卑是每个人要面对的基本处境。自卑会造成紧张，人们因而要努力摆脱这种处境。只是对于不同的人来说，其摆脱之径或方式可能不同罢了。只有使用正确的方式（阿德勒认为与社会合作是唯一正确的方式）改进自己的处境，才能有效脱离这种感觉。

2. 害羞

害羞在高职大学生中并不少见。例如，不敢在大众场合发表意见，害怕与陌生人打交道，路上见到异性同学会手足无措，见到老师会难为情，说话感到紧张等。

害羞是一个人自我防御心理过强的结果，他们常常过于胆小被动，过于谨小慎微，过于关注自己，自信心不足。他们特别注意自己在别人心目中的形象，总觉得自己时时处在众目睽睽之下，于是敏感拘束，一句话要在喉咙反复多次，一件事总要左思右想，为此神经紧张，坐立不安。

害羞之心人皆有之，但过分的害羞，不该害羞时的害羞，尤其是当害羞成了一种习惯时，则是有害的，它会导致压抑、孤独、焦虑等不良心理状态，还会阻碍人际交往，影响一个人才能的正常发挥。

3. 怯懦

怯懦主要表现为缺乏勇气和信心，害怕可能面临的困难和挫折。在挫折、困难面前常常知难而退，甚至不战而败。有些高职大学生过去经历一帆风顺，因而特别害怕失败。"只能成功，不能失败"的非理性观念是造成一些高职大学生怯懦的认知因素。有些高职大学生由于胆怯，不敢与人讲话，不敢出头露面，也不敢表明自己的态度，甚至不敢向老师提问题。有些高职大学生由于软弱不敢冒风险，不敢担重任，不敢与坏人坏事做斗争，不敢坚持自己正确的观点。但越是这样回避矛盾、躲避失败，越是容易体验到强烈的挫折感。

4. 懒惰

青年学生本应是充满朝气和活力、开拓进取的群体，但有时事实并非如此。懒惰是令某些高职大学生感到苦恼并难以克服的一种人格发展缺陷，是意志活动无力的表现。懒惰是影响高职大学生积极进取、张扬青春活力的天敌。

处于懒惰状态的高职大学生常感到内疚、自责、后悔，但又觉得无力自拔，心有余而力不足，这主要是因为他们往往想得多而做得少，缺乏毅力所致。

5. 狭隘

凡事斤斤计较、耿耿于怀、好嫉妒、好挑剔、容不得人等，都是心胸狭隘的表现，即日常说的气量小。心胸狭隘往往影响人际关系，伤害他人感情，也常给自己带来烦闷、苦恼，影响自己的情绪和在他人心目中的形象，因此，于人于己有百害而无一利。狭隘人格多见于内向者。

6. 拖拉

拖拉是指可以完成的事而不及时完成，今天推明天，明天推后天。春天不是读书天，夏日炎炎正好眠，秋多蚊虫，冬又冷，一心收拾待明年。

导致拖拉的原因，一是试图逃避困难的事，二是目标不明确，三是惰性作怪。拖拉一方面耽误学习、工作，另一方面并没有使人因此而轻松些，相反往往会导致心理压力，引起焦虑，总觉得有事情没完成，干别的事也难以安心，还会贻误时机。

7. 抑郁

抑郁是常见的情绪困扰，是一种感到无力应付外界压力而产生的消极情绪，常伴有厌恶、痛苦、羞愧、自卑等情绪体验。抑郁人皆有之，对于大多数人来说，抑郁只是偶尔出现，时过境迁，很快会消失；但那些性格内向，多疑多虑，不爱交际，生活中遭遇意外挫折的人更容易长期处于抑郁状态，甚至导致抑郁症。

抑郁的高职大学生的主要表现是：情绪低落，郁郁寡欢，闷闷不乐，思维迟缓，兴趣丧失，缺乏活力，反应迟钝，干什么都打不起精神，体验不到快乐。抑郁在低年级学生中更为普遍。所谓的周末综合征在很大程度上便是抑郁的体现。

8. 焦虑

焦虑是个体主观上预料将会有某种不良后果产生或模糊的威胁出现时的一种不安感，并伴有忧虑、烦恼、害怕、紧张等情绪体验。在这个紧张刺激不断增多、竞争不断增强的社会里，每个人都可能处于一定的焦虑状态。适度的焦虑对于保持生命活力是必要的，这里所说的焦虑主要是指不适当的高度焦虑。

被焦虑困扰的高职大学生常表现出烦躁不安，思维受阻，行动不灵活，身体不舒服等症状。高职大学生焦虑主要与考试和人际交往技能差（或自认为差）、自尊心过强等密切相关。

9. 虚荣

虚荣心普遍存在于某些高职大学生身上，这是正常的现象，但一旦过度，则会有害无益。虚荣心往往与自尊心、自卑感联系在一起，没有自尊心，就没有虚荣心。没有自卑感，也就不必用虚荣心来满足自尊心，虚荣心是自尊心和自卑感的混合物。

虚荣心强的高职大学生一般性格内向、情感脆弱、多愁善感，虽然自惭形秽，却又害怕别人伤害自己的尊严，过分介意别人的评论与批评，与人交往时总有一种防御心理，不允许有稍微侵犯，且常会千方百计地抬高自己的形象，他们捍卫的往往是虚假的、脆弱的、不健康的自我，以致无暇来丰富、壮大真实的自我。

10. 过分以自我为中心

随着自我意识的发展，高职大学生越来越感到自己内心世界的千变万化、独一无二，他们越来越多地把关注的重心投向自我，尤其是那些有较强自信心、自尊心、优越感、独立感的学生，比较容易出现过分以自我为中心的倾向。当这种倾向与一些不健康的思想意识（如个人主义、自私自利思想）和心理特征（如过强的自尊心、唯我独尊等）结合时，就会表现出过分的、扭曲的自我意识与行为。过分以自我为中心的人往往以自我为核心，想问题、做事情，从"我"出发，不能设身处地进行客观思考，颐指气使，盛气凌人，不允许别人批评。这种人往往见好处就上，见困难就让，有错误就推，总认为对的是自己，错的是别人，因而他们常不能赢得他人的好感和信任，人际关系多不和谐。

（二）常见的人格障碍

人格障碍也称病态人格，指偏离常态的人格。人格障碍一般始于童年和青少年，通常是在不良先天素质的基础上，遭受环境有害因素的影响而形成的。人格障碍主要有以下几种类型。

1. 反社会型人格

特点是缺乏道德责任感，情绪活动呈爆发性，行动呈冲动性，对他人和社会冷酷无情，缺乏同情心和羞耻感，往往目无法纪，且不能从挫折和惩罚中吸取教训等。

2. 偏执型人格

特点是对自己过分关心，自我评价过高，不信任别人，情感冷淡，孤独多疑，乖僻古怪，多幻想或常有奇怪观念，总认为别人要和自己过不去。

3. 强迫型人格

特点是过分自我约束和自制，常有不安全感和不完善感，过于追求完美，谨小慎微，顾虑多端，墨守成规，对人对事死板，缺乏随机应变的能力。

4. 癔症型人格

特点是情绪冲突，待人接物感情用事，爱表现自己，喜欢引起他人的注意和赞扬，以自我为中心，心理活动范围小，易和他人争吵，易受别人暗示。

5. 情感型人格

特点是情绪波动大，兴奋时情绪高涨，热情善感，内心充满了希望和喜悦；抑郁时一言不发，悲观失望。

6. 分裂型人格

特点是极端内向、孤僻，回避社交，言行怪异，情感冷漠，退缩，敏感，羞怯，易沉溺于白日梦。

7. 爆发型人格

特点是平日表现正常，但偶有细小的精神刺激就可能突然爆发强烈的愤怒情绪和冲动行为，且自己不能控制。

8. 无力型人格

特点是缺乏自主、自信和独立意识，过多依赖他人，总想求助于他人，有被动服从他人的愿望。

人格障碍的特点是整个心理活动不协调，主要表现为情绪的极不稳定，对人缺乏感情，认识与活动脱节，行为的冲动性高，与环境不协调，与他人格格不入。人格障碍可能是遗传、心理和社会文化等因素共同作用下形成的。在人格的发展过程中，儿童早期的环境和家庭教育是非常重要的因素。儿童人格的发展与父母的态度和教育方法有很大关系，父母过于严厉，儿童往往形成焦虑、胆怯的性格；反之，则往往形成被动、依赖、脆弱的性格。对儿童的不合理教养和不良生活环境的影响以及童年的某些创伤都可以对儿童人格的发展产生严重的影响。此外，某种特殊的社会、文化环境的潜移默化的影响，也是形成人格障碍的因素。

四、让自己的人格更有魅力

（一）健康人格的含义及标准

1. 健康人格的含义

塑造和培养健康人格是个体成长与发展的关键。那么什么是健康人格呢？

健康人格是指各个方面都处于优化状态下的理想化的人格，是各种良好人格特征在个体身上的集中体现，是人的生理、心理、社会、道德和审美各要素完美的统一、平衡、协调，能使人的才能得以充分发挥。

2. 健康人格的标准

对健康人格的理解受人性观、价值取向及方法论的影响而各异。心理学家从各方面描述了健康人格的特征。

阿尔伯特提出健康人格的六条标准：

- ◆ 力争自我成长。
- ◆ 能客观地看待自己。
- ◆ 人生观的统一。
- ◆ 有与别人建立和睦关系的能力。
- ◆ 能获得人生所需的能力、知识和技能。
- ◆ 具有同情心和对一切生命有爱。

美国人本主义心理学家、人本心理治疗的创始人罗杰斯提出机能充分发挥型人的特征：

- ◆ 接受自身体验的意愿。
- ◆ 对自我的信任。
- ◆ 自我依赖。
- ◆ 继续成长的意愿。

人本主义心理学家弗洛姆的观点是：具有健康人格的人是创造性的人。除了生理需要，每个人都有各种各样的心理需要，这正是人与动物的重要区别。具有健康人格的人将以创造性的、生产性的方式来满足自己的心理需要。

我国学者高玉祥认为，健康人格的特点：

- ◆ 内部心理和谐发展。
- ◆ 能够正确处理人际关系，发展友谊。
- ◆ 能把自己的智慧和能力有效地运用到能获得成功的工作和事业上。

我国著名人格学家黄希庭认为：自立、自信、自尊、自强这"四自"不仅是颇具我国文化传统的人格特征，也是健康人格的基础。

以上这些都是人格健康的标准，生活中很多人达不到这个标准，但这为健康人格的培养提供了一种范式。

我们认为，大学生健康人格包括以下几个方面的内容。

- ◆ 自我悦纳，接纳他人。人格健康的学生能够积极地开放自我，正确地认识自己，坦率地接受自己的不足，并对生活持乐观向上的态度。

◇ 人际关系和谐。人格健康者心胸开阔，善解人意，宽容他人，尊重自己，也尊重他人，对不同的人际交往对象表现出合适的态度。他们既不狂妄自大，也不妄自菲薄，在人际关系中具有魅力，深受大家的喜欢。

◇ 独立自尊。人格健康者的人生态度乐观向上，生活态度积极热情，有正确的人生观与价值观，能够理性分析生活事件，头脑中非理性观念较少。人格独立，自信自尊。

◇ 能够发挥自己的潜能。人格健康的大学生具有自我发展、自我塑造与自我完善的能力。他们能够充分开发自身的创造力，创造性地生活，发现生命的意义，并选择有意义的生活。

读一读

人格心理学家霍妮

卡伦·霍妮（1885～1952）是20世纪最重要的精神分析心理学家之一。

霍妮是在对神经症的理论建构过程中开始逐渐展现其自我理论的。霍妮曾说过，"神经症过程就是一个自我的问题"。霍妮认为，成长的不良人际环境使儿童产生基本焦虑。基本焦虑迫使儿童采取相应的人际防御策略去缓解它们：或对抗他人，或迎合他人，或远离他人。在霍妮看来，人际防御策略不是儿童自发确立的行为与情感方式，是为了应对无法忍受的基本焦虑而被迫确立的，其代价是疏离了真实自我（realself），一个本可以在良好环境中健康成长的可能自我。三种人际防御策略是相互冲突的，这迫使儿童把某种人际策略确立为主导倾向。主导倾向的确立并没有给个体带来宁静的内心世界，压抑的非主导倾向并没有消失，冲突依然存在。主导倾向和非主导倾向之间的冲突导致的人际障碍及随之相伴的内心分裂、无力感等痛苦体验迫使个体转而向内寻求人格的整合力量。理想化自我便是这一无意识心理努力的结果。理想化自我借助想象力的帮助，把三种性格倾向整合进理想化形象的三个层面里，作为丰富心灵的几个和谐部分。理想化自我遮蔽了内心冲突和内心分裂，使个体获得基本生活赖以维持的统一感和身份感，并在内心营造一种力量和意义的假象。

霍妮比阿德勒、荣格更尖锐地批评了弗洛伊德学说的局限，她更强调了文化和社会因素在人格形成中的作用，并且更明确地把治疗精神病的关键归之于改变社会环境，这说明她的理论在阿德勒、荣格的理论的基础上有了新的进步。

（二）健康人格的模式

健康人格是心理学，尤其是人格心理学研究的重要内容。它是从人的心理状态、精神面貌的角度探讨人对自身、对周围环境的良好适应和有效改造。健康人格是心理健康的完满状态。心理学家们从各方面描述了健康人格的特征，提出了健康人格的模式。

1. 奥尔波特的成熟者模式

美国著名人格心理学家奥尔波特在哈佛大学长期研究高心理健康水平的人，并把他们称为成熟者，从他们身上归纳出 7 个指标。

- ◆ 能主动、直接地参与自身以外的兴趣和活动。
- ◆ 具有对别人表示同情、亲密或爱的能力。
- ◆ 能够接纳自己的一切，好坏优劣都如此。
- ◆ 能够准确、客观地知觉现实和接受现实。
- ◆ 能够形成各种技能和能力，专注和高水平地胜任自己的工作。
- ◆ 自我形象现实客观，知道自己的现状和特点。
- ◆ 着眼未来，行为的动力来自长期的目标和计划。

2. 罗杰斯的机能健全者模式

美国人本主义心理学家罗杰斯认为，人格机能健全者所表现的是真实的自我，这种人很像小孩，他们是纯洁和真善的。他们认为幸福并不等于全部满足，而在于积极地参与和持续奋斗的过程。罗杰斯把机能健全者的特征概括为以下 6 种。

- ◆ 能接受一切经验。他们不拒绝或歪曲某些经验，一切社会经验都能正确地、符号化地进入他们的意识领域。
- ◆ 自我经验的和谐一致。他们在评判事物时，以自己的内在评价机制来评价经验，不断同化新经验。
- ◆ 个性因素发挥作用。他们的行为既受到理性因素的引导，也受无意识和情绪因素的制约。
- ◆ 有自由感。他们相信自己能掌握自己的命运，生活充实并充满希望。
- ◆ 具有高创造性。
- ◆ 乐意给他人以无条件的关怀，能与其他人高度协调。

3. 马斯洛的自我实现者模式

美国心理学家马斯洛认为，具有健康人格的人是自我实现的人。所谓自我实现，就是个人的潜能得以实现，所有的能力得到运用。马斯洛从自我实现者身上归纳出 15 种特点。

- ◆ 能准确地认识现实。
- ◆ 能认同和接纳自己、他人和自然。
- ◆ 自发、单纯和自然。
- ◆ 以问题为中心的态度。
- ◆ 有独处和独立的需要。
- ◆ 对自然和社会环境具有相对自主性。
- ◆ 高品位的鉴赏力。
- ◆ 有高峰体验。
- ◆ 关心社会。

◇ 能发展与他人的深厚友谊。
◇ 民主的性格特征。
◇ 能分辨目的与手段的区别，有明确的伦理和道德标准。
◇ 不带有敌意的幽默感。
◇ 有创造性。
◇ 积极地适应现存的社会文化类型。

（三）如何使自己的人格更有魅力

健康的人格是高职大学生心理健康的基础，大学阶段塑造出适应时代、适应社会的人格素质是非常必要的，让自己拥有更具魅力的人格也将是大学生人生的重大收获。

大学生健康人格的塑造，需要家庭、学校、全社会和大学生自身的共同努力，但其中最关键的还在于大学生自身。大学生应主动寻找塑造健康人格之路，不断提升自己的人格素质。人格是稳定的，但在后天的努力下既能培养良好的人格品质，也可以改变不良的人格品质，为此，大学生可采取以下方法和途径。

1）做一些科学的人格测试，了解自己的人格类型特点，以便扬长避短。

2）择优汰劣，择优即选择某些良好的人格品质作为自己努力的目标，如自尊、自信、乐观、开朗、热情、勇敢、勤奋、坚毅、诚恳、善良、诚信、正直等；汰劣即针对自己人格上的弱点予以纠正，如自卑、以自我为中心、冷漠、懒散、急躁等。

3）博览群书，丰富知识，注重人文修养。人的知识越广，自身也越完善。现实生活中，不少人的人格缺陷源于知识贫乏。例如，无知容易使人粗俗、自卑、狭隘，丰富的知识则容易使人自信、坚强、理智、谦恭等。可见知识的积累与人格的完善是同步的。高职大学生不能仅局限于自己的专业知识和技能的学习，还应该扩大自己的知识面，理工学生要有人文社会科学知识，文科学生要有自然科学知识，加强人文科学修养，用丰富的知识充实自己。

4）注重细节，养成好习惯。一个人不经意流露在细节上的言行就是他的习惯，就是他的人格。因此优化人格要从身边的小事做起，锲而不舍，持之以恒，无数良好的小事积沙成塔，最终构建成优良的人格大厦。

5）乐于交往。人格发展、塑造的过程，是人与他人相互作用的过程。健康的人格只有在与人交往中才能体现出来。通过交往，我们可以学会理解、学会尊重、学会关心、学会宽容、学会赞美、学会独立。通过与他人交流，我们可以看到别人的长处与自己的不足，及时调整人格发展的方向。

6）融入集体。通过与集体交往，个体的某些人格品质或受到赞扬、鼓励，或受到压制、排斥，从而有助于做出有针对性的调整，而且集体能够伸出手来帮助个体择优汰劣。比如，班级活动、社团活动，尤其是成长小组的团体咨询都给个人人格成长提供了良好的氛围。

7）积极参加社会实践活动。公益劳动能培养个体关心社会、责任感、勤奋、耐心细致、乐于奉献等优良品质。科技创新活动可以培养个体自主、严谨、细致、有恒心、协作、思路开阔、诚实等品质。较之学校，社会是一个更复杂、更现实的环境。大学生应利用假期做一些勤工助学工作，可以感受生活的不易，从而体谅父母的辛劳；可以触摸真实的世界，有利于理想自我与现实自我的统一；能培养独立性强、富于创造性、善于交往、果断、讲效率、自立、自强、自信等良好个性。

8）坚持锻炼身体。健康的体质是人格健康发展的物质基础。一个体弱多病的人是难以发展健康人格的，拖拉、懒惰、急躁、怯懦等不良人格与不坚持体育锻炼明显有关。经常坚持体育锻炼，不仅能强健体魄，还能锻炼意志。

9）把握适度。人格的发展和表现重在适度。子曰，"过犹不及"。列宁认为，一个人的缺点仿佛是他优点的继续。如果优点超过了应有的限度，表现得不是时候，不是地方，那就会变成缺点。因此，人格塑造的过程中把握好度很重要。具体地说应该是坚定而不固执；勇敢而不鲁莽；豪放而不粗鲁；好强而不逞强；活泼而不轻浮；机敏而不多疑；稳重而不寡断；谨慎而不胆怯；忠厚而不愚蠢；老练而不世故；谦让而不软弱；自信而不自负；自谦而不自卑；自爱而不自恋。

把握人格优化的度，还体现在人格优化的目标要立足于自己已有的人格基础，实事求是地确立合理的、切合实际的人格发展目标。人人都想追求健康人格，但不同的人由于客观条件和具体环境不同，人格层次也不同。人格目标过高，会增加挫折体验；目标过低，人格发展就缺乏内在动力。

健康人格的培养和塑造既是一场轰轰烈烈的心灵革命，也是一个艰难的心路历程。只要坚持不懈地努力，我们就可以使自己的人格更加健康、完善。

心理故事

周总理的伟大人格

前联合国秘书长哈马舍尔德说："与周恩来相比，我们简直就是野蛮人。"斯大林和米高扬说："你们在筹建政府方面不会有麻烦，因为你们有现成的一位总理，周恩来。你们到哪里去找这样好的总理呢？"印度印中友协会长说："世界上的领导人，能多一些像周总理的，世界和平就有希望了。"周总理是一代伟人，他的一生不但功勋卓著，彪炳史册，而且人格高尚，世代敬仰，在人民心中树立了永不磨灭的人格丰碑。邓小平把周总理看成是"我党我军优良传统的化身"，是以身作则、严于律己、艰苦奋斗的人格榜样，号召党员、干部特别是高级干部"努力学习周恩来等同志的榜样，在艰苦创业方面起模范作用。"周总理把自己当作群众中的普通一员，在为人处事上始终坚持党性原则，坚决维护党和人民的利益。

在20世纪60年代的困难时期，中央开会不招待茶。新来的警卫员高振普不知道有这个规矩，在一次会议之前，电话通知服务员给周总理泡一杯茶，茶钱记账。散会后，周总理问清了原委，提醒高振普："现在我们国家是在暂时的困难时期，人民生活很艰苦，我少喝一杯茶又算什么？我们是人民的勤务员，任何时候都不能搞特殊化。"接着，周总理又对高振普约法五章，其中第四条就是"不要只管我的生活，要从政治上帮我，对衣食住行等生活琐事，要和政治联系起来。"这个小故事充分体现出周总理不搞特殊的伟大人格魅力。在处理外交问题上，他态度鲜明，绝对不会使其他国家的政治代表对我国的立场有丝毫误解，对于我国所支持的和反对的，从来都是以理服人，十分尊重对方的想法。即便对方的理念与我方的截然相反，也不急着反驳，而是耐心地举例详解，追求在自然而然中获得对方的认同。周总理常说："只要是真理，今天听不进去，将来想起来还可以起作用。"尼克松在他的《领导人》一书中对周总理做出了评价，赞美钦佩之词溢于言表，他说：周总理无与伦比的品格给他带来深刻的印象，通过许多天的了解和会谈，他对周总理产生了极大的敬意……言谈举止、待人接物方面都显示出巨大的魅力和泰然自若的风度。周总理的谦虚、沉着、从容、坚定、落落大方、不卑不亢的言谈举止无形中给人安全感，消除紧张和不安，使人放下戒备。1954年日内瓦会议上就有人屡次向总理表示："虽然在谈判中我们有好些问题包括一些重要问题上，出现了严重分歧，但是这并不妨碍我们同你建立起一种亲密的关系。"周总理的伟大人格征服了世界，成为中国人民的人格楷模！

课程思政

重视人格教育，塑造学生健全人格

▎任务实施

完成以下任务，了解自己的气质、性格类型并能正确地认识自己、完善自己，形成健康的人格。

一、确定自己的气质类型

下面60道题，请根据自己的情况在很符合、比较符合、介于符合与不符合之间、比较不符合、完全不符合五个答案中选择一个适合自己的答案。

1）做事力求稳妥，一般不做无把握的事。
2）遇到可气的事就怒不可遏，想把心里话全说出来才痛快。
3）宁可一个人干事，也不愿很多人在一起。
4）到一个新环境很快就能适应。
5）厌恶那些强烈的刺激，如尖叫、噪音等。
6）和人争吵时总是先发制人，喜欢挑衅。
7）喜欢安静的环境。
8）善于和人交往。
9）羡慕那种善于克制自己感情的人。

10）生活有规律，很少违反作息制度。
11）在多数情况下情绪是乐观的。
12）碰到陌生人觉得很拘束。
13）遇到令人气愤的事，能很好地克制自我。
14）做事总是有旺盛的精力。
15）遇到问题总是举棋不定，优柔寡断。
16）在人群中从不觉得过分拘束。
17）情绪高昂时，觉得干什么都有趣；情绪低落时，又觉得什么都没意思。
18）当注意力集中于一事物时，别的事很难使我分心。
19）理解问题总比别人快。
20）碰到危险情境，常有一种极度恐怖感。
21）对学习、工作、事业怀有很高的热情。
22）能够长时间做枯燥、单调的工作。
23）符合兴趣的事情，干起来劲头十足，否则就不想干。
24）一点小事就能引起情绪波动。
25）讨厌做那种需要耐心、细致的工作。
26）与人交往不卑不亢。
27）喜欢参加热烈的活动。
28）爱看感情细腻、描写人物内心活动的文学作品。
29）工作学习时间长了，常感到厌倦。
30）不喜欢长时间谈论一个问题，愿意实际动手干。
31）宁愿侃侃而谈，不愿窃窃私语。
32）别人总是说我闷闷不乐。
33）理解问题常比别人慢些。
34）疲倦时只要短暂的休息就能精神抖擞，重新投入工作。
35）心里有话宁愿自己想，也不愿说出来。
36）认准一个目标就希望尽快实现，不达目的，誓不罢休。
37）学习、工作一段时间后，常比别人更疲倦。
38）做事有些莽撞，常常不考虑后果。
39）老师讲授新知识时，总希望他讲得慢些，多重复几遍。
40）能够很快地忘记那些不愉快的事情。
41）做作业或完成一件工作总比别人花的时间多。
42）喜欢运动量大的剧烈体育运动或参加各种文艺活动。
43）不能很快地把注意力从一件事转移到另一件事上去。
44）接受一个任务后，就希望能把它迅速解决。
45）认为墨守成规比冒风险强些。
46）能够同时注意几件事物。
47）当我烦闷的时候，别人很难使我高兴起来。

48）爱看情节起伏跌宕、激动人心的小说。
49）对工作抱认真严谨、始终一贯的态度。
50）和周围人的关系总相处不好。
51）喜欢复习学过的知识，重复做熟悉的工作。
52）希望做变化大、花样多的工作。
53）小时候会背的诗歌，我似乎比别人记得清楚。
54）别人说我"出语伤人"，可我并不觉得这样。
55）在体育活动中，常因反应慢而落后。
56）反应敏捷、头脑机智。
57）喜欢有条理而不甚麻烦的工作。
58）兴奋的事情常使我失眠。
59）老师讲新概念，常常听不懂，但是弄懂了以后很难忘记。
60）假如工作枯燥无味，马上就会情绪低落。

评分标准：

很符合得 2 分，比较符合得 1 分，介于符合与不符合之间得 0 分，比较不符合减 1 分，完全不符合减 2 分。根据自己的答案，计算得分，填写表 3-3。

表 3-3　气质类型测评表

气质类型	题号	得分
胆汁质	2、6、9、14、17、21、27、31、36、38、42、48、50、54、58	
多血质	4、8、11、16、19、23、25、29、34、40、44、46、52、56、60	
黏液质	1、7、10、13、18、22、26、30、33、39、43、45、49、55、57	
抑郁质	3、5、12、15、20、24、28、32、35、37、41、47、51、53、59	

确定气质类型的标准：

1）如果某类气质得分明显高出其他三种，均高出 4 分以上，则可定为该类气质。如果该类气质得分超过 20 分，则为典型；如果该类气质得分在 10~20 分，则为一般型。

2）两种气质类型得分接近，其差异低于 3 分，而且又明显高于其他两种，高出 4 分以上，则可定为这两种气质的混合型。

3）三种气质得分均高于第四种，而且接近，则为三种气质的混合型，如多血—胆汁—黏液质混合型，或黏液—多血—抑郁质混合型。

二、判断自己的性格类型

表 3-4 是日本学者田崎仁推出的一种性格测验量表。该量表包括五个部分的测验，其内容与统计方法如下。

比较下面 A、C 两种提问，如果你的性格符合提问 A 时，就在 A 栏内画一个"√"。如果你的性格符合提问 C 时，就在 C 栏内画一个"√"。如果对于 A 和 C 的提问无法确定哪一个符合你的情况时，就在 B 栏中画一个"√"。

表 3-4　性格测验量表

	A	B	C
		I	
1	在众人面前有些心慌，不能自然地谈话	A B C ☐ ☐ ☐	在众人面前，能保持沉着镇静地谈话
2	不善于交朋友	A B C ☐ ☐ ☐	善于交朋友
3	单独一个人，能把身心沉静下来	A B C ☐ ☐ ☐	不和朋友在一起，身心沉静不下来
4	初次与人会面，不能融洽地谈话	A B C ☐ ☐ ☐	即使初次会面，也能融洽地谈话
5	不善于领导别人	A B C ☐ ☐ ☐	总是喜欢领导别人
6	不会感情用事，善于克制	A B C ☐ ☐ ☐	即使令人气愤的事，也不显露出来
7	集会时常常选择后边座位	A B C ☐ ☐ ☐	集会时，尽量坐在前排
8	即使自己明白的问题，也羞于当众回答，常默不作声	A B C ☐ ☐ ☐	还没问到自己，就抢着回答
		II	
1	买参考书时，常犹豫不决，不知哪本书好	A B C ☐ ☐ ☐	认为好的参考书，马上就买
2	自己的思想不愿意表露出来	A B C ☐ ☐ ☐	自己的思想毫不在乎地向别人表露
3	被人称为是个爱讲道理的人	A B C ☐ ☐ ☐	被人称为是个轻率的人
4	自己拿定的主张，不管别人怎样讲，也不想改变	A B C ☐ ☐ ☐	听到别人的意见，就迅速改变自己的主张
5	午休时，喜欢在教室里待着，不愿出去活动	A B C ☐ ☐ ☐	午休时，喜欢到操场上轻松愉快地玩
6	对议论感兴趣	A B C ☐ ☐ ☐	对议论不感兴趣
7	虽然有人教我，可是还是有些问题不能理解	A B C ☐ ☐ ☐	别人教我的问题，马上就能明白
8	碰到难题时，能努力思考，直到解决为止	A B C ☐ ☐ ☐	碰到不能解决的问题，立即停止学习
		III	
1	当考试成绩不好时，就变得沮丧，没有精神再继续学习下去	A B C ☐ ☐ ☐	即使成绩不好，也认为失败是成功之母，毫不介意
2	经常认为自己的能力不行，常常有自卑感	A B C ☐ ☐ ☐	认为人总是有成功的时候，也有失败的时候
3	认为自己天生的运气不好	A B C ☐ ☐ ☐	对于有志气的人来说，道路是宽广的
4	在重要的考试中，往往担心会出错，对考试很介意	A B C ☐ ☐ ☐	我认为错了就改，对考试不太介意

（续）

	Ⅲ		
	A	B	C
5	我一考虑到自己能力不足，就难以决定走哪条路	A B C ☐ ☐ ☐	只要能做的事，即使做不好，也没关系
6	总是考虑这次考试要失败而感到不安	A B C ☐ ☐ ☐	我想即使把考试放在心上也没有什么用
7	我很关心朋友们的成绩	A B C ☐ ☐ ☐	我不关心朋友们的成绩
8	对自己的前途有时不抱希望	A B C ☐ ☐ ☐	对自己的前途总是抱有希望
	Ⅳ		
1	自己一个人待着，有时感到有点不安	A B C ☐ ☐ ☐	自己一个人也能静静地待着
2	总是担心别人对自己有什么看法	A B C ☐ ☐ ☐	不介意别人对自己有什么看法
3	常常注意自己的仪容	A B C ☐ ☐ ☐	不介意自己的仪容
4	一有羞耻的思想总是忘不掉	A B C ☐ ☐ ☐	即使有羞耻的思想，也能马上忘掉
5	房间不整理好，身心平静不下来	A B C ☐ ☐ ☐	即使房间里杂乱无章，也能把身心平静下来
6	在学习中，非常担心有讲话、电视等声音的干扰	A B C ☐ ☐ ☐	不介意讲话、收音机或电视等声音
7	非常注意交通安全，唯恐发生交通事故	A B C ☐ ☐ ☐	不注意交通安全，时常做冒险的行为
8	向老师提问题总有点羞怯、疑虑	A B C ☐ ☐ ☐	不懂的地方，能随便向老师提问
	Ⅴ		
1	情绪总是镇静的	A B C ☐ ☐ ☐	碰到一点事情，情绪就波动
2	只要认为是好的参考书，就能长期使用它	A B C ☐ ☐ ☐	一看到朋友们有新的参考书，马上就想换一本
3	学习时，能够始终平心静气地坐在书桌旁	A B C ☐ ☐ ☐	学习时，一会儿站着，一会儿坐着，总是定不下心来
4	在编制可靠的计划后，才开始学习	A B C ☐ ☐ ☐	由于编制的学习计划往往不能执行，所以一开始学习就无计划
5	能认真完成课外作业	A B C ☐ ☐ ☐	常常把课外作业忘掉
6	人们称我是能专心致志的人	A B C ☐ ☐ ☐	人们说我无论看什么都不能专心致志
7	在学习中，如有朋友邀请，我能婉言拒绝	A B C ☐ ☐ ☐	在学习中，如有朋友邀请，我就停止学习
8	在学习中，即使碰到喜欢看的电视节目也不去看	A B C ☐ ☐ ☐	在学习中，想干什么就去干，想看什么就去看

评分规则及结果解释：

1）A栏中画"√"为0分，B栏中画"√"为1分，C栏中画"√"为2分。

2）依据表3-5换算等级分数，把求得的等级分数填入表3-6中。

3）在图3-1性格雷达图的Ⅰ—Ⅴ线上，取各等级分数，用线连起来。以中间的3为标志，在它的外面为外向性格，在它的里面为内向性格。

表3-5 等级分数换算表

得分范围	等级分数	评价
2分及以下	1	相当内向型
3～5分	2	稍微内向型
6～10分	3	两向型
11～13分	4	稍微外向型
14分及以上	5	相当外向型

表3-6 测量分数汇总表

分测验	得分	等级分数
Ⅰ		
Ⅱ		
Ⅲ		
Ⅳ		
Ⅴ		

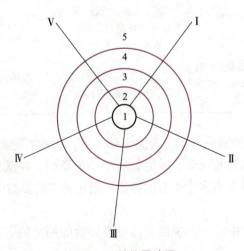

图3-1 性格雷达图

根据表3-7，确定自己的性格类型。

表 3-7　性格类型对照表

类型	内向型	分测验	外向型	类型
孤独型	寡言、谨慎、消极、孤僻	I	开朗、积极、善辩、适应	社交型
思考型	沉思、自省、重理论	II	讲实际、实干进取	行动型
失去自信型	自卑感、内疚	III	自命不凡	自负型
不安全型	守规矩、清高、胆小	IV	大方、草率、无忧无虑	乐天型
冷静型	慎重、沉着、安稳	V	敏感、情绪冲动	感情型

三、性格特征评价

在进行性格自我测试的同时，还可以征求他人对自己性格的评价意见，将两者结合起来对自己的性格做一个分析。首先，认识自己是一个什么性格的人，自己性格中的首要特征、中心特征和次要特征是什么，尽量用准确、清晰、有条理的语言表达出来，比如是活泼的还是安静的，是勤奋的还是懒惰的。其次，分析自己的性格具有哪些长处、哪些短处，从而在生活和事业上扬长避短，有效地改正自己的缺点，发扬自己的优点。然后，在自知的基础上，对自己做出客观的评价和符合实际的自我设计、自我选择。

请认真阅读表 3-8 性格特征表。

表 3-8　性格特征表

类型	长处	短处	适合职业	在场的你熟悉的同学
乐天型	热切、诚恳、抱希望、乐观、富有感情、优越感、感性	冲动、浮躁、不坚定、意志弱、易怒、易懊悔	生意人、演员	
暴躁型	意志坚定、坚强、敢冒险、独立、敏锐	急躁、激烈、不太会同情人、易谋私利、骄傲自大、报复心重、不太会深思	将军、老板、政治家	
忧郁型	可靠、有天分、有才华、理想主义、完美主义、忠心	抑郁、沉闷、忧愁、痛苦、多猜疑、情绪化、好自省、过分追求完美、易怒、悲观	艺术家、哲学家、教授	
冷静型	平静、稳定、随遇而安、温和、自足、实事求是、善分析、有效率	冷淡、迟钝、懒惰、无动于衷、不易悔悟、自满	教师、科学家、作家	

1）对自己的个性类型进行分类，看属于哪一类，在前面的类型栏内做好标记。

2）分析在场的你熟悉的同学，看他们属于哪个类型，在最后一栏里把他们的名字写下来（如果一个人同时具有多个类型的特征，就在相应的类型里分别列出）。每人最少评价 3 个人。

3）每人都写完后，指定一人说出自己分类评价的同学的名字，被分析评价的同学要站起来虚心听取。

4）现场的其他同学如果自己的表格中也有这些同学的名字，请站起来说出自己对他的分类和评价。

5）别人的评价和自我的分析也许非常一致，也许差别很大。为什么会有差别，深入探讨一下你会有许多收获。

四、积极人格训练

每天对照积极人格训练表检查自己，填写表3-9，做到的打"√"，没做到的打"×"，并写出改进方法。

表3-9 积极人格训练表

	周一	周二	周三	周四	周五	周六	周日	改进方法
积极								
勤奋								
认真								
及时								
坚持								
负责								
好学								
诚信								
热忱								
宽容								
谦虚								
整洁								
分享								
适度								

坚持一周后，请总结你的感受，本周的生活使你开朗、欣慰还是心情沉重？写下自己的感受。之后，请再坚持一段时间，然后看看自己发生了哪些变化。

五、独特的自我——探索自我

通过参加团体活动进一步增强自我觉察、自我探索的能力，提升自我接纳度。

1. 画树

目的：画出一棵代表自己的树，了解自己与他人的不同。

操作：发给学生每人一张A4纸，让学生挑选自己喜欢的画笔，随意画一棵树，将自己的画分享给他人。

2. 生命之重

目的：了解自己的价值观，学会选择和分析。

操作：要求学生闭上眼睛想一想什么是生命中最重要的东西，想出五样，写在纸上，然后进行逐一删除，只保留一个，谈谈你的理由。

● 项目总结 ●

本项目主要围绕认识自我、悦纳自我、健全人格三个层面由浅入深地开展任务实施,让学生通过完成任务了解自我意识、人格的基本知识,认识自我意识、人格发展的重要性,识别自我意识、人格在发展过程中出现的偏差和原因,并能够对其进行调试,从而为建立自尊自信的自我意识和健全的人格奠定基础。

● 项目实训 ●

认识自我,健全人格

根据本"项目导入"中的案例,主人公小雨觉得自己一无是处,处处比别人差,如果你是班级的心理委员,请帮助小雨接纳自己,欣赏自己,形成健全的人格。

具体要求:

1)6~8人为一个小组。

2)以小组成员内部自荐(推荐)的方式,选取小组组长,由组长带领组员实施任务。

3)你作为班级的心理委员,通过了解自我意识、人格在发展过程中出现的偏差和原因,对小雨进行朋辈辅导,帮助小雨建立自尊自信的自我意识和健全的人格。

4)以小组合作的形式完成项目实训,并填写表3-10。

5)组长负责填写表3-11检查评价单,教师根据项目实训完成情况给出评价。

6)在项目实训完成后,每位同学从情感、知识、技能、方法四方面完成该项目的总结,填写表3-12。

表3-10 项目实训单

负责人		组别		完成日期	
项目		认识自我,健全人格			
		战胜自卑的方法		具体步骤	
战胜自卑	1. 自卑的概念?				
	2. 自卑的原因?				
	3. 怎样有效调试自卑?				
检查人 (签字)			检查评语:		

表 3-11 检查评价单

检查目的	监控小组的项目完成情况				
评价方式	小组自评（满分 40 分），组间互评（满分 30 分），教师评价（满分 30 分）				
序号	检查项目	检查标准	小组自评	组间互评	教师评价
1	分工情况	安排是否合理、全面，分工是否明确			
2	学习态度	小组工作是否积极主动、全员参与			
3	纪律出勤	是否按时完成项目，遵守工作纪律			
4	团队合作	是否相互协作、互相帮助，是否听从指挥			
5	创新意识	看问题是否具有独到见解和创新思维			
6	完成质量	项目实训单是否记录完整，是否按照计划完成			
检查评价	班级			第　　组	
	评语： 检查人员签名：				

表 3-12 项目总结单

项目	认识自我，健全人格			
班级		第　　组	成员姓名	
情感	通过对项目的完成，你认为自己在社会主义核心价值观、职业素养、学习和工作态度等方面有哪些需要提高的部分？			
知识	通过对项目的完成，你掌握了哪些知识点？请画出思维导图。			
技能	在完成项目的过程中，你主要掌握了哪些技能？			
方法	在完成项目的过程中，你主要掌握了哪些分析和解决问题的方法？			

• 推荐资源 •

1. 推荐书籍

（1）《认识自我》(王雨函著，生活·读书·新知三联书店)

推荐理由：此书选取了五位不同学派的著名心理学家，在其代表作中挑选出与自我相关的、思辨性和可读性相对较强的作品进行导读。内容涉及心理学人格研究中自我的形成和发展，以及影响自我发展的各种因素等。

（2）《人格心理学》(伯格著，陈会昌译，中国轻工业出版社)

推荐理由：此书行文流畅、通俗易懂，穿插了众多著名理论家的生平故事与新闻报道的有趣议题，强调运用人格理论解决实际生活中的问题，更提供了13个经典的人格测验。阅读此书，大家不但能够掌握人格心理学的经典理论与前沿研究，更将深入了解自己的人格特征。

2. 推荐电影

《美丽心灵》(导演：朗·霍华德，主演：罗素·克劳、艾德·哈里斯、詹尼佛·康纳利)

推荐理由：影片讲述了患有精神分裂的数学家约翰·福布斯·纳什，在博弈论和微分几何学领域潜心研究，最终获得诺贝尔经济学奖的故事。与电影中的主人公相比，我们都是幸运的，请学会关心别人，坚持自己心中的梦想，克服身边的重重困难，美好的明天正向我们走来！

项目 4　学做情绪的主人

项目导入

韩东本是一个阳光向上的大男孩，现在遇到一点儿事情就会变得脾气暴躁。最近，室友的一句玩笑话让他十分愤怒、恼火，他对室友拳脚相向。由于没有控制好情绪，韩东最后受到学校的记过处分。如果你是班级的心理委员，如何帮助韩东觉察、识别、调节自己的情绪，以防止类似事件的发生呢？

本项目通过认知情绪、测试情绪、管理情绪3个任务，提升学生对情绪状态的觉察力、识别力，并将情绪管理的方法迁移到学习生活中，能够帮助学生走出不良的情绪状态，学做情绪的主人，为培养自尊自信、理性平和的健康心态奠定基础。

学习目标

（1）能够根据情绪的定义、类型、状态、功能等，觉察、识别自己的情绪。

（2）能够根据健康情绪的特征、标准等，判断自己的情绪是否健康。

（3）能够根据大学生的情绪特点，觉察自己常出现的情绪困扰。

（4）能够根据管理情绪的步骤，学会客观接纳情绪，正确表达情绪，有效调节情绪。

（5）能够通过情绪调节，构建和谐自我，养成自尊自信、理性平和的健康心态。

> 项目实施

任务 1 认知情绪

> 任务要求

通过完成本任务，学生能够体验、识别自己的情绪，提升对自身情绪的觉察力、识别力。

> 知识链接

一、情绪的定义

所谓情绪，是人对客观事物是否满足的需要而引起的一种主观体验，它是人的心理活动的重要组成部分。在日常生活中，我们会不断感受到各种各样的情绪。当被误解时，会觉得愤怒、委屈；当经过努力，未达到目标时，会觉得难过；当处于黑暗之中孤立无援时，会感到害怕；当取得成绩被表扬时，会觉得愉悦……这些都是我们经常能体会到的情绪。情绪最能表达人的内心状态，它是人心理状态的晴雨计。

情绪与人的需要和目的满足或实现与否有直接的关系。心理学研究认为，需要是人一切行动的原动力。马斯洛把人的需要由低到高分为生理需要、安全需要、爱和归属（交往）的需要、尊重的需要以及自我实现的需要。当需要在特定条件下与生活发生联系时，就转化为具体的目标。当目标实现了，需要得到满足，我们就会持肯定态度，产生幸福、欣慰或者快乐等正向的情绪。当目标受阻，需要无法满足时，我们就会持否定态度，产生失望、沮丧、烦恼、焦躁、愤怒等负向的情绪。

情绪具有心理和生理反应的特征。一个完整的情绪体验过程包括三种层面：认知层面上的主观体验，生理层面上的生理唤醒，表达层面上的外在表现。当情绪产生时，这三种层面共同活动，构成一个完整的情绪体验过程。

（1）主观体验　是个体对不同情绪和情感状态的自我感受，如喜、怒、哀、乐、爱、惧、恨等。不同的刺激会引起个体不同的感受。在很多情况下，相同的事件可能引起个体不同的感受，同样是 60 分的成绩，对于经常挂科的学生来说，会引起积极的主观体验；而对于想要获得奖学金、评优的学生来说，却会引起消极的主观感受。所以，这种体验具有很强的主观性。

（2）生理唤醒　是情绪与情感产生的生理反应，是一种生理的激活水平。这种生理反应受个体自主神经系统的支配，而自主神经系统是人的意识所无法控制的。不管你是否愿意，情绪产生时都会伴随相应生理反应。不同情绪、情感的生理反应模式是不一样的，如愉快、高兴时心跳节律正常；害羞时满脸通红；焦虑时呼吸急促，心跳加快；恐惧或暴怒时，血压升高；痛苦时血管容积缩小等。

（3）外在表现　情绪的外在表现，通常称之为表情。表情是情绪和情感发生时身体各部分的动作量化形式，包括面部表情、姿态表情和语调表情。它们通常是一些非言语行为，是判断和推测人们情绪的外部指标。值得一提的是，由于人类心理的复杂性，有时人们的主观体验和外部行为会出现不一致的现象。

二、情绪的基本类型

关于情绪的分类，我国古代名著《礼记》中提出"七情"说，即喜、怒、哀、惧、爱、恶和欲等；《白虎通》中提出了"六情"，即喜、怒、哀、乐、爱和恶等；德国心理学家普拉切克根据自己的研究提出了八种基本情绪，即恐惧、惊讶、悲痛、厌恶、愤怒、期待、快乐和信任。虽然类别较多，分法不一，但一般认为，快乐、愤怒、恐惧和悲哀是人类的四种基本情绪，这些情绪和人的基本需要相联系，是人类的一种本能情绪，甚至不需要学习就会产生。

（1）快乐　客观事物满足了人的需要后，或者说个体经过努力后，目标得以实现所产生的一种情绪体验。例如，疲乏时得到休息，饥饿时得到食物，或者经过努力学习取得了好的成绩等，都会让人产生快乐的情绪体验。根据需要的满足程度、目标对于个体的重要性、实现的难易程度不一样，快乐可以分为满意、愉快、特别愉快、狂喜四个等级。

（2）愤怒　愤怒与快乐相反，是指客观事物不能满足个人的需要，或者说个体的目的不能实现，甚至一再受到阻碍，而产生的一种情绪体验。如上课时有的同学一再讲话，进而忘乎所以大声喧哗，干扰了其他同学的学习和老师的教学，从而使其他同学产生一种不满情绪。愤怒也有程度上的区别，一般的愿望无法实现时，只会感到不快或生气，但当遇到不合理的阻碍或恶意的破坏时，愤怒会急剧爆发。一般来说，根据愤怒程度的不同，可以分为不满、生气、愠、怒、大怒、暴怒六个等级。

（3）恐惧　恐惧是个体企图摆脱、逃避某种情景或事件而又无能为力时所产生的一种情绪体验。个体是否产生恐惧的情绪与个体排除危险的能力和应对危险的手段有关。一个初上火场的消防员到达火灾现场可能感到紧张、害怕，而对于一个经验丰富的消防员来说可能已经司空见惯，并能泰然处之。

（4）悲哀　悲哀是个体在得不到期望的、追求的东西或结果时所产生的一种情绪体验。如失恋所带来的悲伤，失去亲人所带来的痛苦等。一般把悲哀的程度分为遗憾、失望、难过、悲伤、悲痛。悲哀的程度取决于失去的事物对自己的重要性和价值。失去的事物价值越大，悲哀就越强烈。

在以上四种基本情绪之上，还可以派生出众多复杂的情绪，如与他人评价有关的喜欢、爱慕、讨厌、怨恨；与自我评价有关的谦虚、自卑、骄傲等。按照情绪的指向，我们可以把情绪分为正向情绪和负向情绪。正向情绪也叫积极情绪，是我们喜欢的，令我们感到轻松和快乐的情绪。负向情绪则相反，也叫消极情绪，是我们不喜欢的，令我们紧张和痛苦的情绪。

正向情绪就一定好，负向情绪就一定不好吗？不是的。

> **知识卡片**
>
> ### 情绪健康
>
> 从情绪对人的影响的角度，我们简单地把情绪分为积极情绪和消极情绪两大类。情绪健康就是使积极情绪与消极情绪处于一个合适的比例。
>
> 情绪是人类在进化过程中适应环境的心理行为结果，无论哪种情绪都有其功能，消极情绪和积极情绪均具有进化适应的价值。当个体生命受威胁时，消极情绪会使个体产生一种特定行动的趋向，窄化个体的思维行动资源，使个体更加专注于即时的情况，尽快做出决定并采取行动。当个体体验到积极情绪时，个体会变得更加专注而开放，会产生尝试新方法，发展新的解决问题策略，采取独创性的方式，积极情绪的价值是间接的、长远的。
>
> 从情绪的功能来看，在健康情绪的比例中，消极情绪是一个必要的组成部分，它不可能为零。适当的消极情绪让人们脚踏实地。如果缺乏消极情绪，人会变得轻狂、不踏实、不现实。不过，当消极情绪与现实危险和侵害不成比例时，消极情绪就会严重伤害到我们的心理和生活，或者当消极情绪过强过久的时候，它就有很强的破坏力。
>
> 同样，如果我们缺乏积极情绪，就会在痛苦中崩溃，甚至会做出伤人或自伤的行为。可见，消极情绪让我们生存下来，积极情绪令我们生活得更好。但如果积极情绪太多也会产生问题，过多的积极情绪令人盲目乐观。消极情绪犹如生活中的重力，它是向下拉的无形力量。积极情绪犹如生活中的浮力，它是一种向上的无形力量。不加调控的重力，会让我们痛苦不堪。而不加抑制的浮力让我们飘飘然、不踏实、不现实，也会出现问题。因此，积极情绪与消极情绪的配比要平衡。

三、情绪的基本状态

情绪按强度、持续性和紧张性的程度，可分为心境、激情和应激三种状态。

（1）心境　心境是一种比较微弱、持久并具有渲染作用的影响人的整个心理活动的情绪状态。

心境具有迁移性。它并不仅仅停留在对某一特定事物的特定体验上，还能把对某一特定事物的体验迁移到其他事物上。"感时花溅泪，恨别鸟惊心"这句诗便体现了心境的迁移性。心境对人的工作、学习和健康有很大的影响。积极、乐观的心境使人情绪高涨，有助于潜能的发挥，提高工作和学习效率，并且有益于身心健康；消极、悲观的心境使人意志消沉，不利于潜能的发挥，降低工作和学习效率，并有害于身心健康。因此，要善于调节和控制自己的心境，保持积极、良好的心境。

（2）激情　激情是一种强烈的、爆发性的、短暂的情绪状态。

激情状态下人往往出现"意识狭窄"的现象，自我控制能力减弱，甚至会做出一些鲁莽的行为和动作。激情有积极和消极之分。积极的激情可以使人全身心投入到某一事件中并顺利完成，如奥运会的赛场上，运动员充分调动激情，发挥潜能，赛出成绩。而消极的激情，可能使人控制不好自己的情绪，一时兴起做出不理智甚至是破坏性的行为。因此，我们要善于控制自己激情，让我的情绪我做主。

（3）应激 应激是指由于意外的刺激引起的紧张状态。例如，个体面临某种危险时，必须集中自己的智慧，启动自己的全部力量，迅速做出反应，采取有效行动。

人在应激状态下，会引起机体的一系列生理反应。如一个处于暴怒状态下的人，会出现脸部肌肉痉挛，眼睛透出可怕的光芒，四肢行动不能协调，语言表达不清、嗓子干哑等。持续的应激会大大消耗机体的能量，对人机体有较强的破坏作用。

四、情绪的功能

情绪的功能包括了适应功能、动机功能、认知功能和社会功能四个方面。

（1）适应功能 情绪是有机体适应生存和发展的一种重要方式，是人类早期赖以生存的手段。婴儿刚出生时，主要依靠情绪来传递信息，成人通过婴儿的情绪反应来满足婴儿的需要。在成人的生活中，人们通过察言观色，了解对方的情绪状况，以便采取适当的、相应的措施或对策，使得个体得到更好的生存和发展。

（2）动机功能 情绪可以激励人的行为，改变人的行为效率。从情绪的动力特征看，情绪分为积极增力的情绪和消极减力的情绪。积极的情绪可以提高人们的行为效率，对动机起到正向推动作用；消极的情绪则会干扰、阻碍人的行动，降低活动效率，对动机产生负面影响。研究发现，适度的情绪兴奋性会使人的身心处于最佳活动状态，能促进人积极地行动，从而提高活动效率。

（3）认知功能 情绪、情感是心理活动的组织者。它可以影响人们对事物的知觉选择，维持稳定的注意或重新分配注意资源到更重要的刺激上，对人的记忆和思维活动也会产生明显的影响。人们在愉快情绪中的学习会更有效率，思路开阔，想法和问题解决的方式更富有创造性。同样，人们在过度紧张的情绪中，学习会受到很大的影响。

（4）社会功能 情绪在人际间具有传递信息、沟通思想的功能。情绪通过面部表情、姿势表情和语调表情等外在形式表现出来。高兴时眉开眼笑，手舞足蹈，语调高昂；发怒时横眉立目，握紧拳头，大声斥责；悲哀时眉头紧锁，垂头丧气，声泪俱下；害怕时目瞪口呆，手足无措，声音颤抖……所有这一切，都作为一种信号传达给别人，而他人会在接收信号的同时做出反馈。

✎ 任务实施

完成以下任务，体验不同的情绪类型，增强对自己情绪的觉察力、识别力。

一、体验情绪——情绪百变秀

1) 准备一些写有情绪词的卡片，如高兴、悲伤、愤怒、厌恶、震惊、恐惧、激动、害羞、轻蔑、焦虑等。

2）学生两人为一个小组，随机抽取一张卡片，并按照卡片内容表演对应的情绪。其中一名同学用表情、动作等非言语信息表达卡片上所写的情绪，不能用言语表达，让另一名同学猜测台上的同学表达的情绪。一组学生至少要表演两种以上不同的情绪。

思考：你在活动中有何感受？

二、觉察情绪——你给自己的心情打分

请给自己最近一周的心情打分，请将分数填入表 4-1。分数越高代表心情越好，满分是 5 分。识别情绪的类型，并简要说出这种情绪的利弊。请参照周一的例子，填写表格。

表 4-1　心情记录表

时间	分数	情绪类别	正向 OR 负向	利弊分析
周一	2	烦躁	负向	利：提醒我抓紧处理一些棘手的问题 弊：使我感到不轻松，影响学习和身体
周二				
周三				
周四				
周五				
周末				

任务 2　测试情绪

任务要求

通过完成本任务，学生会根据健康情绪的特点和标准，判断自己的情绪是否健康；掌握大学生常见的情绪困扰，学会通过心理测验判断自己有哪些常见的情绪困扰。

知识链接

一、健康情绪的概念

健康情绪，是指个体情绪的发展、反应水平和自我调控能力与其年龄和社会要求相适应。健康的情绪是健全人格的必要条件之一。

二、健康情绪的特征

一个情绪健康的人应具备以下特征：

1）平和、稳定、愉悦，并接纳自己。

2）拥有丰富、深刻的自我情感体验。

3）有清醒的理智。

4）欲望适度。

5）具有善意和幽默感。

6）有深刻、诚挚的感情。

针对大学生这一群体而言，情绪反应适当是情绪健康的首要条件。情绪表现稳定是心理健康的重要指标。主导心境愉快是情绪健康的主要表现。具体地说，一个情绪健康的大学生应具备如下特点：

1）开朗、豁达，遇事不斤斤计较。

2）及时、准确、适当地表达自己的主观感受。

3）情绪正常、稳定，能承受痛苦的考验。

4）充满爱心和同情心，乐于助人。

5）正确地认识自己和他人，人际关系良好。

6）对前途充满信心，富有朝气，勇于进取，坚忍不拔。

7）善于寻找快乐，创造快乐。

8）能面对现实、承认现实和接受现实，善于把个人需要与社会需要协调起来。

> **想一想**　你认为本"项目导入"中韩东在寝室伤人时的情绪不具备哪些特征？假如他当时的情绪是健康的，他可能做出什么反应？

三、健康情绪的标准

一个人情绪是否健康，可以用以下标准衡量。

（1）喜怒有因　世界上没有无缘无故的爱，也没有无缘无故的恨。每一种情绪的产生和发展，都是有缘由的。健康的情绪表现是当喜则喜，当悲则悲。因成功而喜悦，因失败而自责，因失去亲人而悲哀，都是健康情绪的表现。反之，无缘无故的喜怒哀乐，莫名其妙的悲伤恐惧等都是情绪不健康的表现。

（2）反应适度　情绪反应的强弱应当与引起情绪刺激的强度成正比。林黛玉因为花落而悲伤抑郁，虽是喜怒有因，但反应有些过于强烈。有些学生因为自卑，为一点点小事便吹毛求疵，大发雷霆。对微弱刺激产生强烈的情绪反应，是情绪不健康的表现。

（3）相对稳定　一个人情绪的稳定表明其中枢神经系统的活动处于相对平衡的状态。这不仅仅是心理健康的表现，也是身体健康的表现。通常来说，健康的情绪反应是在刚收到相关刺激时比较强烈，随着时间的推移，情绪反应会逐渐减弱。若情绪反应时强时弱，或者喜怒无常，则是不健康的情绪反应。

（4）表达适当　健康的情绪能够通过语言、仪表和行为准确地表达出来，能以自己和社会都接受的方式去表达或宣泄。

（5）心境愉悦　人生不是一帆风顺的，一个人也不可能时时刻刻喜笑颜开。但是，主导心境愉快是情绪健康的核心。如果一个人长期情绪低落、愁眉苦脸、郁郁寡欢，总是处于负面情绪，则是情绪不健康的表现。

（6）善于控制　情绪健康的人，能保持一个正确客观的理性认知，善于用多种方式及时控制自己的情绪，做情绪的主人。高兴时不失态，难过时不沉沦，将情绪反应控制在自己、他人都可以接受的范围内，尽可能地保证自己的正常生活不被各种情绪干扰。要善于把消极情绪转化为内在动力，将激情转化为冷静。

就大学生而言，情绪表达适当是情绪健康的首要条件，情绪相对稳定是心理健康的重要指标，主导心境愉悦是情绪健康的主要表现。

> **想一想**　你认为本"项目导入"中韩东寝室伤人时的情绪不符合上述哪些标准？

四、大学生的情绪特点及常见的情绪困扰

1. 大学生的情绪特点

（1）情绪的兴奋性高　高职大学生正处于情绪的"疾风骤雨"期，其情绪具有强烈性、突发性和冲动性的特点，即情绪的兴奋性高。同样的刺激情境或事件，可能不会引起其他年龄阶段的人有什么情绪反应，但针对正处于青春期的高职大学生而言，则会引发他们强烈的情绪反应，有时情绪一旦爆发，难以控制自己，在处理与同学、老师、家长关系时，易走极端，给自己和他人带来伤害。

（2）情绪的稳定性低　稳定性是指情绪持续时间的长短和波动的变化。高职大学生的情绪变化较大，起伏较强。高兴时眉飞色舞，看什么都顺眼，消沉时心灰意冷，看什么都别扭。情绪时而高涨，时而低落，容易从一个极端跳到另一个极端。喜怒哀乐无常、阴晴雾雨变化是大学生情绪常见的现象。出现这种现象的主要原因是高职大学生的社会化程度较低，心理成熟度还不够完善，认知能力还有待提高。

（3）情绪的文饰性　大学生随着年龄的增长，知识水平的提高，自我意识的增强，情绪已经不像青少年那样坦率外露，能够对自己的情绪进行掩饰和伪装，表现出外在行为和内在体验不一致的特点，即情绪的文饰性。例如，在与人交往过程中，明明对某个人很厌烦，但由于种种原因，表现出对某人很好的样子。再如，一个男生明明对一个女生有好感甚至暗恋着她，却装出一副不屑一顾的样子。

（4）情绪的环境性强　高职大学生随着自身的知识水平、道德水平和价值观念的不断提高，不仅关心自己的个人发展，同时更多关注社会、国家、民族的前途命运。其情绪体验往往随着社会、国家、民族的大事件而发生变化，即情绪的环境性强。高职大学生出现这种情绪特点的主要原因是其社会责任感、使命感和主人翁意识的增强，是自我不断成熟的标志。

2. 大学生常见的情绪困扰

大学生常见的情绪困扰有焦虑、抑郁、愤怒、恐惧、嫉妒等。

（1）焦虑　焦虑是一种消极的情绪状态，是个体主观上预料将会产生某种不良后果产生或出现某种模糊的威胁时产生的一种不安的情绪，并伴有忧虑、烦恼、担心、紧张

等情绪体验。焦虑导致自主神经系统高度激活，过分的焦虑使个体常表现出坐立不安、注意力不集中、思维混乱、记忆力下降、办事效率低下等状态。焦虑对高职学生的影响是复杂的，既可以成为高职学生成才的内驱力，起促进作用，也可以起阻碍作用。实验证明，中等焦虑能使学生维持适度的紧张状态，注意力高度集中，促进学习，但过度焦虑则会对学生带来不良的影响。

高职大学生常见的焦虑情绪主要涉及以下几个方面。

一是自我形象焦虑，如担心自己不够漂亮、没有吸引力，体貌过胖或矮小，或因为粉刺、雀斑等影响自我形象而引起的焦虑。这类焦虑主要与自我认知有关，需要通过调整自我认知，重新接纳自我，建立新的自我形象。

二是学习焦虑，如由于担心考试失败或渴望获得优异成绩而引起的焦虑。这类焦虑在学生情绪反映中最为强烈，需要引起重视。

三是情感焦虑，多数情况是由于恋爱受挫而引发的自我否定，认为自己不具备爱人与被爱的能力，因过度担心而引起焦虑。

四是新生适应焦虑，即由于生活环境的变化、学习方式的改变及社会活动的调整，大学生对新环境难以较快适应而引起的焦虑。

此外，少数人还有因经济能力、身体健康等引起的焦虑。

（2）抑郁　抑郁是大学生中常见的情绪困扰，是一种无力应对外界压力而产生的消极情绪，常常伴有苦闷、厌恶、烦恼、自卑等负面情绪体验。一些高职学生由于不喜欢所学专业，越学越没有信心，对前途感到悲观；或是有的学生由于人际关系处理不当、失恋等问题而过早"看破红尘"，导致情绪抑郁。他们的主要表现是情绪低落、思维迟缓、郁郁寡欢、闷闷不乐、兴趣丧失，体验不到生活、学习的快乐，并伴有食欲减退、失眠等不良状态。

抑郁情绪和抑郁症不同，抑郁情绪几乎人人都体验过，持续时间较短，不会对个体正常的社会功能有太大影响。但个体如果长期处于抑郁状态，就会严重影响学习、工作、生活，无法适应社会，对身心健康造成不良影响，就可能患有抑郁症了。

抑郁情绪的产生有内、外两方面的原因。外因主要是个体受到重大应激事件的影响，如躯体疾病、家庭变故、亲人离世、失恋等；内因主要是个体不当的归因方式、消极的自我评价、缺乏对挫折的应对方式等。

（3）愤怒　愤怒是由于客观事物与个体的主观愿望相违背，或愿望一再受阻、无法实现时，个体内心产生的一种激烈的情绪反应。心理学研究表明，愤怒这一消极情绪体验对人的身心有着极其不利的影响，不但会引发躯体疾病，还会让人减弱或丧失自制力，甚至做出一些让人后悔的事或造成不可挽回的局面。

高职大学生正处于身心发展急剧、情绪波动较大的青年时期，精力充沛、血气方刚，在情绪发展上往往好激动、易发怒。他们的愤怒主要表现在：有的因一句刺耳的话或一件不顺心的小事而暴跳如雷；有的因人际协调受阻而怒不可遏、恶语伤人；有的因别人的观点或意见与自己相左而恼羞成怒；有的因暂时挫折或失败而悲观失望，甚至破罐子破摔。愤怒已然成为校园暴力事件发生的原因之一。

高职大学生愤怒产生的原因，一是与他们正处于被心理学家喻为"疾风骤雨"的青春期有关；二是与性格因素有关，如以自我为中心，对他人缺少理解和宽容，当他人稍稍违背自己意愿时就表现出愤怒；三是与不恰当的认知有关，存在发怒可以在他人面前立威，发怒可以挽回面子，发怒是男子汉气概的体现等不当认知。事实上，发怒者并没有为自己树立威信，反而令他人厌恶，事后也令自己心绪不宁、懊悔不已。

● 走进心理实验室 ●

致命杀手"生气水"

美国一些心理学家做了一项实验，他们把正在生气的人的血液中所含物质注射到小老鼠身上，并观察其反应。初期，这些小老鼠表情呆滞，整天不思饮食。几天后，它们就默默地死掉了。美国生理学家爱尔玛为了研究情绪状态对健康的影响，设计了一个很简单的实验：他把一支支玻璃管插在正好是0℃的冰水混合物容器里，然后分别注入人们在不同情况下的水汽，即用人们在悲痛、悔恨、生气时呼出的水汽和他们在心平气和时呼出的水汽做对比实验。结果表明，当一个人心平气和时呼出的水汽冷凝成水后，水是澄清透明、无杂质的；悲痛时呼出的水汽冷凝后则有白色沉淀；悔恨时呼出的水汽沉淀物为乳白色；生气时呼出的"生气水"沉淀物为紫色。他把"生气水"注射到大白鼠身上，几十分钟后，大白鼠就死了。由此可见，生气对健康的危害非同一般。

有分析表明：人生气10分钟会耗费大量精力，其程度不亚于参加一次3000米的赛跑。生气时的生理反应也十分剧烈，分泌物比其他任何情绪状态下的分泌物都复杂，且更具毒性。因此，动辄生气的人很难健康长寿。

生气发怒引起的后果有：

伤心损肺。气愤必然引起心跳加快，心律失常，使心脏受到邪气的侵袭，诱发心慌心痛，呼吸急促，引发气逆胸闷、肺胀、咳嗽及哮喘。

伤脾伤肝。生气时除了伤脾脏外，还会导致尿道受阻或失禁，并使肝胆不和、肝部疼痛。

伤脑失神。人在发怒时心理状况失衡，情绪高度紧张，神志恍惚。在这样恶劣的心理状态和强烈的不良情绪下，大脑中的脑岛皮质受到刺激，时间久了就会阻碍大脑的正常运作。

可见，生气发怒可使呼吸系统、循环系统、消化系统、内分泌系统和神经系统失调，并带来极大的损伤。生气还会引起面容憔悴、双目红肿、皱纹增多、妇女月经不调，甚至影响生育。生气的妇女在哺乳期不仅奶水减少，而且在生气后给婴儿喂奶，婴儿有可能中毒，轻者长疮，重者生病。老年人在发怒时由于内耳小血管、微血管痉挛性收缩，血液供量不足，会形成血管栓塞，导致突发性耳聋。精神刺激是引发癌症的活化剂。德国医学博士认为，相当一部分癌症是由病人激烈的内心冲击引起的。患有心脑血管疾病的人在生气时还容易诱发心肌梗死和脑血栓。

为了自身健康，请你不要生气，学会克制、幽默、宽容等消气艺术来减轻或消除心理压力。

> **想一想** 本"项目导入"中,韩东被愤怒所控制时,产生的后果仅仅是记过处分吗?

（4）恐惧 恐惧是个体企图摆脱、逃避某种情景或事件而又无能为力时所产生的情绪体验。恐惧作为一种情绪反应,在某种程度上来说是正常的,因为它可以及时提醒人们危险的来临,能够使个体做出自我保护。但是,如果一个人对常人不害怕的事物感到恐惧,抑或是恐惧的体验强度和持续时间远远超出了正常的范围,则认为这种情况是不合理的。

大学生最常见的恐惧是社交恐惧,表现为不愿与人接触,害怕在公众面前讲话,甚至不敢抬头直视别人的眼神。在不得不与人交往时,他们则感到十分紧张,时常伴有面红耳赤、紧张慌乱、胸闷气短、浑身发抖等症状。除了社交恐惧,大学生的恐惧还表现在场所恐惧、生存恐惧、单一恐惧（即对某一具体的物件、动物等有一种不合理的恐惧）等。

大学生恐惧产生的原因：一是与精神因素有关,即与早年的创伤经历有关,当个体再次面临给自己带来创伤的情景或事物时,就会发生恐惧,并固定下来成为恐惧对象。二是与性格因素有关,即性格内向、胆小、羞怯、依赖性强个体易发生恐惧。

（5）嫉妒 嫉妒是指他人在某些方面胜过自己而引起的不快甚至是痛苦的情绪体验。适度的嫉妒会激励人见贤思齐、发奋努力,但过分的嫉妒则可能会影响到人际关系,造成同学间的隔阂甚至对立,同时使自己处于烦躁、痛苦的情绪中。

大学生的嫉妒有以下特点：一是嫉妒有一定的指向性。嫉妒同性者多,嫉妒异性者少,嫉妒的对象多是与我们相同或相似的人,他们往往与我们的关系比较近,是我们身边的同学或朋友。二是嫉妒有一定的方向性。我们一般会嫉妒比我们强的人,而不嫉妒比我们差的人。

嫉妒是一种情绪障碍,嫉妒心强的人容易得心身疾病,长期处于不良的情绪状态中,产生压抑感,容易引起忧愁、消沉、痛苦、自卑等消极情绪,会严重损害身心健康。

任务实施

完成以下心理测试任务,快速判断自己的情绪是否健康,了解自己的情绪状态,觉察自己常出现的情绪困扰。

一、健康情绪心理测试

测试说明：以下是13道单选题,根据你的实际情况选择答案,并计算分数,填写表4-2。

1）我有能力克服各种困难。（　　）
　　A. 是的　　　　　　B. 不一定　　　　　　C. 不是的

2）猛兽即使是关在铁笼里,我见了也会惴惴不安。（　　）
　　A. 是的　　　　　　B. 不一定　　　　　　C. 不是的

3）如果我能到一个新环境，我要（　　）。

A. 把生活安排得和从前不一样

B. 不确定

C. 和从前相仿

4）整个一生中，我一直觉得我能达到所预期的目标。（　　）

A. 是的　　　　　　　B. 不一定　　　　　　　C. 不是的

5）我在小学时敬佩的老师，到现在仍然令我敬佩。（　　）

A. 是的　　　　　　　B. 不一定　　　　　　　C. 不是的

6）不知为什么，有些人总是回避我或冷淡我。（　　）

A. 是的　　　　　　　B. 不一定　　　　　　　C. 不是的

7）我虽善意待人，却常常得不到好报。（　　）

A. 是的　　　　　　　B. 不一定　　　　　　　C. 不是的

8）在大街上，我常常避开不愿意打招呼的人。（　　）

A. 极少如此　　　　　B. 偶尔如此　　　　　　C. 有时如此

9）当我聚精会神地欣赏音乐时，如果有人在旁高谈阔论，我会（　　）。

A. 仍能专心听音乐　　B. 介于A、C之间　　　　C. 不能专心并感到恼怒

10）我不论到什么地方，都能清楚地辨别方向。（　　）

A. 是的　　　　　　　B. 不一定　　　　　　　C. 不是的

11）我热爱我所学的知识。（　　）

A. 是的　　　　　　　B. 不一定　　　　　　　C. 不是的

12）生动的梦境常常干扰我的睡眠。（　　）

A. 经常如此　　　　　B. 偶尔如此　　　　　　C. 从不如此

13）季节气候的变化一般不影响我的情绪。（　　）

A. 是的　　　　　　　B. 介于A、C之间　　　　C. 不是的

表4-2　计分表

序号	得分			序号	得分		
1	A.2	B.1	C.0	8	A.2	B.1	C.0
2	A.0	B.1	C.2	9	A.2	B.1	C.0
3	A.0	B.1	C.2	10	A.2	B.1	C.0
4	A.2	B.1	C.0	11	A.2	B.1	C.0
5	A.2	B.1	C.0	12	A.0	B.1	C.2
6	A.0	B.1	C.2	13	A.2	B.1	C.0
7	A.0	B.1	C.2	总分			

结果解释：

1）17～26分：情绪稳定。

你的情绪稳定，性格成熟，能面对现实；通常能以沉着的态度应付现实中出现的各

种问题；行动充满魅力，有勇气，有维护团结的精神。

2）13～16分：情绪基本稳定。

你的情绪有变化，但不大，能沉着应付现实中出现的一般性问题。然而在大事面前，有时会急躁不安，不免受环境影响。

3）0～12分：情绪激动。

你情绪较易激动，容易产生烦恼；不容易应付生活中遇到的各种阻挠和挫折；容易受环境支配而心神动摇；不能面对现实，常常急躁不安，身心疲乏，甚至失眠。要注意控制和调节自己的心境，使自己的情绪保持稳定。

二、焦虑自评量表（SAS）

测试说明：表4-3有20个条目，请仔细阅读每一条，然后根据你最近一星期的实际感觉进行评定。每一条均按1、2、3、4进行四级评分，主要评定症状出现的频度。其标准为："1"表示没有或很少时间有；"2"表示有时有；"3"表示大部分时间有；"4"表示绝大部分或全部时间都有。

表4-3 焦虑自评量表（SAS）

条目	没有或很少时间有	有时有	大部分时间有	绝大部分或全部时间都有
1. 我觉得比平常容易紧张和着急	1	2	3	4
2. 我无缘无故地感到害怕	1	2	3	4
3. 我容易心里烦乱或觉得惊恐	1	2	3	4
4. 我觉得我可能要发疯了	1	2	3	4
5. 我觉得一切都很好，也不会发生什么不幸	1	2	3	4
6. 我手脚发抖	1	2	3	4
7. 我因为头痛、颈痛和背痛而苦恼	1	2	3	4
8. 我感觉容易衰弱和疲乏	1	2	3	4
9. 我觉得心平气和，并且容易安静坐着	1	2	3	4
10. 我觉得心跳很快	1	2	3	4
11. 我因为一阵阵头晕而苦恼	1	2	3	4
12. 我有晕倒或觉得快晕倒了	1	2	3	4
13. 我呼气、吸气都感到很容易	1	2	3	4
14. 我手脚麻木和刺痛	1	2	3	4
15. 我因为胃痛和消化不良而苦恼	1	2	3	4
16. 我常常要小便	1	2	3	4
17. 我的手常常是干燥温暖的	1	2	3	4
18. 我脸红发热	1	2	3	4
19. 我容易入睡，并且睡得很好	1	2	3	4
20. 我做噩梦	1	2	3	4

计分方法：

20 个条目中有 15 条是用负性词陈述的，按上述 1～4 顺序评分。其余 5 条（第 5、9、13、17、19 条）是用正性词陈述的，按 4～1 顺序反向计分。将 20 个条目的得分相加，即得总粗分，用总粗分乘以 1.25 以后取整数部分，就得到标准分。

结果解释：

SAS 划界分为 50 分，其中 50～59 分为轻度焦虑，60～69 分为中度焦虑，69 分以上为重度焦虑。

三、抑郁自评量表（SDS）

测试说明：表 4-4 有 20 个条目，请仔细阅读每一条目，然后根据你最近一星期的实际感觉进行评定。每一个条目均按 1、2、3、4 进行四级评分，主要评定症状出现的频度。其标准为："1"表示没有或很少时间有；"2"表示有时有；"3"表示大部分时间有；"4"表示绝大部分或全部时间都有。请完成表 4-4。

表 4-4　抑郁自评量表（SDS）

条目	没有或很少时间有	有时有	大部分时间有	绝大部分或全部时间都有
1. 我感到情绪沮丧，郁闷	1	2	3	4
2. 我感到早晨心情最好	1	2	3	4
3. 我要哭或想哭	1	2	3	4
4. 我夜间睡眠不好	1	2	3	4
5. 我吃得跟平时一样多	1	2	3	4
6. 我的性功能正常	1	2	3	4
7. 我感到体重减轻	1	2	3	4
8. 我为便秘烦恼	1	2	3	4
9. 我的心跳比平时快	1	2	3	4
10. 我无故感到疲劳	1	2	3	4
11. 我的头脑跟平常一样清楚	1	2	3	4
12. 我做事情跟平时一样感到轻松	1	2	3	4
13. 我坐卧不安，难以保持平静	1	2	3	4
14. 我对未来感到有希望	1	2	3	4
15. 我比平时更容易激怒	1	2	3	4
16. 我觉得决定什么事很容易	1	2	3	4
17. 我感到自己是有用的和不可缺少的人	1	2	3	4
18. 我的生活很有意义	1	2	3	4
19. 假若我死了，别人会过得更好	1	2	3	4
20. 我仍旧喜爱自己平时喜爱的东西	1	2	3	4

计分方法：

20个条目中有10条（第1、3、4、7、8、9、10、13、15和19条）是用负性词陈述的，按上述1～4顺序评分。其余10条（第2、5、6、11、12、14、16、17、18和20条）是用正性词陈述的，按4～1顺序反序计分。将20个条目的得分相加，即得总粗分，用总粗分乘以1.25以后取整数部分，就得到标准分。

结果解释：

SDS划界分为53分。其中53～62分为轻度抑郁，63～72分为中度抑郁，72分以上为重度抑郁。

任务 3　管理情绪

📖 任务要求

通过完成本任务，学生能够客观接纳情绪，正确表达情绪，运用情绪调节的方法有效管理情绪，构建和谐自我。

📚 知识链接

一、情绪管理的定义

情绪管理指用科学的方法有意识地调适、缓解、激发情绪，以保持适当的情绪体验与行为反应，避免或缓解不当情绪体验与行为反应的实践活动。"在处理问题之前，先处理你的情绪"，这句话充分表达了情绪管理的重要性。

二、情绪管理的方法

情绪管理主要包括客观接纳情绪、正确表达情绪、有效调节情绪三个方面。

（一）客观接纳情绪

客观接纳情绪，就是觉察到自己的情绪之后，不忽视，不排斥，不抵触，而是正视它，感受它，承认它的存在，以便有效地驾驭它。

1. 客观接纳情绪的原因

首先，情绪是躲不开、甩不掉的。情绪就像光线下的影子一样，每时每刻黏着我们。无论你喜不喜欢，它总是存在的。

其次，严格地说，情绪是没有好坏之分的。无论是正向情绪还是负向情绪，都有其积极的意义。对负向情绪一味排斥和厌恶，可能使你置于巨大的风险之中。

再次，即使是不良情绪，你只有先接纳了它，仔细地研究它，看看它是怎么产生的，它能给你带来哪些危害，才能决定怎么应对它。

2. 客观接纳情绪的方法

首先，要客观觉察自己的情绪。觉察情绪要求个体能够静下来，给自己一个安静的空间，花点儿时间静静地体会自己的感觉，并围绕5个W展开觉察：

1）What——我体会到了什么样的情绪（哪种情绪类型）？

2）When——这种情绪是何时发生的？

3）Where——这种情绪是在哪里出现的？

4）Why——这种情绪产生的表层原因是什么？深层原因又有哪些？

5）Who——这种情绪的发生与谁有关？是领导、家人、老师、朋友还是陌生人？

其次，友好地对待情绪。要知道，任何情绪都是人在自然进化中产生的，它的功能都是为了保护我们免受伤害。即使有些情绪过分强烈，可能给你带来麻烦，也不要一味地压抑。因为被压抑的情绪积累到一定程度可能会以破坏性方式爆发，那样会对身心健康造成较大影响。

最后，要客观接纳自己的情绪。接纳自己的情绪，就是当个体意识到自己有负面情绪体验的时候，不要急着赶它走，而是要理解这个情绪，允许这个情绪的存在，让自己陪伴这个情绪待一会，安慰自己。客观接纳自己的情绪可以围绕1个A和1个H展开：

1）Accept——接纳这种情绪的产生。

2）How——面对这种情绪，我该怎么办？我能做些什么？

（二）正确表达情绪

正确表达情绪是指情绪的表达要符合以下三条原则：一是不伤害他人，二是不伤害自己，三是符合社会规范。

正确表达情绪要把握以下几个要点。

1. 适时表达情绪

了解自己的情绪感受，在适当的时候准确地表达出来。当对方无暇顾及或聆听时，最好的办法就是换个时间来讨论自己的情绪问题。如果他人没有心情、没有时间关注你的情绪，而自己又没有意识到这点时，沟通可能会受阻，你的情绪可能得不到准确的理解或正确的解读。可见，时机是否恰当对情绪表达的效果有很大的影响。

2. 适地点表达情绪

适地点表达情绪很重要。有时，我们在娱乐、休闲、工作等公共场所，会看到一些人由于与他人发生矛盾，情绪突然失控而不顾形象地大吵大闹，甚至大打出手。曾有一位老人因不满公交车司机对自己不重视、没多加照顾而心生怨气，于是在车厢内"方便"。车内的乘客议论纷纷，表示无法理解，老人还振振有词"方便一下怎么了，又不犯法"。老人的行为在社会上引起不小的争议。可见，正确表达情绪需选择合适的地点。

3. 适对象表达情绪

倾诉对象的选择也很重要。如果在某一件事上，自己能够冷静地探讨问题，向引起自己不快的人平和地表达情绪，也能达到让对方理解自己感受的目的。但是，如果自己很难冷静下来，根本无法面对冲突环境，最好选择与此事无关的人来帮助自己从中立的角度看待问题。

4. 适度表达情绪

适度表达自己的情绪，能使我们的情感处于更加平衡的状态。但我们不能为了平衡自己的情绪，不顾及他人的感受而随心所欲地发泄，影响了正常的生活、工作和交往。情绪的表达要适度，避免过犹不及，大怒伤肝，大喜伤心。范进中举、周瑜气绝身亡都是情绪表达过度的结果。适度的情绪宣泄是运用理性表达，把不良情绪释放出来，使心情趋于平静。

 想一想　你认为本"项目导入"中韩东寝室伤人，其情绪表达有何不当之处？如果是你，会怎么表达当时的情绪？

（三）有效调节情绪

俗话说，冰冻三尺非一日之寒。虽然情绪没有好坏之分，但是当消极情绪不断累积、无法释放时，就可能产生严重后果，这个时候再进行处理难度就会加大。所以，在平时及时调节自己的负向情绪，至关重要。

那么，当负面情绪到来的时候，我们该怎么调节呢？情绪调节可以从以下三方面入手。

1. 从认知上调节情绪

美国心理学家艾利斯认为：个体的情绪和行为并非是由外部事件直接引起，而是由个体对事件的评价和解释造成的。他的理论简称为 ABC 理论。

在 ABC 理论中，A 代表诱发事件（activating events）；B 代表信念（beliefs），即个体对这一事件的看法、解释及评价；C 代表这一事件引发的情绪反应和行为结果（consequences）。一般情况下，人们都认为外部诱发事件 A 直接引起了情绪和行为反应的结果 C，即 A→C。但 ABC 理论认为 A 并非引起 C 的直接原因，最多只是间接原因，而人们对诱发性事件所持的信念、看法和解释才是引起情绪的直接原因，A 通过 B 导致了 C，即 A→B→C。

ABC 理论认为，人们对与自己相关的事物会产生一定的看法，形成一定的评价，做出某种解释。在这些看法背后，有着人们对一类事物坚信不疑的观点、观念或理念，即信念。

人的信念有些是符合客观现实和事物发展的规律，叫作合理信念。有一些则是看似合理，但深究起来往往不符合客观现实或事物发展规律，叫作不合理信念。合理的信念会帮助人们对事物做出合乎客观现实的解释，引起人们对事物适当、适度的情绪和行为反应；而不合理的信念往往会误导人，使人对事物做出偏颇的甚至截然相反的解释，导致不适当的情绪和行为反应。

不合理信念有三个主要特征。

（1）绝对化要求　绝对化要求指人们以自己的意愿为出发点，对某一事物怀有认为其必定会发生或不会发生的信念，它通常与必须、应该、一定等字眼连在一起。比如，

"作为同学，在我遇到困难的时候，他就应该理解和帮助我，而不是冷嘲热讽""我必须反击，否则……""同学们一定是都知道了"等。对于怀有这样信念的人，当某些事物的发生与其对事物的绝对化要求相悖时，他们就会受不了，感到难以接受，难以适应，并陷入情绪困扰。

（2）过分概括化　过分概括化是一种以偏概全、以一概十的不合理思维方式。以自己做的某一件事或某几件事的结果来评价自己整个人作为人的价值。比如，"如果没能赢得女朋友的爱，那我就是毫无价值的人！"当个体面对失败时，往往会认为自己一无是处、一钱不值，是废物、失败者等。其结果常常会导致自责自罪、自卑自弃的心理。

（3）糟糕至极　这是一种对事物的后果有非常可怕、甚至是灾难性的预期的非理性观念。比如，"一旦女朋友真的离我而去，那实在是太可怕了""如果我是个失败者，那我的一生就完了"等。糟糕至极的想法导致个体陷入极端不良的情绪体验，如耻辱、焦虑、悲观之中而难以自拔。当一个人认为什么事情都糟透了的时候，对他来说往往意味着碰到的是最坏的事情，是一种灭顶之灾。

一旦发现不合理信念，就要进行处理，防止它破坏我们的情绪。处理的方法首先是对这些不合理信念进行驳斥，然后用合理信念代替。

"我必须非常能干、完美，而且在各方面都有成就，这样才有价值。"

第一步：驳斥。

1）"必须"这样才有价值，这是不合理的要求，难道有价值的人都是这样的吗？

2）一个人要很有能力、各方面都有成就，才有价值吗？

3）如果我不是很有能力，不是每方面都很有成就，结果就很糟、很可怕吗？

……

第二步：用合理信念代替不合理信念。

1）虽然我想各方面都有成就，但不一定非得如此，如果不能这样，我还是可以忍受的。

2）一个人不可能在每一方面都很有成就，那是不切实际的期望。

3）事实上我在许多方面表现不错。

……

情绪调节——
改变认知法

2. 从行为上调节情绪

情绪可以影响行为，反过来，行为也会改变情绪。当我们处于负向情绪的困扰时，做一些事情，可能会使你的情绪发生变化。下列行为可以有效帮助你调节情绪。

（1）宣泄法　当情绪产生时，人体内会潜藏着一股能量。如果过分压抑它，可能使这股力量愈加扩大，总有一天会突然爆发出来，伤人伤己。宣泄就是要通过适当的渠道让这股能量有控制地安全释放出来，就像高压锅的减压阀一样，保护高压锅不至于爆炸。

1）哭。哭泣，大哭，痛哭。日常生活中，人们，尤其是男人，常把哭当作懦弱的表现。其实，哭既是人类的一种本能，也是人的一种自我心理保护的措施。爱哭的人不一定就是弱者，不哭的人也不一定就很坚强。人流下的眼泪通常有三种：一种是眨眼时出现的泪水，有润泽眼球的功能；第二种是反射性泪水，即眼睛受到外界刺激时涌现的泪水；第三种是情感性泪水，即情绪波动时流出的泪水。眼泪的流出可以有效缓解内心的紧张、忧愁和悲伤。

• 走进心理实验室 •

眼泪的成分

实验发现，在情感性泪水中，蛋白质的种类比反射性眼泪多20%～25%，钾含量更是后者的四倍，而且锰浓度要比血清中高30倍。这种眼泪还富含激素，比如肾上腺皮质激素和催乳素。科学家还发现，哭泣时流下的眼泪，能清除人体内过多的激素，而正是这些激素让我们产生了烦恼。所以很多人在痛哭以后，会感觉轻松不少。

2）运动。运动不仅可以锻炼身体，还能改善心理状态。医学研究表明，运动可以促进大脑分泌多巴胺，使人的情绪得到振奋。运动有助于释放强烈、持久的不良情绪带来的能量，为积压的情绪提供一个公开合理的发泄渠道。受到不良情绪困扰时，不妨试试以下运动：慢跑、快走、爬山、游泳、骑自行车、跳健美操、跳舞等，在运动中释放消极情绪带来的能量。

3）倾诉。注意平时多交几个知心朋友，当产生不良情绪时，同学朋友聚一聚，相互倾诉一番，把自己积压的消极情绪倾诉出来，以便得到他人的认可、同情、支持、开导和安慰。

对于一些不善交流、性格内向的同学，或者觉得有些事不便于与他人交流，则可以通过写日记、给自己写信、画一幅画等方式来宣泄情绪，往往也会有很好的效果。

（2）放松训练法　放松是指身体和精神由紧张转向松弛的过程。放松训练一般是在安静环境中，按要求完成特定的动作程序，通过反复练习，使个体学会有意识地控制自身的心理、生理活动。

渐进性肌肉放松训练法基于以下理论基础，即个体的心情包含着情绪和躯体两方面。如果能改变躯体的反应，情绪也会随着发生变化。在日常生活中，当人们情绪紧张、恐惧、害怕时，全身肌肉也会变得沉重僵硬；当紧张情绪松弛后，沉重僵硬的肌肉就会松弛下来。反之，当肌肉的紧张消除后，情绪也会随之变轻松。渐进性肌肉放松训练就是训练个体能随意放松全身肌肉，保持心情平静，缓解紧张、恐惧、焦虑等负性情绪。

练一练

渐进性肌肉放松训练

训练过程（以下为引导语）

"我现在来教大家放松自己。为了做到这一点，我将先让你紧张，然后放松全身的肌肉。紧张及放松的意义在于使你体验到放松的感觉，从而学会保持松弛的感觉。"

"下面我将使你全身的肌肉逐渐紧张和放松,从手部开始,依次是上肢、双脚、小腿、大腿、头部、躯干、肩部、腹部和臀部,依次对各组肌群进行先紧张后放松的练习,最后达到全身放松的目的。"

第一步

"深吸一口气,保持一会儿。"(停10秒)

"好,请慢慢地把气呼出来,慢慢地把气呼出来。"(停5秒)

"现在我们再做一次。请你深深吸进一口气,保持一会儿。"(停10秒)

"好,请慢慢把气呼出来,慢慢把气呼出来。"(停5秒)

第二步

"现在,请伸出你的前臂,握紧拳头,用力握紧,体验你手上紧张的感觉。"(停10秒)

"好,请放松,尽力放松双手,体验放松后的感觉。你可能感到沉重、轻松、温暖,这些都是放松的感觉,请你体验这种感觉。"(停5秒)

"我们现在再做一次。"(同上)

第三步

"现在弯曲你的双臂,用力绷紧双臂的肌肉,保持一会儿,体验双臂肌肉紧张的感觉。"(停10秒)

"好,现在放松,彻底放松你的双臂,体验放松后的感觉。"(停5秒)

"我们现在再做一次。"(同上)

第四步

"现在,开始练习如何放松双脚。"(停5秒)

"好,紧张你的双脚,脚趾用力绷紧,保持一会儿。"(停10秒)

"好,放松,彻底放松你的双脚。"(停5秒)

"我们现在再做一次。"(同上)

第五步

"现在开始放松小腿部肌肉。"(停5秒)

"请将脚尖用劲向上翘,脚跟向下向后紧压,绷紧小腿部肌肉,保持一会儿。"(停10秒)

"好,放松,彻底放松。"(停5秒)

"我们现在再做一次。"(同上)

第六步

"现在开始放松大腿部肌肉。"

"请用脚跟向前向下紧压,绷紧大腿肌肉,保持一会儿。"(停10秒)

"好,放松,彻底放松。"(停5秒)

"我们现在再做一次。"(同上)

第七步

"现在开始注意头部肌肉。"

"请皱紧额部的肌肉,保持一会儿。"(停10秒)

"好,放松,彻底放松。"(停5秒)

"现在,请紧闭双眼,用力紧闭,保持一会儿,保持一会儿。"(停10秒)

"好,放松,彻底放松。"(停5秒)

"现在,转动你的眼球,从上,到左,到下,到右,加快速度;好,现在从相反方向转动你的眼球,加快速度。"(停10秒)

"好,停下来,放松,彻底放松。"(停5秒)

"现在,咬紧你的牙齿,用力咬紧,保持一会儿。"(停10秒)

"好,放松,彻底放松。"(停5秒)

"现在,用舌头使劲顶住上腭,保持一会儿。"(停10秒)

"好,放松,彻底放松。"(停5秒)

"现在,请用力将头向后压,用力,保持一会儿。"(停10秒)

"好,放松,彻底放松。"(停5秒)

"现在,收紧你的下巴,用颈向内收紧,保持一会儿。"(停10秒)

"好,放松,彻底放松。"(停5秒)

"我们现在再做一次。"(同上)

第八步

"现在,请注意躯干部肌肉。"(停5秒)

"好,请往后扩展你的双肩,用力往后扩展,保持一会儿。"(停10秒)

"好,放松,彻底放松。"(停5秒)

"我们现在再做一次。"(同上)

第九步

"现在上提你的双肩,尽可能使双肩接近你的耳垂,用力上提,保持一会儿。"(停10秒)

"好,放松,彻底放松。"(停5秒)

"我们现在再做一次。"(同上)

第十步

"现在向内收紧你的双肩,用力内收,保持一会儿。"(停10秒)

"好,放松,彻底放松。"(停5秒)

"我们现在再做一次。"(同上)

第十一步

"现在,请向上抬起你的双腿(先左后右或是先右后左均可),用力上抬,弯曲你的腰,用力弯曲,保持一会儿。"(停10秒)

"好,放松,彻底放松。"(停5秒)

"我们现在再做一次。"(同上)

第十二步

"现在,请紧张臀部的肌肉,会阴部用力上提,保持一会儿。"(停10秒)

> "好，放松，彻底放松。"（停5秒）
>
> "我们现在再做一次。"（同上）
>
> **结束语**
>
> "这就是整个渐进性肌肉放松训练过程。现在，请感受你身上的肌肉群，从下向上，全身每一组肌肉都处于放松状态。"（停10秒）
>
> "请进一步注意放松后的感觉，此时你有一种温暖、愉快、舒适的感觉，并将这种感觉尽量保持1～2分钟。"（停1分钟）
>
> 上面是渐进性肌肉放松训练的过程，在掌握这个方法之后，有需要的学生可自行练习，每日进行1～2次，每次15分钟，循序渐进，坚持训练，最终会取得较好效果。

（3）注意力转移法　注意力是指人的心理活动对某个事物的指向和集中。在短暂的某一刻，个体的注意力只能集中在某一事件上。因此，把注意力转向中性事件或愉快事件时，个体就可以从负面情绪中解脱出来。分散注意力可以打破忧虑性思维的恶性循环，从而阻止负面情绪的不断升级。

1）做自己感兴趣的事。找朋友逛街、下棋、打球，不把时间都用来独自忧郁；听音乐、唱歌、玩游戏、看电影，使自己从原来的思维中解脱出来，忘记原先的不愉快。

2）转移话题。当双方意见不一致，产生冲突或冲突升级时，最好是在"怒发"尚未"冲冠"之际，巧妙地转移话题。

3）转换环境。离开现场，和引发不良情绪的事物或人保持距离。到大自然中，观赏景物，找个能让自己冷静下来的空间。

想一想　本"项目导入"中韩东听到室友的玩笑话后感到很愤怒，此时，他可以怎样转移注意力？

3. 从人格上调节情绪

人格是个体在先天的生理基础与后天的社会环境交互作用下，所形成的独特、稳定的心理行为特征。外倾性人格倾向的人善于倾诉和排解情绪困扰；内倾性人格倾向的人遇事喜欢埋藏心底，独自承受情绪压力。所以，我们要培养大学生积极开朗、乐观向上的人格。

1）感恩生活，善待他人。善于发现生活中的美，怀抱感恩之心去对待身边人或事，能够体谅他人、关心他人。

2）自我激励，树立自信。看到自己的优点和长处，树立自信；面对挫折，不要退缩，激励自己，勇往直前。

3）三思后行，积极应对。做事之前，做好计划和安排，遇到突发事件要沉着面对，保持平和心态，坚信办法总比问题多。

4）挥手昨天，活在当下。如果你觉得昨天的成绩很了不起，只能证明你今天做得不够好；如果你觉得昨天做得不够好，请把握当下，充实今天。

5）自我暗示，积极乐观。积极的自我暗示令我们保持乐观、愉悦的情绪，从而调动内在因素，发挥主观能动性。

6）学会幽默，营造轻松氛围。学会通过风趣诙谐的语言或行为应对困境、化解尴尬。留心观察生活，发现消极事件的积极意义，对不如意一笑而过。

课程思政

培育自尊自信、理性平和、积极向上的社会心态

任务实施

完成以下任务，学会客观接纳自己的情绪，正确表达情绪，能够用合理信念取代不合理信念，运用认知法管理情绪。

一、客观接纳情绪

请每位同学回忆从小到大让自己印象深刻的一件事，围绕 5 个 W 展开觉察，客观识别和接纳自己的情绪，填写表 4-5 客观接纳情绪任务单。

表 4-5　客观接纳情绪任务单

姓名		完成日期	
请写出让你记忆深刻的一件事			
What——事件让你产生的情绪体验是什么				
When——情绪体验是何时发生的			
Where——情绪体验发生场景是怎样的			
Why——情绪体验产生的原因是什么			
Who——情绪体验的产生与谁有关			
检查人（签字）		检查评语	

二、正确表达情绪

请每位同学列举出情绪表达的多种方式，并识别正确的情绪表达方式，填写表 4-6 正确表达情绪任务单。

表 4-6　正确表达情绪任务单

姓名		完成日期	
你常使用的情绪表达方式有哪些？用思维导图的方式表现出来。请注明哪些是正确的表达方式，哪些是不正确的表达方式			
思维导图			
检查人（签字）		检查评语	

三、运用合理信念取代不合理信念

请运用所学方法，就本"项目导论"中韩东寝室伤人事件，分析他有哪些不合理信念，驳斥这些信念，填写表 4-7，帮助其建立合理信念，设想可能带来的变化。

表 4-7　用合理信念代替不合理信念

事件	韩东因为室友的一句玩笑话而伤人				
不合理信念					
驳斥不合理信念					
建立合理信念					
新信念可能带来的变化					

项目总结

本项目主要围绕认知情绪、测试情绪、管理情绪三个层面由浅入深开展任务实施，学生通过完成任务提升对自身情绪的觉察力、识别力；根据标准判断自身的情绪状态是否健康；能够觉察自身常出现的情绪困扰，通过掌握情绪管理与调节的方法，帮助自己和他人走出不良的情绪状态，学做情绪的主人，为构建和谐自我，养成自尊自信、理性平和的积极心态奠定坚实的基础。

项目实训

学做情绪的主人

请同学们根据本"项目导入"中的案例，结合所学知识，完成项目实训。

具体要求：

1）6～8人为一个小组。

2）以小组成员内部自荐（推荐）的方式，选取小组组长，由组长带领组员实施项目实训。

3）你作为班级的心理委员，请通过管理情绪三步法，帮助韩东管理情绪，学做情绪的主人。

4）以小组合作的形式完成项目实训，并填写表4-8。

5）组长负责填写表4-9，教师根据项目实训完成情况给出评价。

6）在项目实训完成后，每位同学从情感、知识、技能、方法四方面完成该项目的总结，填写表4-10。

表4-8　项目实训单

负责人		组别		完成日期	
项目		学做情绪的主人			
管理情绪	管理情绪三步法			具体步骤		
管理情绪	1.怎样客观接纳情绪？				
管理情绪	2.如何正确表达情绪？				
管理情绪	3.怎样有效调节情绪？				
检查人（签字）			检查评语：		

表 4-9　检查评价单

检查目的	监控小组的项目完成情况			
评价方式	小组自评（满分 40 分），组间互评（满分 30 分），教师评价（满分 30 分）			
序号	检查项目	检查标准	小组自评	组间互评	教师评价
1	分工情况	安排是否合理、全面，分工是否明确			
2	学习态度	小组工作是否积极主动、全员参与			
3	纪律出勤	是否按时完成项目，遵守工作纪律			
4	团队合作	是否相互协作、互相帮助，是否听从指挥			
5	创新意识	看问题是否具有独到见解和创新思维			
6	完成质量	项目实训单是否记录完整			
检查评价	班级　　　　　　　　　　　　第　　组　　　　　　　　　　　评语：　　　检查人员签名：				

表 4-10　项目总结单

项目	学做情绪的主人		
班级		第　　组	成员姓名
情感	通过对项目的完成，你认为自己在社会主义核心价值观、职业素养、学习和工作态度等方面有哪些需要提高的部分？		
知识	通过对项目的完成，你掌握了哪些知识点？请画出思维导图。		
技能	在完成项目的过程中，你主要掌握了哪些技能？		
方法	在完成项目的过程中，你主要掌握了哪些分析和解决问题的方法？		

• 推荐资源 •

1. 推荐书籍

《让你快乐起来的心理自助法》（阿尔伯特·艾利斯著，李孟潮、李迎潮译，中国人民大学出版社）

推荐理由：你是否希望把恼人的想法转变成健康的想法？在面对人生逆境时，仍不会产生困扰？能够克服焦虑、忧郁、愤怒、自怨自艾？本书将教你如何达成这些目标！本书提供许多简单且易懂的方法，这些方法会让你变得快乐，同时还能免除烦恼。

2. 推荐电影

《愤怒管理》（导演：彼得·西格尔，主演：亚当·桑德勒、杰克·尼科尔森、玛丽莎·托梅）

推荐理由：电影以轻松诙谐的闹剧演绎了一个懦弱、自卑的人如何在女友与心理治疗师的精巧设计下释放压抑情绪，最终接纳内心中真正的自己，克服童年阴影并且勇敢表达内心想法的励志故事。

项目 5　构建和谐人际关系

📋 项目导入

小刚是一个其貌不扬、性格内向、自卑、没有什么特长的大男孩。除了学习，他不太参加集体活动，所以从小到大几乎没有朋友。上大学一年多了还不知和室友如何相处，仿佛热闹是别人的，他感到孤单寂寞，心里非常委屈，情绪一落千丈，甚至萌发了退学的想法。如果你是班级的心理委员，如何帮助小刚觉察、识别、改善自己的人际关系，打消他退学的想法？

本项目通过认识人际关系、测试人际关系、改善人际关系 3 个任务，提升学生对人际关系的觉察力、识别力，并将改善人际关系的方法迁移到学习生活中，使学生能够通过构建和谐人际关系，学会自尊自爱，为构建和谐自我，培养积极的人生态度奠定基础。

📝 学习目标

（1）能够根据人际关系的定义、特点、作用等，觉察、识别自己的人际关系。
（2）能够根据常见的心理学效应，判断自己是否存在不良的人际认知。
（3）能够根据大学生人际交往的特点，觉察自己常出现的人际交往的不良心理。
（4）能够学会改善人际交往的技巧和方法，正确看待人际关系，有效改善人际关系。
（5）能够通过构建和谐人际关系，学会自尊自爱，培养积极的人生态度。

项目实施

任务 1 认识人际关系

📖 **任务要求**

通过完成本任务，学生能够了解、识别自己的人际关系，提升人际关系的觉察力、识别力。

📚 **知识链接**

一、人际交往与人际关系

（一）人际交往的含义

人际交往指人与人之间通过一定的接触，在心理和行为上相互作用、相互影响的过程。通过人际交往，人们之间可以相互交换意见、传达信息、表达感情和需要、交流经验等。人际交往是人类基本的社会活动，体现着人类所共有的生存、安全和归属的心理需要，是人们根据需要选择交往对象，并向对方发出信息进行沟通交换的过程。交往双方互为主体，即使在某种情况下，一方好像是交往的发起者，具有主动性，但只要进入交往过程，交往的双方就互为主体。人们彼此间的相互接触是交往实现的前提条件，这种接触的方式是不同的，有的是直接的，有的是间接的。交往的结果是双方形成一定的思想、情感的联系。整个交往都是双方各种信息的相互交换过程，在这个过程中，双方的心理与行为都在发生着变化。双方通过语言、行为、思想、情感的作用，彼此相互影响。

（二）人际关系的含义

人际关系是指人们在社会生活中，通过相互认知、情感互动和交往，发展和建立起来的人与人之间的关系。

人际关系反映了交往双方寻求满足其社会需要的心理状态，体现了人与人之间的心理距离。人际关系的好坏取决于人们的心理需要满足的程度。如果交往双方的社会心理需要都能获得满足，那么，人们之间就会保持一种亲近的、信赖的、友好的关系；如果一方对另一方因某种原因表示不友好、不尊重，则另一方就会产生疑虑和不安，就会增大心理距离，使原来亲密的关系变成疏远关系，甚至有可能发展为敌对关系。

人际交往和人际关系是两个既有联系又有区别的概念。人际交往是人际关系实现的根本前提、基础和途径；而人际关系则是人际交往的表现和结果。人际交往侧重于人与人之间的联系与接触的过程；人际关系侧重于形成的心理状态和结果。人际关系具有相对的稳定性，而人际交往是一个动态的过程。

二、高职大学生人际交往的特点

1. 人际交往的愿望强烈

进入大学后，随着自我意识和独立意识的不断发展，大学生对人际交往的愿望更加强烈了。青年大学生情感丰富，充满活力，兴趣爱好广泛，渴望交到知心朋友，诉说心中的秘密，获得理解和支持，从而满足自己物质和精神上的各种需要。很多高职大学生第一次远离父母，在陌生的环境独立地生活和学习，要解决学习和生活中遇到的问题，就必须与他人打交道。再加上用人单位择人的标准也发生了变化，自主择业，双向选择，要求高职大学生了解社会，接受更多的信息，也必须进行人际交往。

2. 人际交往理想化

高职大学生的人际交往具有浓厚的理想色彩。由于他们经历简单，对社会了解很少，思想单纯，很少受社会一些世俗的影响，对未来、对社会充满憧憬，对人际关系抱有较高的期望。他们崇尚高雅、真诚、纯洁的友谊，而较少带功利色彩。他们认为朋友应该是志趣相投、互相关心、互相帮助、共同进步的。真正的朋友应该是无话不说、坦诚相见的。但是，随着时间的推移，高职大学生对同学关系感到不满意或比较不满意的人数逐渐增加。事实上，这种理想与现实的反差，正反映了大学生人际交往中富于理想的倾向。

3. 人际交往讲究平等相处

随着年龄的增长，社会阅历的丰富，高职大学生的独立意识日益增强，有强烈的成人感，对交往的平等性要求越来越高。他们逐渐摆脱对父母、老师的依赖，靠自己的力量与他人交往，与什么样的人交往、怎样交往，都由自己来决定，表现出较强的理性和选择性。高职大学生由于处于同一年龄阶段，个人阅历、社会经验、认知能力、思想观念等都大致相同，因此，他们没有尊卑长幼之分，比较容易产生平等的心理和意识。他们渴望理解与尊重，渴望平等相处。他们既对他人平等相待，又希望朋友对自己也一视同仁。

4. 人际交往复杂性增强

近年来，社会竞争的加剧和网络交际平台的兴起促进了高职大学生人际交往的社会化。从交往对象、内容、范围及形式上，高职大学生出现了关注价值的趋势，追求实惠。大学生的人际交往不再局限于同校、同班、同寝、同乡的交往，交往对象大幅增加，交往也越来越频繁，人际交往由单一化向多样化转变，复杂性也随之增强。大学生通过手机、固定电话、QQ、E-mail、抖音、微信等方式实现了一对一或一对多的交流。这种交流的多样性给大学生创造了更多的互相接触的机会，从而使得大学生社会交往的可能性增大。

5. 异性交往频繁

处于青春期后期的高职大学生性生理已经完全成熟，性意识被唤醒。他们逐渐对异性产生了兴趣，喜欢与异性交往。大学阶段是异性交往频繁的时期。高职大学生异性之间的交往已经不像过去那样躲躲闪闪、拘谨、严肃，而是公开、开放的，表现出从未有过的大胆，有的还会发展成为恋爱关系。正常的异性交往对大学生的身心健康、恋爱、婚姻都有重要的意义，相反过分地排斥异性，对高职大学生的身心健康是不利的。

6. 人际交往情感色彩浓

高职大学生的人际交往比较注重情感需求，讲究情投意合和心灵深处的共鸣，他们交往的动机中功利性少，情感成分多，很少从对方的家庭背景、经济条件、学习成绩来考虑，更多地是为了获得情感的满足，既消除孤独又获得友谊和爱情。比如，女大学生之间往往注重情感，男大学生比较强调兴趣的一致、价值观的趋同。

三、高职大学生人际交往的作用

1. 良好的人际关系可以提高群体凝聚力和学习效率

高职大学生由于年龄、经历相似，相互之间有着强烈的情绪共鸣和高度的心理相容，平常在一个班级或宿舍朝夕相处，如果人际关系和谐、积极、健康、向上，群体内部就会有较强的向心力、凝聚力。大家在一起就会感到温暖、安全、愉快，从而激发积极性和创造性。在与他人的交谈中，大学生思维往往比平时活跃，有些从未考虑过的问题、见解会不断涌现出来；有些无论怎样冥思苦想都找不到答案的难题，经人点拨，顿时豁然开朗，使问题迎刃而解，从而进一步挖掘自己的潜能，提高学习效率。

2. 良好的人际交往是高职大学生心理保健的需要

交往是人类最基本的社会需要之一，几乎所有的人都希望与他人交往，即使是性格非常内向的人，其内心依然存在着与人交流、被人理解的强烈愿望。一个人如果长期缺乏与他人的交流与沟通，就会感到压抑和苦闷，对身心健康造成极大的损害。

高职大学生情感丰富，情绪尚不稳定，特别需要他人的关心和理解。通过交往活动，同学们彼此诉说心中的喜怒哀乐，表达自己的思想感情和生活态度，可以寻求友谊、理解和帮助，还可以激发多种兴趣和爱好，培养自尊心和责任感，从而得到思想的升华和心理的满足。而一个自我封闭、不善交际的人总是更多地体验着情绪低落、孤独空虚，甚至自卑、抑郁、恐惧等不良心理。

英国著名哲人培根说过："当你遭遇挫折而感到愤懑抑郁的时候，向知心挚友的一席倾诉可以使你得到疏导，否则这种积郁会使人致病。……只有对于朋友，你才可以尽情倾诉你的忧愁与欢乐，恐惧与希望。总之，那沉重地压在你心头的一切，通过友谊的肩头而被分担了。"

3. 人际交往有助于高职大学生正确认识自我

高职大学生自我意识的发展，不是自然而然形成的，而是在与别人的交往过程中，通过相互学习、相互帮助、相互鼓励、相互作用，逐步成熟起来的，良好的人际关系有助于大学生自我意识的形成和发展。人们是在具体的交往的情境中，从对别人的认识中来形成自我表象。对人的认识越全面，对自己的表象也就越清楚。有些人对自己的估价过高或过低，极可能是由于自我意识不够成熟，也可能与交往人群的选择不当有关。

4. 良好的人际关系有助于健全人格的形成

心理学家发现，如果一个人长期缺乏与别人的积极交往，缺乏稳定的良好的人际关系，那么这个人往往有明显的性格缺陷。在青少年心理咨询的实践中，绝大多数青少年的心理危机都是与缺乏正常的交往和良好的人际关系有关的。在高职院校里，同宿舍室友之间的交往状况往往决定了一个学生是否对学校生活感到满意。生活在没有形成友好、合作、融洽的心理氛围的宿舍里的高职大学生，常常显示出压抑、敏感、自我防卫、难以合作的特点，对生活的满意程度较低。而在人际关系比较融洽的宿舍里生活的高职大学生，则常常表现出愉快、乐于与人交往和乐于助人的特点。可见，人的个性直接受人际交往状况的影响。

5. 良好的人际关系是生活幸福的源泉

有人以为，人的幸福是建立在金钱、成功、名誉和地位的基础上的。实际上，对于人生的幸福来说，所有的这些方面都远不如健康的交往和良好的人际关系重要。交往和人际关系在人们生活中的地位，无法被金钱、名誉和地位所取代。心理学家通过研究发现，几十年来，人们的金钱收入一直是呈上升趋势的，但是，对生活感到幸福的人的比例并没有增加，而是稳定在原来的水平上。这说明，金钱并不能简单地决定人的幸福。

综上所述，人际交往对大学生的学习、生活、健康等方面都会产生影响。

任务实施

通过了解和反思自己人际关系的现状，增强对自己人际关系的觉察力、识别力。

一、了解自己人际关系的现状——我的人际财富图

1）图 5-1 中央的实心圆点代表自己。以这个实心圆点为中心，三个半径不等的同心圆，代表你的三种人际财富，同心圆内任意一点到中心的距离表示心理距离。请将你的亲朋好友的名字写在图上，名字越靠近中心圆点，表明他与你的关系越亲密。

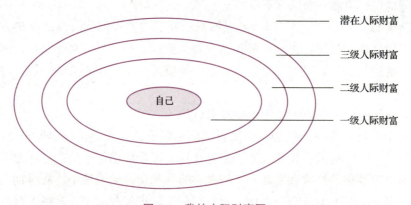

图 5-1　我的人际财富图

2）写在最小同心圆内的人是你的一级人际财富。你们彼此相爱，你愿意让对方走进自己心灵的深处，分享内心的秘密、痛苦和快乐。这样的人际财富不多，却是你最大

的心灵慰藉，也是你生命中最重要的成长力量。

3）写在第二大同心圆内的人是你的二级人际财富。你们彼此关心，时常聚在一起聊天玩耍，一起分享快乐，一起努力奋斗。虽然你们之间有些秘密是无法分享的，但这类朋友让你时常感到人生的温馨。

4）写在最大一个同心圆内的人是你的三级人际财富。这些朋友可以是平时见面打个招呼，但是需要帮助时也愿意尽力帮忙的朋友；可以是曾经比较亲密但渐渐疏远，却仍然在你心中占有一席之地的朋友；也可以是平时难得见面，却不忘在逢年过节时问候一声的朋友。

5）同心圆外的空白处代表你的潜在人际财富。尽量搜索你的记忆系统，把那些虽然比较疏远但仍属于你的人际财富的人的名字写下来。

6）试着一边整理自己的人际财富，一边思考：你的人际关系现状如何？你认为自己身上什么性格品质给你带来了好人缘？或者如果你的人缘不太好是什么原因导致的？以后该怎样努力？

二、觉察自己的交际圈

反思自己的交际圈，在下面的四种朋友类型后面的横线上，按照联系的密切程度由大到小列出朋友的人名（如果一位朋友分属不同类型圈子，可重复列出）。

1）能分享苦乐的知心朋友有_____，共__人。
2）能鞭策自己的德高之友有_____，共__人。
3）能合作共事的志趣相同之友有_____，共__人。
4）能交流思想的学问之友有_____，共__人。

分享：

1）哪种类型的交际圈人数最多，质量最好，对你的性格、学业和未来发展最有利？
2）哪类圈子人数最少，甚至一个人也没有？
3）在哪个圈子里我更加如鱼得水？在哪个圈子里我感觉到不太自在？
4）为什么在有的人际圈子里我发展得好，另一些则不然？
5）在与人交往中，存在哪些问题？这些问题如何影响我的人际网络的形成和发展？

任务 2 测试人际关系

📖 任务要求

通过完成本任务，学生学会根据人际交往的影响因素和心理效应，判断自己人际关系的状况；掌握并克服大学生人际交往中常见的不良心理，学会通过心理测验判断自己常出现的交往困扰。

> 知识链接

一、影响人际关系的主要因素

1. 时空距离

俗话说得好："远亲不如近邻""近水楼台先得月""向阳花木早逢春"。这都说明了时空距离是形成密切人际关系的一个重要条件。人与人之间在空间位置上越接近，就越容易形成彼此之间的密切关系。如上下床铺同学，空间距离的接近使双方交往、接触的机会多，彼此之间容易熟悉，或成为好朋友，或因为彼此价值观不同而只是熟人。虽然地理位置不是人际关系好坏的唯一的、决定的因素，但是空间位置接近的优势无疑是影响人际交往的一个有利的条件。

2. 交往频率

交往是人际关系的基础，人们只有在交往中才能彼此了解，相互熟悉，进而相互帮助，建立友谊。交往的频率越高，越容易形成共同的语言、共同的态度、共同的兴趣和共同的经验等。否则，交往频率过少，可能会产生冷落之感，以致感情疏远；但是，交往频率过高，也可能破坏双方的工作和生活秩序。

3. 态度相似性

俗话说："物以类聚，人以群分""君子和而不同，小人同而不和"，说的就是人际交往的相似性。如果交往的双方有共同的语言，有共同的理想、信念和价值观，就容易产生共鸣、同情、理解、支持、信任、合作，同时也容易预测对方的感情与反应倾向，在交往中彼此容易适应，从而形成密切的关系。

4. 需求互补性

相互满足是形成人际关系的前提条件，如果没有需要和满足需要的期望，空间距离虽近，也可能是"鸡犬之声相闻，老死不相往来"；一旦有了需要和满足需要的期望，空间距离虽远，也可能是"天涯若比邻"。良好人际关系的形成取决于交往双方彼此满足需要的方式和程度，如果交往双方的基本需要都能从交往过程中得到满足，其人际关系就会密切、融洽；如果双方的需要不能从交往过程中得到满足，彼此之间就缺乏吸引力；如果双方的需要在交往过程中受到损害，彼此之间就会产生排斥与对抗。这都说明了需求互补性是密切人际关系的重要条件。

5. 人格吸引

人格也称个性。我们喜欢他人，原因不仅来自对方，有时是我们自身的人格因素决定了对他人的好感。个性影响着交往的态度、频率和方式，从而影响着人际关系。以气质而论，具有多血质和黏液质的人，其人际关系一般来说要好于胆汁质与抑郁质的人。以能力而论，能力强的人往往使人产生钦佩感与信任感，具有吸引力。不过，能力和特长的差别太大或太小，相互之间的吸引力也会减小，只有当双方的能力既有差别而又差别不太大的时候，相互之间的吸引力才会增大。

6. 个性品质

影响大学生人际交往的个性品质主要有：①为人虚伪。与之交往，容易使人失去安全感。②自私自利，只关注自己的需要，不关心别人的需要，甚至损人利己。③不尊重别人，常常挫伤别人的自尊心。④报复心强。⑤妒忌心强。⑥猜疑心重，过于敏感。⑦过于自卑。⑧孤独、固执。⑨苛求、控制别人。⑩自负、自傲。反之，良好的个性品质会赢得人缘。

想一想 哪些因素影响了本"项目导入"中小刚的交往？

二、人际交往中常见的心理学效应

1. 首因效应

首因效应也叫第一印象效应，是指一定条件下最先映入认知者视野中的信息在形成印象时占优势。人际交往总是通过第一印象进行的。首先，它会使人际认知带有表面性。第一印象常常是对一个人表面特征的认知，两个素不相识的人初次接触，彼此会根据对方的外貌、表情、姿态、谈吐、衣着等做出一个初步的判断与评价，形成某种印象，这就容易出现以貌取人，使认知具有表面性。其次，第一印象效应容易使人际认知产生片面性。当你对对方一无所知时，由于先入为主，第一印象鲜明而强烈，常常跟着第一印象走，容易忽视以后的新信息，或按照最初的印象来解释以后出现的新信息，造成对人认知的主观片面性。

• 走进心理实验室 •

人际交往的首因效应

美国心理学家洛钦斯（A.S.Lochins）于1957年首次进行首因效应的实验。洛钦斯设计了4篇不同的短文，是分别描写一位名叫吉姆的人。第一篇文章整篇都把吉姆描述成一个开朗而友好的人；第二篇文章前半段把吉姆描述得开朗友好，而后半段描述得孤僻而不友好；第三篇和第二篇相反，前半段说吉姆孤僻而不友好，而后半段说他开朗友好；第四篇文章全篇将吉姆描述得孤僻而不友好。洛钦斯请4组被试分别读这4篇文章，然后在一个量表中评估吉姆的为人到底友好不友好。

结果为：读第一篇文章的人，95%认为吉姆友好；读第二篇文章的人，78%认为吉姆友好；读第三篇文章的人，18%认为吉姆友好；读第四篇文章的人，3%认为吉姆友好。

首因效应提醒我们，在人际交往中一方面要注意克服首因效应对自己认知的影响，另一方面，要注意利用首因效应，为自己打下良好的人际交往基础。

2. 近因效应

近因效应是指人际交往中最后的印象对人们认知的影响。交往过程中，我们对他人最近的、最后的、最新的印象占了主体地位，掩盖了以往形成的对他人的评价。首因效应，一般在交往初期，尤其是交往双方还比较生疏阶段，特别重要。而随着交往的深入，在双方已经十分熟悉的情况下，近因效应就发挥了更大的作用。

高职大学生在人际交往中应该注意克服近因效应带来的认知偏差，用发展的眼光看待他人和人际交往。同时也要注意利用这一效应，积极改变形象，弥补交往中的过错，从而赢得他人的好感，改善人际关系。

3. 晕轮效应

晕轮效应又称光环效应，是指仅仅依据某人身上一种或几种特征来概括其他一些未曾了解的人格特征的心理倾向。例如，看到一个人举止热情、大方，便容易得到该人聪明、慷慨、能力强的结论；看到一个人性格冷漠，则可能得出该人狡猾、僵化的结论。人们常说的"情人眼里出西施""爱屋及乌""一俊遮百丑""一好百好"等都是典型的晕轮效应。

● 走进心理实验室 ●

人际交往的晕轮效应

苏联心理学家包达列夫曾经做过一个有趣的试验。他向两组大学生分别出示同一个人的照片，对第一组人说，照片上的人是一个恶贯满盈的罪犯；对第二组人说，照片上的人是一名伟大的科学家，然后让两组大学生描述照片上人的性格特征。第一组的描述是：深陷的眼窝，证明了其内心的仇恨，突出的下巴，意味着他沿着罪恶道路走到底的决心。而第二组的描述是：深陷的双眼，表示了他思想的深度，突出的下巴，体现了他在认识道路上克服困难的意志力。

由此可见，晕轮效应使人对交往对象产生认知偏差，并导致错误的反应。研究表明，晕轮效应对不同的人影响程度不一样。独立性强、灵活的人受其影响小；情绪不稳定、适应性差的人则受其影响大。

人际交往中应时时注意克服晕轮效应的影响，尤其防止喜欢一个人某一点便认为他（她）一切都好；讨厌一个人某一点便认为他（她）一切都糟，即使做了好事也是假惺惺或别有所图这类倾向。大学生有意识地训练自己从不同角度、不同方向去观察、评价他人，便可较好地纠正晕轮效应的偏差。另外，在防止自己受晕轮效应影响的同时，还应在交往中利用该效应的影响，优化自己的言谈举止，培养良好的外在形象，以便于自己在交往中获得更大的成功。

4. 刻板印象

刻板印象表现为把交往对象机械地归入某一类群体中，并把自己对该类群体的习惯化概括强加到交往对象身上。由于刻板印象把同样的特征赋予团体中的每一个人，而不管其成员的实际差异，很可能形成某种偏见，影响交往的顺利进行。人的认识来源于实践经验，但个人的经验往往是不完整的、有限的。完全依据有限的个人经验对事物做出归纳、判断，便很可能出现偏差。

克服刻板印象首先应从思想上认识到，人们对团体的一般特征的概括，其正确性常常是宏观的和相对的。其次，个人虽有与其所属团体趋同的特征，更有自己独特的人格品质。时时提醒自己把交往对象看成一个独特的人，以此为基础进行交往，便会大大弱化刻板印象。

5. 投射效应

投射效应是指把自己所具有的某些特质加到他人身上的心理倾向。比如，心地善良的人会以为别人也都是善良的，一个经常算计别人的人会觉得别人也在算计他。"以小人之心度君子之腹"就是一种非常典型的投射效应。人类有许多本质上的共同特征，因此投射效应有时能帮助人们互相理解，但过多地受制于此，便会适得其反。投射效应是出自一个人自我防御的心理需要而发生的。自己有某些缺陷、毛病或不良品质，于是不自觉地会怀着一颗敏感的心，在别人身上搜寻有关的蛛丝马迹，在别人身上发现同样的毛病，而对自己的毛病变得心安理得：人都是这样，我也不必过多自责和不安。

克服这种心理倾向的关键是认清别人与自己的差异，不能总是简单地以己心度人腹。另外，需要客观地认识自己，既要接受自己，又要不断完善自己。

6. 仰巴脚效应

仰巴脚效应也称出丑效应或犯错误效应，指精明人不经意间犯点小错误，不仅瑕不掩瑜，而且使人觉得他具有和别人一样会犯错的缺点，因为具有平凡的一面而使人感到安全。

• 走进心理实验室 •

人际交往的仰巴脚效应

心理学家阿龙森等人的经典研究：请被试根据主观感觉评价对录像中被访者的喜欢程度。被访者都是大学生，访谈的内容是一样的，分四种情况第一位被访者才能杰出，完美无缺；第二位被访者与第一位大同小异，只是有点紧张，打翻了咖啡杯；第三位被访者表现平平；第四位被访者和第三位大同小异，又像第二位那样打翻了咖啡杯。结果发现，大家最喜欢才能出众而且犯了错误的人，其次是才能出众完美无缺的人，最不喜欢才能平平而又犯了错误的人。

仰巴脚效应说明最被人们欣赏的并不是全能的人，白璧微瑕比洁白无瑕更令人喜爱。一方面人们都希望与有才能的人交往；另一方面，如果这个人近乎完美，可望而不可即，人们反而会感到压力，对此人敬而远之。所以，我们要接纳自己身上可爱的小缺点，因为没有人能做到完美。

7. 定势效应

所谓定势效应是指当我们与他人接触时，常常会不自觉地产生一种有准备的心理状态，用一种固定的观念或倾向进行评判。这种带着主观印象去观察、了解、分析事物时产生的认知偏差、成见，甚至错觉，给人际交往带来负面的影响。但定势效应也有积极的作用，使我们认知他人的过程简化，有利于对被认知的对象做出概括性的反映，它给予人的是经验。

因此,高职大学生在人际交往中,要注意克服定势效应的消极作用,在认知他人时力求具体、深刻,切不可想当然、乱画像、乱对号。

三、克服人际交往中的不良心理

1. 自卑心理

(1) 自卑心理的定义　自卑通常是指人们由主观和客观因素造成的,自认为不如人而产生的一种轻视自己的不良心理,平常的表现是忧郁、悲观、孤僻。自卑是一种过低的自我评价,浅层次感受是别人看不起自己,而深层次的体验是自己看不起自己。自卑是高职大学生人际交往的主要障碍之一。有自卑感的人,在社会交往中办事无胆量,习惯于随声附和,没有自己的主见。遇到挫折,便怨天尤人;如果受到别人的耻笑与侮辱,更是甘咽苦果、忍气吞声。所以,他们遇事多采用回避的方式。

(2) 自卑心理产生的原因　高职大学生自卑的原因是多种多样的,既有生理的因素,也有心理的因素。例如,过多的自我否定、消极的自我暗示、受挫的交往、贫困的家庭或生理方面的缺陷等。如有的学生因身材矮小、相貌丑陋、出身低微、学习差等产生自卑心理,在人际交往中常感到不安,因而常将社交圈子限制在狭小的范围内。

(3) 自卑心理的调适　首先,过分自卑的大学生要学会正确地评价自己,了解他人。要善于发现自己的长处,肯定自己的成绩,改善自我形象,积极参与社交;其次,要正视自己,了解自己的缺陷、不足,提高自己的承受能力,扬长避短,体验成功的喜悦,找到克服自卑的动力;确立符合自己的理想目标,进行积极的自我暗示、自我激励,增强自信。尤其当处于不利的地位时,要暗中鼓励自己,按照自己的需求去交往和生活。

2. 孤独心理

(1) 孤独心理的定义　孤独心理是一种经常独处或受到孤立而很少与人接触后而产生的孤单、无依无靠的心理状态。孤独者往往萎靡不振、心情郁闷、精神抑郁、性格古怪,并产生不合群的悲哀情绪,从而影响正常的学习、生活、交往和身心健康等。

(2) 孤独心理产生的原因　孤独心理产生的原因是多种多样的,既有主观原因,也有客观原因,还有复合因素,如有性格缺陷、过于内向、过于自负或过于自尊、受人打击等。自尊、自负、自傲都会令人产生孤独心理;还有一种人比较容易孤独,那就是"喜欢做语言上的巨人、行动上的矮子的人!"

(3) 孤独心理的调适　首先,要改变自己不良的性格,与身边的同学多来往,多沟通,多参与社会实践,扩大交往的圈子;其次,当受到别人的孤立时,要自我剖析,分析是否是自己做得不对。如果是自己有问题,应积极改正,并主动向对方检讨、道歉;如果自己没错,可以暂时转移或扩大交往的方向和圈子,寻求新的精神支持,而不是被动地忍受孤独。

3. 害羞心理

(1) 害羞心理的定义　害羞心理是指一个人过多地约束自己的言行,以至无法充分表达自己思想感情的一种心理状态。害羞是绝大多数人都会产生的一种普遍的情绪体验，但如果一个人在任何场合与人交往都害羞，甚至不敢或不愿与人交往，就会严重妨碍正常的人际交往。

（2）害羞心理产生的原因　首先，是性格方面的原因。有的高职大学生性格内向，说话低声细语，跟人说话交往就脸红心跳，常怀有一种胆怯心理。其次，有的高职大学生在童年早期没有得到很好的引导，到了青春期，随着自我意识的逐渐成熟，非常在意别人的评价，变得胆怯、拘谨。再次，缺乏自信。有的高职大学生总认为自己既没有迷人的外表，也没有过人的才能，使自己长期体验不到成功的喜悦，变得不相信自己；此外，挫折经历也可能导致害羞。

（3）害羞心理的调适　首先，要在思想上抛弃一切顾虑，不怕做错事，说错话。即使做错了、说错了，也可以去改正、可以吸取教训，有了前车之鉴，可避免再犯同样的错误；其次，要树立自信，肯定自己，发现自己的优势，这样，交往的时候就会增加自信。如果有了第一次、第二次的成功，害羞心理就会逐渐消除。要从人际交往中学习克服害羞的方法，多去观察交往成功者，为什么他们能在复杂的人际交往中得心应手；还要观察克服害羞心理的人，学习他们的经验。

4. 嫉妒心理

（1）嫉妒心理的定义　嫉妒心理是指一个人对别人的才能、名誉、地位、财富、品德、相貌、学习成绩等方面比自己好而产生的羞愧、憎恨、敌意、愤怒等组成的复杂情感体验。嫉妒者常把别人的进步当作对自己的威胁，把别人的成功当作自己的痛苦。嫉妒是高职大学生常见的交往不良心理。它严重影响了高职大学生的心理健康和交际能力，给高职大学生成人和成才带来了巨大的困难。

（2）嫉妒心理产生的原因　主要是有些高职大学生没有摆正自己与别人的位置，以自我为中心，产生极端的个人主义，心胸比较狭窄，缺乏个人修养等。

（3）嫉妒心理的调适　首先，要认清嫉妒的危害性是打击别人，贻误自己，嫉妒既伤害别人，也折磨自己。其次，正确认识自己，摆正自己与别人的位置，要看到任何人既有缺点，也有优点，重要的是如何取长补短。再次，要克服私心，提高自身的修养，当别人取得成功时送去由衷的赞美，必要时也可以获得对方的帮助。

5. 猜疑心理

（1）猜疑心理的定义　猜疑心理是指无事实依据凭主观推测而产生的不信任的复杂情感体验。猜疑心重的人一般会从某一假想目标出发，不经过实际考查，而是凭空想象，最后又回到假想目标上来。

（2）猜疑心理产生的原因　猜疑心重的人往往心胸比较狭窄，气量小，对别人缺乏起码的信任，还有的是在社交中产生误会或听信流言蜚语造成的。

（3）猜疑心理的调适　首先，应当改变自己的为人处世的准则，开阔自己的胸怀，不要拘泥于小节，不斤斤计较，要相信别人，以诚待人。其次，在交往中不要轻信流言蜚语，要有辨别是非的能力。如果产生问题的原因不明时，应去认真调查，找到真实的证据，形成正确的分析判断。已证实是误会的，及时矫正自己的猜疑心理。再次，当出现猜疑时，应暗示或督促自己赶紧加强交流与沟通，去了解实际情况。

6. 报复心理

（1）报复心理的定义　报复心理是在人际交往中，以攻击的方式向那些曾给自己带来挫折的人发泄不满的、怨恨的情绪的一种方式。它极富攻击性和情绪性。报复心理是人际交往中危害最大的一种心理。报复行为可能是公开的，也可能是隐蔽的。

（2）报复心理产生的原因　报复心理和报复行为常发生在心胸狭窄、个性品质不良者遭到挫折的时候。社会心理学家研究表明：报复心理的产生不仅同个性特点有关，而且与挫折的归因和环境有关。

（3）报复心理的调适　首先，学会用辩证思维的方法分析矛盾，从动机和效果统一的角度去认识、衡量发生的事件，如果对方是在善良动机下发生的对自己不利的结果，要去谅解对方。其次，注意自身的修养，心平气和，遇事冷静、制怒，以平和的心态对待身边的人和事。再次，要多考虑冲动的报复行为可能产生的负面效果，加强法制观念，增强自控能力。

任务实施

完成以下心理测试任务，快速判断自己的人际关系综合状况；了解自己交往时存在的不良心理，觉察自己常出现的人际交往困扰。

一、人际关系综合诊断

表 5-1 是一份人际关系综合诊断量表，共 28 个问题，在每个问题上，选"是"打"√"，选"否"打"×"。请认真完成，然后根据计分方法得到总分，并对测验结果做出解释。

表 5-1　人际关系综合诊断量表

题号	题目	是/否	得分
1	关于自己的烦恼，有口难言		
2	和陌生人见面感觉不自然		
3	过分地羡慕和妒忌别人		
4	与异性交往太少		
5	对连续不断的会谈感到困难		
6	在社交场合感到紧张		
7	时常伤害别人		
8	与异性来往感觉不自然		
9	与一大群朋友在一起，常感到孤寂或失落		
10	极易受窘		
11	与别人不能和睦相处		

（续）

题号	题目	是/否	得分
12	不知道与异性相处如何适可而止		
13	当不熟悉的人对自己倾诉他的生平遭遇以求同情时，自己常感到不自在		
14	担心别人对自己有什么坏印象		
15	总是尽力使别人赏识自己		
16	暗自思慕异性		
17	时常避免表达自己的感受		
18	对自己的仪表（容貌）缺乏信心		
19	讨厌某人或被某人所讨厌		
20	瞧不起异性		
21	不能专注地倾听		
22	自己的烦恼无人可倾诉		
23	受到他人排斥		
24	被异性瞧不起		
25	不能广泛地听取各种意见、看法		
26	自己常因受伤害而暗自伤心		
27	常被别人谈论、愚弄		
28	不知与异性如何更好地相处		
	总分		

评分方法与结果解释：打"√"的给1分，打"×"的给0分。

如果总分在0～8分，那么说明你在与朋友相处上的困扰较少。你善于交谈，性格比较开朗，主动关心别人。你对周围的朋友都比较好，愿意和他们在一起，他们也都喜欢你，你们相处得不错。而且，你能够从与朋友相处中得到许多乐趣。你的生活是比较充实、丰富多彩的，你与异性朋友也相处得很好。

如果总分在9～14分，那么你与朋友相处存在一定程度的困扰。你的人缘一般。换句话说，你和朋友的关系并不牢固，时好时坏，经常处在起伏波动的状态之中。

如果总分在15～28分，那就表明你在与朋友相处时，行为困扰较严重。分数超过20分，则表明人际关系的行为困扰程度很严重，而且在心理上出现了较为明显的障碍。你可能不善于交谈，也可能是一个性格孤僻的人，或有明显的自高自大、讨人嫌的行为。

二、社交能力测试

如果你想了解自己的交际水平，请仔细阅读表5-2中的每个问题，选择与你情况符合的选项。

表 5-2 社交能力测试量表

序号	问题	A	B	C	得分
1	你是否经常感到词不达意	是	有时是	从未	
2	他人是否经常曲解你的意见	是	有时是	从未	
3	当别人不明白你的言行时,你是否有很强的挫折感	是	有时是	从未	
4	当别人不明白你的言行时,你是否不再加以解释	是	有时是	从未	
5	你是否尽量避免社交场合	是	有时是	从未	
6	在社交场合,你是否不愿意与别人交谈	是	有时是	从未	
7	在大部分时间里,你是否喜欢一个人独处	是	有时是	从未	
8	你是否曾因为不善言辞而失去改变生活处境的机会	是	有时是	从未	
9	你是否特别喜欢不必与人接触的工作	是	有时是	从未	
10	你是否觉得很难让别人了解自己	是	有时是	从未	
11	你是否极力避免与人交往	是	有时是	从未	
12	你是否觉得在众人面前讲话是很难的事	是	有时是	从未	
13	别人是否常常用孤僻、不善辞令等来形容你	是	有时是	从未	
14	你是否很难表达一些抽象的意见	是	有时是	从未	
15	在人群中,你是否尽量保持不出声	是	有时是	从未	
	总分				

测验完成后,给自己评分,选 A 得 3 分,选 B 得 2 分,选 C 得 1 分。将各题得分相加计算总分。

如果总分为 15～22 分,说明你交际方面过分积极,可能导致消极后果。

如果总分为 23～38 分,说明你是一个善于交际的人,且交际适度。

如果总分为 39～45 分,说明你必须采取措施改善自己的交际能力。

三、交往者类型测试

请对表 5-3 中的问题做出"是"或"否"的选择。

表 5-3 交往者类型测试量表

题号	问题	是/否	得分
1	碰到熟人时我会主动打招呼		
2	我常主动写信给友人表达思念		
3	旅行时我常与不相识的人闲谈		
4	有朋友来访,我从内心里感到高兴		
5	没有引见时,我很少主动与陌生人谈话		
6	我喜欢在群体中发表自己的见解		
7	我同情弱者		
8	我喜欢给别人出主意		

(续)

题号	问题	是/否	得分
9	我做事总喜欢有人陪		
10	我很容易被朋友说服		
11	我总是很注意自己的仪表		
12	如果约会迟到，我会长时间感到不安		
13	我很少与异性交往		
14	我到朋友家做客从不感到不自在		
15	与朋友一起乘公共汽车时，我不在乎谁买票		
16	我给朋友写信时，常诉说自己最近的烦恼		
17	我常能交上新的知心朋友		
18	我喜欢与有独特之处的人交往		
19	我觉得随便暴露自己的内心世界是很危险的事		
20	我发表意见很慎重		

测验评分：第1、2、3、4、6、7、8、9、10、11、12、13、16、17、18题，答"是"记1分，答"否"不记分；第5、14、15、19、20题，答"否"记1分，答"是"不记分。

结果解释见表5-4。

表5-4 交往者类型对照表

题号	得分	属性	结果解释
1～5		交往的主动性	高分说明交往偏主动型，低分则偏被动型
6～10		交往的支配性	高分表明交往偏领袖型，低分则偏依从型
11～15		交往的规范性	高分表明交往讲究严谨，低分则交往较为随便
16～20		交往的开放性	高分表明交往偏开放型，低分则偏闭锁型

如果得分处于中等水平，则表明交往倾向不明显，属于中间综合型的交往者

任务 3 改善人际关系

任务要求

通过完成本任务，学生能够掌握改善人际交往的技巧和方法，学会正确看待人际关

系，有效改善人际关系，构建和谐的人际关系。

> 知识链接

一、优化人际交往的原则

1. 尊重原则

人都有维护自尊和受人尊重的需要。古人说："敬人者，人恒敬之。"尊重包括自尊和尊重他人两个方面。自尊就是在各种场合自重、自爱，维护自己的人格；尊重他人就是重视他人的人格、习惯与价值。尽管由于主、客观因素影响，人与人在气质、性格、能力、知识等方面存在差异，但在人格上大家是平等的。只有尊重他人，才能得到他人的尊重。

高职大学生有很多的共同点，年龄相仿，经历相似，缺乏社会经验；同时高职大学生也有很多不同的地方，他们来自全国各地，生活习惯、家庭出身、经济状况、知识水平、能力等都有所不同。但是，无论高职大学生的各自状况怎样，在学校这一特定的环境里，他们之间是无贵贱之分的，人格是平等的，任何人不可以凌驾于他人之上。高职大学生只有互相尊重，才能融洽相处，营造和谐、友好的人际环境。善于交往的高职大学生懂得"你要别人怎样待你，你就得怎样待人"。交往中，那些傲慢无理，不尊重他人，操纵欲、支配欲强，或嫉妒、报复心理重的高职大学生常常是不受欢迎的。同时那些防御心理过重、自我封闭过严的同学，也会让人有不平等的感觉，而难以为大家所接受。

2. 真诚原则

真诚是人与人之间沟通的桥梁，是大学生高尚品德的重要体现，也是人际交往中最有价值、最重要的原则。

在人际交往中，只有彼此抱着诚心善意的动机和态度，才能相互理解、接纳、信任，在感情上引起共鸣，才能建立起深厚的友情。一个人如果当着朋友的面是一套，背后又是一套，那么，朋友之间的交往将不再愉快，反而成为一种负担，这种交往很难深入下去，友谊也就名存实亡了。

3. 宽容原则

海洋是广阔的，比海洋更广阔的是天空，比天空更广阔的是人的心灵。在大学校园中，每个同学都有自己的个性、优点和缺点。在人际交往中，难免会遇到一些不愉快的人和事，要学会宽容，学会克制和忍耐。宽容是一个人自信、力量和勇气的表现，尤其是现实生活中，错误明显在对方时，表现出"有理让三分"的宽容态度的人更是如此。从表面上看，那种得理不饶人的人，似乎是勇者，是强者，实际上，这是缺乏自信的表现，也是缺乏理智和自制力的表现。

宽容是维系友谊的一个重要原则。没有人愿意与心胸狭窄、气量小、多疑善变的人做朋友。能以宽容的心态、博大的胸怀接纳各种各样的人、物和观点，求大同存小异的人，会给朋友以心理上的安全感，自己也会在与朋友的交往中获得愉快的感觉。"学会原谅别人是美德，学会宽容别人是高尚。有了这样的心境，就会有良好的人际关系，就会使每一天都快乐。"但是，宽容不等于软弱，不等于无原则地逆来顺受，一味地委曲求全，宽容是建立在一定底线基础上的，无原则的宽容就是纵容。

4. 互利原则

互利是指交往双方在交往的过程中都获得好处和利益，心理上都获得满足。只有这样，人际关系才能维持和发展。如果一方只索取，不给予，交往就会中断。互利性越高，交往双方关系就越稳定、密切；互利性越低，交往双方关系就越疏远。人际间的互利包括物质和精神两方面。

这就要求高职大学生在人际交往时，首先要相互给予，共同成长。你在别人需要你的时候，使别人心有所依，你的自尊将得到满足，同时获得丰富的经验，使自己在良好的环境中不断成熟。其次，要做到优势互补，团结合作。通过广泛的人际交往，寻求优势互补，信息共享，团结合作，开拓自己的发展空间。再次，可以分享快乐，收获幸福。当我们帮助别人时，内心常会有自我满足的成就感，这就是人生快乐的源泉：正是由于平时真心的利人之行为，才使自己在利己的同时感到欣慰而无愧。

5. 谦逊原则

谦逊是一种美德。谦虚好学者，人们总是乐于与之交往；反之，狂妄自负、目无他人者，人们往往避而远之。在人际交往中，如果有豁达的胸怀，能够谦虚谨慎、戒骄戒躁、虚心学习他人之长，就会有亲和力；而狂妄自大、傲视他人、不懂装懂、知错不改将为人所厌恶。

6. 理解原则

"金玉易得，知己难寻"。所谓知己，是能够理解和关心自己的人。相互理解是人际沟通、促进交往的条件。就人际交往而言，你不仅要细心了解他人的处境、心情、特性、好恶、需求等，还要根据彼此的情况，主动调整或约束自己的行为，尽量给他人以关心、帮助和方便，多为他人着想，处处体谅别人，自己反感的行为不要强加于人。古人说："己欲立而立人，己欲达而达人，己所不欲，勿施于人。"当你在交往中善解人意，处处理解和关心他人时，相信别人也不会亏待你。

7. 诚信原则

诚信是指一个人诚实，遵守诺言，从而取得他人的信任。人际交往要讲究一个信字。诚信有两层含义：一是言必信，即说真话，不说假话。如果一个人满嘴胡言，尽说假话骗人，那到头来连真话都不能使人相信了。二是行必果，即说到做到，遵守诺言，实践诺言。每个人在人际交往中都会有一种寻求安全的心理状态，都不希望自己上当受骗。如果一个人到处许愿而不去做，必然会引起人们的反感和唾弃。无信不立，"言而无信非君子"。要取信于人，第一要守信，即言行一致，说到做到。第二要信任，不仅要信任别人，而且要赢得别人的信任。第三不要轻易许诺，即不说大话，不做毫无把握的许诺。第四要诚实，即自己能办到的事一定要积极去办，办不到的事要讲清楚，以赢得对方的理解。第五要自信，即要有一种自信心，相信自己能行，给人以信赖感和安全感。

二、优化人际交往的技巧和方法

1. 换位思考

学会换位思考对建立良好的人际关系很重要。如果我们经常站在对方的角度去理解和处理问题，一切都会变得简单。通常情况下，善于交往的人往往先去发现他人的优点，懂得尊重他人，愿意信任他人，能容忍他人有不同的观点和行为，不计较他人的过失，在可能的范围内帮助他人，而不是指责他人。

2. 真诚的赞美

美国心理学家威廉·詹姆斯曾说，人骨子里最殷切的需求是渴望被肯定。渴望他人的注意，并希望他人感到自己重要，这也许是人性一大特征。赞美能释放一个人身上的能量，调动人的积极性。赞美能使羸弱的身体变得强壮，能给不安的内心以平静，能让受伤的神经得到休息和力量，能给身处逆境的人以力求成功的决心。真诚的赞美是一种巨大的精神力量。

真心诚意地赞美往往立即能得到回报，得到赞美的人心情舒畅，不仅自然流露出友好和合作的态度，还会对赞美他的人产生好感。我们应该培养发现他人优点、赞美他人的习惯。赞美和讨好不同，赞美是对别人身上的优点和长处进行肯定，是出于善良的愿望。恰当的赞美会成为人际关系的润滑剂。

3. 主动交往

在人际交往中，那些主动参与交往、主动去接纳别人的大学生总是显得如鱼得水，比较自信。缺乏交往主动性的原因主要有两个方面：一是缺乏自信，担心遭到拒绝，担心别人不会像自己期望的那样理解、应答，从而使自己处于窘迫的局面，伤害了自己的自尊。事实上，问题远没有我们想象的那么严重，因为人际交往中，双方都需要适应，需要人际关系支持陌生情境。二是人们在人际交往方面有许多误解，如认为，先同别人打招呼会低人一等；那些善于交往的人左右逢源，都有些世故、圆滑；我如此麻烦别人，别人会认为我无能，会讨厌我等。大学生的主动交往非常重要，特别是当面临人际危机时，主动解释，消除误会，会重新建立良好的人际关系。

4. 给人以友善的微笑

我一看见你就笑了，意味着"我喜欢你""见到你很高兴"。微笑会使你的相貌更加动人，微笑会使你的声音更有魅力，你的微笑会从别人那里换回更多的微笑，而别人的微笑又会使你的心情更加舒畅。微笑是一个很微妙的人际交往的武器，它可以解决很多矛盾，化解很多仇恨。一个微笑能迅速拉近你与对方的距离，表达出你的善意、愉悦，给人以亲人般的温暖。一个微笑会使邻座的人成为朋友；一个微笑会成就一对恋人；一个微笑可以化解积聚已久的矛盾和仇恨。微笑是悲伤者的阳光，是人际交往的调和剂。

5. 记住对方的名字

每个人都把名字看作是自我的一部分，记住对方的名字，并把它叫出来，等于给对方一个很巧妙的赞美。如果你的名字被别人记住，尤其是事隔多年还能被人叫出来，这说明你在他的心目中是重要的。

6. 保持适当的交往距离

我们都喜欢用"亲密无间"来形容好朋友之间的关系，其实真的到了亲密无间的程度往往会适得其反。任何一个人都需要有一个自己能够把握的无形的自我空间。当这个自我空间被人触犯时，人就会感到不舒服、不安全，甚至恼怒起来。朋友之间保持一定的距离是很必要的。有些人一旦与人熟了，就丢掉了分寸感，进入了不分彼此的境界，但物极必反。一旦到了这种程度，友情就容易走向反面。朋友之间一旦没有了距离，就会把一些重要的问题放到无关紧要的位置，由此产生误会或摩擦。

> **知识卡片**
>
> ### 人际交往的距离
>
> 1. 亲密距离（15～45厘米）
>
> 这种距离身体可以充分接近或直接接触，沟通更多地依赖触觉。通常情况下适合于情侣、夫妻或父母与孩子。
>
> 2. 个人距离（45～80厘米、80～120厘米）
>
> 这种距离是朋友间进行沟通的适当距离，分为近范围和远范围。在通常情况下，关系融洽熟悉的人一般是近距离，而陌生人是远距离。
>
> 3. 社交距离（1.2～2米、2～3.6米）
>
> 这种距离的沟通不带有任何个人感情色彩，用于正式的社交场合。在这个距离内沟通需要提高谈话的音量，需要更充分的目光接触。
>
> 4. 公众距离（3.6～4.5米）
>
> 这种距离是演说者与听众所保持的距离，这种距离不适合进行个人沟通。

7. 乐于助人

主动帮助别人是建立和谐人际关系非常有效的诀窍。有人认为，帮助别人时，自己往往要吃亏。实践证明，越是不怕吃亏的人，人缘越好。这是因为乐于助人不仅容易确立良好的第一印象，而且可以迅速缩短交往双方彼此的心理距离，使良好的人际关系建立起来。"患难之交"正说明了这一点，所以，"雪中送炭"比"锦上添花"更能打动对方。

8. 学会倾听

"上帝给人们两只耳朵，一张嘴，其实就是要我们多听少说！"倾听是维持人际关系最有效的法宝。倾听的目的一方面是给对方创造表达的机会，另一方面是使自己能更好地了解对方，为今后的交往打基础。在对方倾诉时，一定不要打断对方的谈话，不要随便插话，也不能心不在焉、东张西望。倾听者要少讲多听，正视对方的眼睛，不搞小动作，要尽量表现出聆听的兴趣，力求在对方的角度上换位思考，表现出对对方的关心、理解和同情，不要轻易地与对方争论或妄加评论。

课程思政

成为敬业、乐业且具有职业自豪感与满足感的阳光工匠人际交往是一门复杂的艺术。提高人际交往的能力，不是一朝一夕的。一是要提高对交往的认识，掌握交往的技巧；二是要大胆实践，善于总结经验教训，不断探索；三是要努力培养自身良好的素质。每个大学生都有他人交往、建立良好的人际关系的内在需求。同时，每个大学生又都拥有这样的潜能，要相信自己。

任务实施

完成以下任务，学会觉察自己的人际关系，运用交往的原则和技巧，改善自己的人际关系。

一、体验不同的人际交往

回忆你经历过的人际交往，是否存在以下几种情况。请在表 5-5 中填写你的感受，并检查自己是否有类似的行为表现。

表 5-5　体验不同的人际交往

不同的人际交往	给你的感受	自己是否有类似的情况
有些人在与你相识一段时间后，却总不记得你的名字		
有些人在与你交谈时，总是强调"我"，很少让你发表自己的意见		
有些人在与你交往时，总是暗示比你有本事		
有些人常常在你做事时挑三拣四，自己却从来不动手		
当你遇到难处需要帮助时，有些人表现得非常冷漠		
对于一些公益事业，即使是举手之劳，有些人也不愿意出力		
有些人经常许诺却不兑现		
有些人经常在付出的同时就期望得到回报		
有些人在接受帮助时，从不说"谢谢"		
有些人在与别人闹矛盾时，总是埋怨对方		

二、角色扮演

参考表 5-6，扮演医患角色，体验和感受不同的沟通方式对人际交往的影响，学会有效沟通，进而提升职业道德和职业素养。

表 5-6　医患角色情境扮演

情境描述： 实习护士给患者打针，患者感到非常疼痛，于是去护士长那里进行投诉……	
子情境一：冲突情境	患者：谁是护士长，给我出来…… 护士长上前询问情况。 患者：你们派个实习护士给我打针，疼死我了，对患者生命太不重视了…… 护士长：打针哪有不疼的？找茬呀？ 于是两人吵了起来……
子情境二：冷漠情境	患者来到办公室，护士长埋头工作，冷漠询问患者，患者投诉了护士。 护士长：谁打针都会疼，如果你觉得不满意，可以继续投诉，我正忙。 患者气愤地摔门而出……
子情境三：关怀情境	患者未敲门直接推开护士长办公室的门。 护士长看到患者非常生气，连忙让患者坐下并倒了杯水，耐心询问情况。 患者投诉护士。 护士长道歉后询问患者情况，并拿热毛巾给患者热敷。
现场采访	我的感受：

● 项目总结 ●

本项目主要围绕认识人际关系、测试人际关系、改善人际关系三个层面由浅入深开展任务实施，学生通过完成任务提升对自身人际关系的觉察力、识别力；根据标准，判断自己的人际关系是否和谐；能够觉察自身常出现的交往困扰，通过掌握人际交往的原则和方法，帮助自己和他人走出不良的交往状态，做一个受人尊重和喜欢的人，为构建和谐自我，养成自尊自信、积极向上的人生态度奠定基础。

● 项目实训 ●

构建和谐人际关系

请同学们根据本"项目导入"中的案例，结合所学的知识，完成项目实训。
具体要求：
1）6～8人为一个小组。
2）以小组成员内部自荐（推荐）的方式，选出小组组长，由组长带领组员实施项目实训。
3）假定你是班级的心理委员，请通过科学有效的方法，帮助小刚改善人际关系，做一个自信受欢迎的人。
4）以小组合作的形式完成项目实训，并填写表 5-7。

5）组长负责填写表 5-8，教师根据项目实训完成情况给出评价。

6）在项目实训完成后，每位同学从情感、知识、技能、方法四方面完成该项目的总结，填写表 5-9。

表 5-7　项目实训单

负责人		组别		完成日期	
项目	构建和谐人际关系					
构建和谐人际关系	构建和谐人际关系三步法			具体步骤		
	1. 查找小刚人际关系出现问题的原因。					
	2. 对小刚人际关系进行综合诊断。					
	3. 分析小刚应该如何有效地改善人际关系。					
检查人（签字）			检查评语：		

表 5-8　检查评价单

检查目的	监控小组的项目完成情况				
评价方式	小组自评（满分 40 分），组间互评（满分 30 分），教师评价（满分 30 分）				
序号	检查项目	检查标准	小组自评	组间互评	教师评价
1	分工情况	安排是否合理、全面，分工是否明确			
2	学习态度	小组工作是否积极主动、全员参与			
3	纪律出勤	是否按时完成项目，遵守工作纪律			
4	团队合作	是否相互协作、互相帮助，是否听从指挥			
5	创新意识	看问题是否具有独到见解和创新思维			
6	完成质量	项目实训单是否记录完整			
检查评价	班级			第　　　组	
	评语： 检查人员签名：				

表 5-9 项目总结单

项目	构建和谐人际关系			
班级		第　　组	成员姓名	
情感	通过对项目的完成，你认为自己在社会主义核心价值观、人际交往、职业素养、学习和工作态度等方面有哪些需要提高的地方？			
知识	通过对项目的完成，你掌握了哪些知识点？请画出思维导图。			
技能	在完成项目的过程中，你主要掌握了哪些技能？			
方法	在完成项目的过程中，你主要掌握了哪些分析和解决问题的方法？			

● 推荐资源 ●

1. 推荐书籍

《人际的奥秘》(曾仕强著，北京联合出版公司)

推荐理由：这本书以人际关系为出发点，主要介绍了处理和经营人际关系的十个要领，并与伦理道德完美融合，帮助人们营造健康、优质的人际关系。

2. 推荐电影

（1）《玛丽和马克思》(导演：亚当·艾略特，配音：托妮·科莱特、菲利普·塞默·霍夫曼)

推荐理由：这部黏土动画影片讲述了两个古怪笔友长达 20 年友情的故事，怪异却纯真。2009 年，该影片获得第 59 届柏林国际电影节金熊奖：最佳长片奖。

（2）《小孩不笨 2》(导演：梁智强，主演：李创锐、向云)

推荐理由：影片通过杰瑞和汤姆的成长故事，说明孩子们的成长不仅需要关怀和爱心，也期待父母的赏识与肯定，同时也表明了家庭教育、亲子关系对个人成长发展的重要性。

项目 6　学会爱，认识性

项目导入

　　菲菲是一个性格内向、成绩优异的女孩，从来没有恋爱过。面对着人生第一次男生的追求，她进退两难。因为父母经常告诫她"千万不能在大学里谈恋爱，既影响学习，又可能给自己的生命安全带来威胁"，应该听从父母的教诲拒绝任何男生的追求专心学习，还是应该试着去体验爱情，她不知该如何取舍，一直被这个问题困扰着，严重影响了学习和生活。如果你是班级的心理委员，请帮助菲菲觉察、识别、调节自己的情绪，正确看待大学生的恋爱问题，学会处理学业和爱情的矛盾。

　　本项目通过学会爱、测试恋爱观、认识性 3 个任务，提升学生对爱的觉察力、识别力，树立正确的恋爱观，为今后的恋爱和婚姻幸福奠定基础。

学习目标

（1）能够根据爱情、恋爱的定义、特点等，觉察、识别爱。
（2）能够根据恋爱观的标准，判断自己的恋爱观是否科学。
（3）能够根据大学生恋爱常见的心理问题，觉察自己常出现的心理困扰。
（4）能够根据性心理的发展规律，客观地认识性，树立科学的性观念。
（5）能够树立正确的恋爱观，为今后的恋爱和婚姻幸福奠定基础。

项目实施

任务 1　学会爱

任务要求

通过完成本任务，学生能够理解爱，提升对爱的觉察力、识别力。

知识链接

一、什么是爱情

（一）爱情的定义

古今中外有很多的哲学家、艺术家、心理学家都有过不同的论述。奥地利心理学家弗洛伊德认为："爱情是性本能的表达与升华。"苏格拉底认为："爱情是爱一切的善，是一种动人的欲望。"英国哲学家大卫·休谟认为："爱情是人的自然本性，是美貌、肉欲、好感三种情感的结合。"德国哲学家黑格尔认为："爱情是男女双方心灵和精神的统一。"美国哲学家和心理学家弗洛姆认为："爱情是一种个人体验，每个人只能通过自己得到这种体验。"美国心理学家罗杰斯认为："爱是深深的理解和接受。"美国心理学家海德认为："爱是深度的喜爱。"

爱情是人的自然属性和社会属性的统一。爱情是人类在繁殖本能的基础上，产生于男女之间的相互倾慕、渴望结合的复杂心理活动。虽然不同的学者对爱情的表述各有不同，但基本内容都包含生物、精神和社会因素三个方面。

一般来说，美好的爱情要经历一个萌芽、开花和结果的过程。恋爱是一对相互倾慕的男女共同追求、培育及发展爱情的过程。恋爱一般可分为初恋期、热恋期和恋爱质变期（爱情成熟或失恋）。处于恋爱状态的男女双方常常会心有灵犀，美化对方，同时常会戒备对方被别人抢走，有独占对方的欲望。

（二）爱情三角理论

美国心理学家罗伯特·斯腾伯格提出了爱情三角理论。他认为爱情存在三个要素：亲密、激情和承诺。

（1）亲密　两人彼此分享自己的内心世界，得到对方的接纳，感觉亲近、温馨的一种体验。它包括 10 个基本要素。

- ◆ 渴望促进对方的幸福。
- ◆ 与对方在一起体验到快乐。
- ◆ 对对方高度的关注。
- ◆ 在需要帮助时能指望对方。
- ◆ 互相理解。
- ◆ 与对方分享自我和自己的占有物。
- ◆ 互相提供情感方面的支持。
- ◆ 互相尊重。
- ◆ 与对方进行亲密的沟通交流。
- ◆ 重视对方在自己生活中的价值。

（2）激情　男女之间本能的异性吸引，与生俱来，是一种强烈地渴望跟对方结合的状态。通俗地说，激情就是见了对方，会有一种怦然心动的感觉，和对方相处，有一种兴奋的体验。性需要是引起激情的主导形式，自尊、照顾、归属、支配、服从也是唤醒激情体验的源泉。

（3）承诺　分为短期承诺和长期承诺。短期承诺就是要做出爱不爱一个人的决定。长期承诺则是做出维护这一爱情关系的决定，包括对爱情的忠诚和责任心。

以上三种成分的不同结合，便得到 8 种不同类型的爱情，如图 6-1 所示。

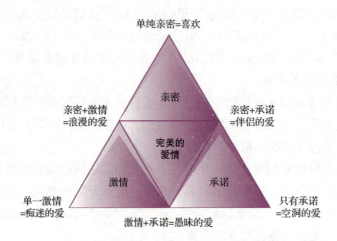

图 6-1　罗伯特·斯腾伯格的爱情三角理论

- ◆ 无爱（Nonlove）：三个因素都不具备。
- ◆ 喜欢（Liking）：只有亲密关系。在一起感觉很舒服，但缺少激情，也不一定愿意厮守终身。

- 痴迷的爱（Infatuated love）：只有激情体验。认为对方有强烈的吸引力，除此之外，对对方了解不多，也没有想过将来。
- 空洞的爱（Empty love）：只有承诺。
- 浪漫的爱（Romantic love）：有亲密关系和激情体验，没有承诺。
- 伴侣的爱（Companionate love）：有亲密关系和承诺，缺乏激情。
- 愚昧的爱（Fatuous love）：有激情和承诺，没有亲密关系。
- 完美的爱（Consummate love）：同时具备三要素。

激情是爱情的发动机，没有激情，爱情就缺少了生存和发展的原动力。亲密是爱情的加油站，没有亲密，爱情就容易枯竭；承诺是爱情的安全气囊，没有了承诺，爱情就多了几分危险，时刻有消失的可能。

（三）对真爱的理解

恋爱不等于真爱，但每个恋爱的人都渴望获得真爱。真爱不是来自于两个人口头上的海誓山盟与海枯石烂，而是来自生活中的点点滴滴。

（1）真爱是关心　爱，是想对方之所想，给对方之所需，是无私的给予和关心。关心是具体的，一点一滴的，大到关心他（她）的前途、命运，小到给他（她）买一条围巾等。细腻的关心需要从对方的神情中敏锐地捕捉他（她）的心理反应，关心不能将自己的主观想法强加给对方。真正的关心是悉心观察对方所需，做到雪中送炭。

（2）真爱是信任　信任是一种尊重，也是一种自信，不必盘问对方的每个细节，更不必去跟踪调查。爱一个人，就要先信任他（她），不要凭感觉随意猜疑他（她），给他（她）一个自由的时间和空间，相信他（她）对你的爱。

（3）真爱是给予　人们往往把爱看作被爱，注重怎样被人爱，怎样使自己获得爱。为了达到被爱的目的，男人渴望取得权力和财富，女人注意梳妆打扮，目的在于引起别人对自己的爱。但那些不做作、真诚主动地给予对方爱的人，在不问收获、埋头耕耘的过程中，自然而然地获得了爱。

（4）真爱是宽容和理解　宽容包含着理解、同情与原谅，是最大限度地接纳对方，既要接纳对方的长处，也要接纳对方的短处，但要注意限度和原则。

（5）真爱是尊重　尊重意味着让对方按自己的目标去成长和发展。尊重的内容包括对对方的职业、爱好、选择、隐私、不同于自己的观点和生活习惯等方面。

（6）真爱是专注　人一生可能不止爱一个人，但那是在人生不同时刻发生的事情。真爱不能同时发生在两个对象身上，只有专注才能获得充分的知觉和感受，爱情也需要专心一意。陶行知说："爱情之酒甘而苦。两人喝，是甘露；三人喝，是酸醋；随便喝，要中毒。"

（7）真爱是理性　马克思说："真正的爱情是表现恋人对他的偶像采取含蓄、谦恭甚至羞涩的态度，而绝不是表现在随意流露热情和过早的亲昵。"一时的狂热迷恋是一种危险的情感，只是一种生理上要求与异性接近的渴望。

（8）真爱是独立　独立不是疏远，而是指与人相处时有自己独立的思考和行动，不轻易被他人左右，知道自己真正需要什么。独立的心态是一种成熟的品质，是心理断乳的标志。真爱需要保持独特个性和独立人格，不要让自己消融在对方的影子里。

> **心理故事**
>
> **两只小鸡的爱情故事**
>
> 　　两只小鸡非常相爱，相依相恋，生活温馨甜蜜。有一天，母鸡无意中得知主人要宰杀公鸡招待客人，母鸡开始瞒着公鸡暴饮暴食，故意对公鸡非常冷淡，公鸡很伤心。直到有一天，主人拿着刀带走了母鸡，公鸡才明白母鸡所做的一切是在用生命捍卫爱情。"我不能用言语来表达我对你的爱，但我可以用行动来证明。"

二、培养爱的能力

1. 识别爱的能力

当有人向你表达爱时，要及时对这种爱的信息做出准确的判断，为今后的选择打基础。识别爱的能力，是指能较好地分清好感、友情和爱情。识别爱的能力强的人，既充满自信，同时也懂得尊重别人，会非常自然地与别人交往，主动扩展交往的范围，懂得珍惜友谊，懂得换位思考，能尽量多地体验他人的感受。

2. 表达爱的能力

表达爱往往是爱情开始的第一步。当你爱上一个人时，能否用恰当的方式和语言向对方表达出来呢？表达爱是需要勇气，需要自信的，同时也要把握时机。一个人在对喜欢的异性表达爱意时，应该建立在双方有一定感情基础之上的，最好在双方都有意的情况下进行。爱的表达没有固定的模式，应根据情景和实际情况来表达，不应该要求对方立刻给出答复，给对方考虑的时间，要尊重对方。不是所有的爱，对方都能接受或给予答复，你能让对方知道自己被人爱着，这也是一种很崇高的境界。

3. 接受爱的能力

高职大学生面对别人的示爱，应及时准确做出判断，并做出接受、拒绝或再观察的选择，这是一种爱的能力。接受爱首先要学会爱自己，接纳自己。连自己都不爱的人，对别人的爱也不是真正的爱。爱自己不同于自私，培养爱自己的能力是为了更好地爱别人。

爱是无法显现或被证明的，只有经过生活最艰难和最平凡的考验才能见到真爱。大学生要具有接受爱的能力，懂得什么是真正的爱，要有健康的恋爱观，知道自己喜欢什么、需要什么、适合什么；对自己、他人和万物保持敏感和热情，主动去关心他人，热爱他人。当别人向你表达爱时，如果接受了对方的爱，就要承担起恋爱过程中的责任和义务，经营好自己的爱情；如果拒绝了对方的爱，应该具备面对和处理其所引起的心理困扰的能力。

4. 拒绝爱的能力

对于自己不愿或不值得接受的爱，应有勇气加以拒绝。拒绝爱要注意两个方面：一是在不希望得到的爱情到来时，要果断、勇敢地说"不"，因为爱情来不得半点勉强和将就。如果优柔寡断或屈服于对方的穷追不舍，发展下去对双方都是不利的。二是要掌握恰当的拒绝方式，虽然每个人都有拒绝爱的权力，但是珍视每一份真挚的感情是对他人的尊重，也是一种自重，同时是对一个人道德情操的检验。不顾情面，处理方法简单轻率，甚至恶语相加，结果使对方的感情和自尊心受到伤害，这些做法是很不妥当的。

5. 发展爱的能力

苏联教育家马卡连柯说："爱的力量只能在人类非性欲的爱情素养中存在，他的非性欲的爱情范围愈广，他的性爱也就愈高尚。"

恋爱是人生中的一次重要的成长机会。在正确的恋爱观、合适的恋爱对象、理智的恋爱方式的引导下，我们的人格可以发展得更加成熟，甚至获得再造。一方面，恋爱关系的协调、各种矛盾的解决，都会丰富大学生的生活经验，使双方在心理上更加成熟。另一方面，恋爱中的大学生为了获得异性的爱，提高自己在对方心目中的形象，会不断完善自己，丰富自己。这时，爱就成了人格发展完善的强大的内在动力。

6. 提高恋爱挫折的承受能力

大学生的恋爱受多种因素的制约，因而在追求爱情的过程中，遇到各种波折在所难免，如单相思、失恋等恋爱挫折对大学生的心理承受能力就是一种考验。如果承受能力较强，就能较好地应付挫折，否则就有可能造成不良后果。因此，提高恋爱挫折的承受能力对大学生的心理健康是非常重要的。

当爱情受挫后，用理智来驾驭感情，通过分析原因、总结经验教训，寻找解决问题的方法和途径，在新的追求中确认和实现自己的价值，从而提高自己的心理承受能力和思想水平。

任务实施

通过头脑风暴，明确自己心中的爱情；增强自己对爱情的觉察力、识别力。

一、头脑风暴——爱情是什么

1）播放背景音乐：电影《泰坦尼克号》主题曲——《我心永恒》。
2）请同学们在最短的时间内，用简洁的语言或图画，描述自己心中的爱情。
3）先组内交流，然后请各组组长选择有代表性的观点在全班交流。

二、头脑风暴——爱的准备

1）每位同学拿出一张纸，认真思考：我应该为爱情做些什么准备？
2）分小组交流讨论：为了美好的爱情，我们要做些什么准备？
3）每组选出一名发言人，把组内同学的观点综合起来，在全班分享。
思考：你在活动中有何感受？

任务 2　测试恋爱观

任务要求

通过完成本任务，学生会根据恋爱的心理行为特点、常见的心理问题判断自己的恋爱观是否科学；掌握大学生恋爱的心理行为特点以及常见的心理困扰，学会通过心理测验判断自己常出现的心理困扰。

知识链接

一、大学生恋爱的特点

1. 进入恋爱状态较快，持久性不强

大学生由于社会阅历浅，再加上处于青年期的中期，精力旺盛，血气方刚。因此，他们的恋爱大多具有冲动性，往往是一见钟情或经过短暂的交往就确定恋爱关系。呈现出进入恋爱状态较快，但持久性不强的特点。对待恋爱的态度比较随意，抱着试试看的心态对待爱情，对待感情不再那么慎重、严谨，更换恋爱对象的现象较为普遍，恋爱的持久性较弱。大学期间，谈几次恋爱的情况非常常见。

2. 恋爱态度欠慎重，网恋现象盛行

随着网络的发展与普及，恋爱有了虚拟形式：网恋。无形的网络开始成为月老的红线，许多未曾谋面甚至远隔重洋的男女，通过网络相识、相恋。网恋几乎成为年轻人的生活方式，也成为少男少女的一种新时尚。大学校园本来就充满着浪漫的气息，大学生对新事物有强烈的猎奇心理，且高校的网络已十分普及，因此在高校里上网聊天和网恋更流行。

3. 处理感情问题能力弱，抗挫性差

在恋爱过程中，恋人之间经常会出现一些问题。由于高职大学生的社会阅历较少，思想单纯，面对感情问题的时候容易偏激。比如面对吵架、失恋等恋爱问题时，高职大学生容易情绪化，借酒消愁、大哭大闹、节食、打击报复，甚至出现轻生的念头。这表明高职大学生的心智还不成熟，分析和处理问题的能力较弱，心理承受能力不强，抗挫性差。这就需要高校的教育者用适当的方式引导学生，使其正确面对和分析恋爱问题，控制自己的情绪和行为，积极处理恋爱问题。

4. 恋爱动机多元化

恋爱动机是指推动和促进高职大学生恋爱的念头或原因。不同的高职大学生对待恋爱的态度、价值观及需求不同，会呈现出不同的恋爱动机，体现在以下几点：一见钟情，出于真心；空虚寂寞，想找人陪伴；体验恋爱感觉，满足好奇心和性需要；为了将来的婚姻；获得异性的认可、重视，证明自己的魅力；赶潮流，虚荣从众；为了成熟，培养爱的能力；经济补偿、游戏人生等其他动机。

5. 性观念开放，接受婚前性行为

随着改革开放，东西方文化的冲击，一些传统的观念逐渐淡漠，尤其是年轻一代，他们更注重个性、激情，对待恋爱亦是如此。在看待恋爱中的性行为时，多数同学很开放。有一部分高职大学生认为性是一种个人化的行为，不需要受到道德和法律的约束。但这并不表明高职大学生对婚前性行为都持肯定态度。通过调查发现，大学生对没有感情基础的性行为都持否定态度，对于真心相爱的性行为表示不排斥，无须受到其他因素的约束。

6. 重恋爱过程，轻恋爱结果

很多大学生把恋爱和婚姻截然分开，认为恋爱和婚姻是两回事。所以，在恋爱的时候，更加注重恋爱过程，不在意恋爱的结果。注重恋爱过程是好事，有利于恋爱的双方相互了解，加深认识，培养感情，增加心理相容，同时也反映出大学生注重追求爱的真谛。但是，只注重恋爱过程，轻视恋爱结果，实质上是只强调享受爱的权利，而否认了承担爱的责任。

7. 主观上学业第一，客观上爱情至上

在对待爱情和学业的关系上，绝大多数大学生能够正确看待二者的关系。他们赞成大学阶段应该以学习为主，爱情应当服从学业；或者希望爱情和学业双丰收，既希望学业有成，又向往浪漫美好的爱情。但一旦坠入了情网，他们就不能自拔，强烈的感情冲击着一切，尤其恋爱受挫时，学业就会受到严重的影响。

8. 恋爱方式公开化

爱情是甜蜜的，爱情也是美好的，爱情更应该含蓄而深沉。大学生的恋爱方式逐渐公开化，不再像过去人们恋爱时朦胧而拘谨，小心而慎重。他们热情得像一团火，形影不离，携手相依。甚至有一些大学生在公开场合、大庭广众之下，做出过分亲密的动作，还有的脚踏两只船，搞三角恋爱。这些都是由于认知能力的片面性，恋爱观念的不正确导致的。

二、大学生恋爱中常见的心理困扰

1. 单相思

单相思就是我们常说的单恋，是指异性关系中的一方一厢情愿地倾慕与热爱另一方，而对方却不能给予爱的回报或根本不知道的单方面的爱情。单相思是恋爱错觉的产物，是一种畸形爱情。

单相思分为两种：一种叫明恋，是一方向另一方明确表明了自己的爱慕之情，却遭到对方的婉言拒绝，仍旧痴心不改千方百计追求对方，无奈"落花有意，流水无情"。另一种叫暗恋，是对方毫无觉察，而当事人却深深地爱上他（她），由于怯于向对方表白心迹，于是萎靡不振、茶饭不思、情绪低落、夜不能寐，这种恋爱，是纯粹的单恋。

高职大学生要正确对待单相思，学会以下几种应对的方法。

（1）要端正认识　爱情虽然非常重要，是我们人生的重要内容。但爱情毕竟不是人生的全部，我们还有更重要的追求，如亲情、友情、理想、事业等。对于暗恋的对象，要学会准确地观察和分析对方对自己的情感。属于羞怯型的不敢表白,可以寻找合适的机会让对方了解你的感情,如果对方接受了更好;如果对方明确拒绝了,就要趁早收回自己的感情,以免对自己造成更大的伤害,长痛不如短痛。如果觉得对方根本没有可能爱自己,就没有必要表白自己的感情,勇敢地抛弃幻想,用理智主宰感情,因为这种表白既可能给对方造成心理压力,也会影响两个人的关系,有些时候,适度压抑自己的感情还是必要的。

(2)要自我安慰　单相思是一种非常痛苦的感受,应该使自己尽早从这种痛苦中解脱出来。不妨尝试一下酸葡萄效应和甜柠檬效应。所谓酸葡萄效应,就是对自己无法得到的东西降低好感和对自己的重要性。也就是说,当一个人遭到对方的拒绝后,可以否定对方的好处,尽量多地寻找对方的缺点。甜柠檬效应就是把目前状况的好处扩大化,以求得安慰,这样心理容易平衡一些。但是,这两种效应要适度使用,不然会导致一些非理性的思维方式,不利于以后爱情的发展,最好还是客观地分析自己和对方的优点和缺点,积极调控情绪。

(3)要适当宣泄　如果把单相思的痛苦、忧伤都埋藏在心里,时间长了势必会影响情绪和身心的健康。因此,一定要通过适当的方式进行宣泄,如跟同学、朋友、老师、父母宣泄心中的委屈、不满、怨恨、苦恼,以此淡化对方在自己心中的地位。但是,要切记一点,不能逢人便讲,让别人当作笑话散播出去就不好了。

(4)要积极转移　可以通过扩大生活和人际交往的圈子,转移自己的注意力。一是可以换个环境,尽可能离你痴心所爱的人远一点,使空间距离变大,感情逐渐淡漠;二是转移感情,可以去寻找自己爱的也爱自己的人,或者转移到别的事物上,分散注意力。

2. 恋爱中的嫉妒心理

高职大学生的嫉妒心理更多的是指性嫉妒,也就是在男女关系中,由于别人比自己强,而对自己在异性心目中的地位构成某种威胁所产生的吃醋、猜疑、敌意、报复、焦虑不安、紧张恐惧、抑郁愤怒等消极情绪,从而对学习、生活、工作、交往带来严重的影响,更严重的可能导致轻生或他杀的校园恶性事件。

恋爱中的嫉妒心理应对的方法如下。

(1)要明确恋爱双方是完全平等的　一般来说,异性之间从产生爱情之日起,嫉妒心理便应运而生。随着爱情的发展,一些人的嫉妒心理会越来越强。嫉妒心理主要是从占有心理中产生的。因此,如果能以平等的心态对待恋人,尊重对方的人格,明确恋爱双方是完全平等的,对应对嫉妒心理有一定的帮助。

(2)要正确理解排他性和专一性　爱情具有一对一的对应性,是排他的、专一的。很多现实的案例告诉我们,爱情中自私的成分越多,嫉妒心理就会表现得越强。排他性不代表谈恋爱了就不能跟其他异性接触,正常的异性交往是十分必要的。

(3)要用理智战胜情感　理智感强对调节嫉妒心理有很大的帮助。理智感强的人,即使因嫉妒产生了怀疑、愤怒等不良情绪,也能冷静思考,正确对待问题,不会因为嫉妒而使爱情产生裂痕;相反,理智感弱的人,会因为一点小事就醋意大发,任凭自己不良的情绪随意地发泄,既伤害了对方,也影响了自己,甚至破坏了感情。所以,要克服嫉妒心理,学会理智地思考和对待爱情是十分必要的。

3. 失恋

失恋是指恋爱双方经过一阶段热恋以后因某种原因而分手,它是一种爱的否定,能够破坏恋爱双方的心理平衡。失恋心理是复杂而又奇妙的,它往往会造成心理上较大的焦虑不安,严重影响身心健康,痛苦、抑郁是失恋者最普遍的心理反应。失恋使原先温馨浪漫的世界顿时变得黑暗。失恋者焦虑、痛苦、彷徨、怅惘、忧伤、抑郁,整日沉湎在恋情的羁绊之中,陷入痛苦的境地而不能自拔。

失恋是一种痛苦的情感体验,会给失恋者造成巨大的心理创伤,一定要学会及时调适。常用的方法有以下几种。

(1)倾诉　　不少人在失恋以后,痛苦、愤怒、委屈、不平、沮丧、寂寞、孤独等情绪会接踵而至,如果这些消极的情感体验不能及时得到宣泄,则可能积郁成疾,甚至铸成大错。这时你可以在合适的时间、地点向信得过、有主见、有能力的同学、朋友、老师、亲人一吐为快,他们往往会给你安慰、疏导、帮助、支持,给你提出中肯的建议,做出客观的分析。如果你性格内向,不善言谈,可以奋笔疾书,把多余的情感从笔端发泄出去。你可以痛痛快快地大哭一场,也可以到空旷的荒郊野外扯着嗓子大喊几声,还可以到舞厅里跳上几曲。这些方法或许能使你消除心理压力,求得心理安慰和寄托。

(2)转移注意力　　失恋后,要及时把情感转移到失恋对象以外的人、事或物上,可以参加一些自己感兴趣的活动,如打球、下棋、跳舞、郊游、弹琴等,冲淡心中的郁闷和烦恼;还可以去旅游,投入大自然的怀抱,体验自己的渺小、无知,那痛苦、郁闷的心情在大自然怀抱中定能得到消除和抚慰。

(3)学会积极的自我暗示　　如果失恋以后,总是自责、内疚、悔恨,觉得分手是因为自己不好造成的,这样就会使自己越来越压抑、痛苦。这时,就要学会积极的自我暗示,如"幸亏我们现在分手,如果结婚后再分手,伤害会更大""他(她)不爱我,不代表我不好、不可爱,只是我们两个人不适合"。

(4)升华法　　古今中外有很多伟大的人物都是经历失恋打击后,发奋追求事业,从而成就了自己人生的辉煌。年轻的居里夫人因失恋有过向尘世告别的念头,但她很快就从失恋的痛苦中崛起,投身于科学事业之中,发现了放射性元素钋(Po)和镭(Ra),荣获诺贝尔奖。因此,把失恋产生的挫折感、压抑感升华为奋斗的动力是十分有益的。

(5)失恋不失理智　　失恋后要做到:不打击报复、不伤害对方、不破坏对方的名誉和人格、不破坏对方的新生活,这是一个大学生应有的态度和人格,也是恋爱的重要原则。因为爱情毁掉自己和他人的生活,是愚蠢的。人生除了爱情,还有很多美好的东西值得你去努力奋斗,在奋斗的过程中就会逐渐抚平失恋带来的创伤,就会重新获得幸福。

微课学习

如何面对失恋

三、培养健康的恋爱心理和行为

(一)树立正确的恋爱观

恋爱观是指人们对待恋爱的根本观点和看法。树立正确的恋爱观要从以下几个方面努力。

1. 提倡志同道合的爱情

在选择恋人时，应该把一些重要的因素放在首位。一定要了解对方是否与你有共同的或比较接近的理想目标，对人生的态度是否一致。人生的道路不可能一帆风顺，如果恋人之间没有共同的理想目标，一遇风浪，就会经不住打击和考验，也就无所谓幸福与永恒的爱情。所以，真正的爱情应该是理想、道德、义务、事业和性爱的结合，偏重某一方面而忽略了其他方面，就容易导致爱情的失败和痛苦。

2. 正确理解和对待爱情

正确理解和对待爱情是树立正确恋爱观的前提。爱情是相互理解和相互信任，是一份责任和奉献。相互理解是为个人和对方营造一种轻松和快乐的氛围，没有人追逐爱情只是为了被约束；相互信任是自信的表现，责任和奉献则意味着个人道德的修养，是获得崇高爱情的基础。

3. 摆正恋爱与学业的关系

高职大学生应该把学业放在首位，摆正恋爱与学业的关系，不能把宝贵的时间都用于谈情说爱而放松学习。因为学业是高职大学生价值感的主要支柱，也是未来事业的基础环节。把恋爱视为生命的唯一而忽视学业和未来所要从事的事业时，即使有了爱情，这种爱情也犹如一株温室的花朵，娇弱美丽却经不起任何的打击。

4. 双方应理智地选择恋爱对象

一方面，恋爱寻求的是在自己心里倾慕已久的人本身，而非其他的一些外在的修饰，因此，恋爱对象的人品、能力、内在修养、知识水平尤为重要；另一方面，抛开一切世俗的东西，从追求真爱出发，拥有共同的理想和志趣，是使爱情之树常青的重要因素。在选择恋爱对象时，一定要在了解对方外在和内在两方面素质的基础上进行理智选择。

5. 正确处理情爱与性爱的关系

树立正确的恋爱观

在恋爱阶段，双方应更多地看重情爱，尽可能地减少性爱成分，并将性爱保持在边缘性性行为层次上。苏联教育家马卡连柯说过："人类的爱情不可能纯粹产生于简单的动物学上的性欲深处，爱情的力量也只能在不是为了性欲的人类爱情的经历中找到。年轻人如果不爱自己的父母、同学和朋友，则永远不会爱自己的未婚妻，也不可能爱自己的妻子，不是为了性欲的爱情的范围越广泛，就越能得到高尚的有性欲的爱情。"

（二）培养健康的恋爱行为

1. 恋爱言谈要文雅，讲究语言美

交谈中要诚恳坦率自然，不要为了显示自己而装腔作势，矫揉造作；不能出言不逊，污言秽语，举止粗鲁；相互了解，不要无休止地盘问对方，使对方自尊心受损，否则只会使之厌恶，伤害感情。

2. 恋爱行为要文明

高职大学生恋爱行为要文明。一般来说，男女双方初次恋爱，在开始时常感到羞涩与紧张，随着交往的增加会逐渐自然与大方。这个时期要注意行为举止的检点。有的人感情冲动，过早地做出亲昵动作。高雅的亲昵动作产生爱情的愉悦感，而粗俗的亲昵动作往往引起情感分离的消极效果，尤其是在大庭广众之下，更有损于爱情的纯洁与尊严，有损于大学生的形象，同时对其他的人也是一种不良的心理刺激。

3.恋爱双方要平等相待

恋爱双方都要尊重对方的人格和自尊，不要以自己本身或家庭某一方面的优越条件去炫耀，以抬高自己，贬低对方；也不要想方设法考验对方，这些都可能伤害对方的自尊心，影响双方的感情发展。

4.善于控制感情，理智行事

恋爱中引起的性冲动，一方面要注意克制和调节，另一方面要注意转移和升华。参加各种文娱活动，与恋人多谈谈学习和工作，把恋爱行为限制在社会规范内，使恋爱沿着健康的道路发展，为以后的婚姻美满奠定好的基础。

任务实施

完成心理测试，快速判断自己的恋爱观是否科学健康；了解自己的情绪状态，觉察自己恋爱常出现的心理和行为困扰。

一、恋爱观测试

恋爱观就是对恋爱问题的看法。它表现为人对恋爱的认知尺度、择偶的标准、恋爱的目的、恋爱的方式及对幸福伴侣的理解等。你可以做一做下面的测验题，看看自己的恋爱观是否科学健康。每题只选一个答案。

1.你认为恋爱作为人生一个极其重要的环节，其最终所达到的目的应当是_____。

A.找到一个情投意合的伴侣　　　　B.成家过日子，抚育儿女

C.满足性饥渴　　　　　　　　　　D.只是觉得新鲜有趣儿，没有明确的想法

2.男女生单独做以下部分。

如果你是个小伙子，你对未来妻子的要求是_____。

A.善于理家做活，利落能干　　　　B.漂亮，有气质

C.人品不错，能体贴帮助自己　　　D.只要爱，其他一切都无所谓

如果你是个姑娘，你在选择丈夫时首先考虑的是_____。

A.潇洒大方，有男子风度

B.有钱有势，能力强

C.为人诚实正直，有进取心，待人和蔼可亲

D.只要他爱我，其他都不考虑

3.你决定和对方确定恋爱关系时，心理根据是_____。

A.彼此各有千秋，但大体相当　　　B.我比对方优越

C.对方比我优越　　　　　　　　　D.没想过

4.最佳恋爱时间是_____。

A.自己已经成熟，懂得了人生的意义和爱情的内涵，并且确定了事业上的主攻方向

B. 随着年龄增长，自有贤妻与佳婿光临，月老不会忘记任何一个人

C. 先下手为强，越早越主动越好

D. 还没想过

5. 你希望自己怎样结识恋人？_____。

  A. 青梅竹马，情深意长   B. 一见钟情，难舍难分

  C. 在工作和学习中逐渐产生恋情   D. 经熟人介绍

6. 你认为推进爱情的良策是_____。

  A. 极力讨好、取悦对方   B. 尽力使自己变得更完美

  C. 百依百顺，言听计从   D. 无计可施

7. 人们通常认为：恋爱是一个相互了解、相互适应和培养感情的过程。既然如此，了解、适应就需要花时间。那么，你希望恋爱的时间是_____。

  A. 越短越好，最好是闪电式   B. 时间依进展而定

  C. 时间要长些   D. 自己无主张，全听对方的

8. 谁都希望完整全面地了解对方，你觉得了解他（她）的最佳途径是_____。

  A. 精心布置特殊场面，对恋人进行考验

  B. 坦诚恳切地交谈，细心观察

  C. 通过朋友打听

  D. 没想过

9. 你十分倾心的恋人，随着时间的推移，暴露出一些缺点和不足，这时你_____。

  A. 采用婉转的方式告诉并帮助对方   B. 因出乎意料而伤脑筋

  C. 嫌弃对方，犹豫不决   D. 不知如何是好

10. 当你已初涉爱河之中，一位条件更好的异性对你表示爱慕时，你会_____。

  A. 说明实情，挚情于恋人   B. 对其冷淡，但维持友谊

  C. 瞒着恋人和其来往   D. 感到茫然无措

11. 当你向倾慕已久的异性发出爱的信息时，忽然发现她（他）另有所爱，你怎么办？_____。

  A. 静观其变，进退自如   B. 参与角逐，继续穷追

  C. 抽身止步，成人之美   D. 不知道

12. 恋爱进程很少会一帆风顺，而你对恋爱中出现的矛盾、波折怎么看呢？_____。

  A. 既然已经出现，也是件好事，双方正好乘此机会考验和了解对方

  B. 感到伤心难过，认为这是不幸

  C. 疑虑顿生，就此提出分手

  D. 束手无策

13. 由于性情不合或其他原因，你们的恋爱搁浅了，对方提出分手。这时你_____。

  A. 千方百计缠着对方   B. 到处诋毁对方名誉

  C. 说声再见，各奔前程   D. 不知所措

14. 当你十分信赖的恋人背信弃义，喜新厌旧，甩掉你以后，你怎么办？_____。

  A. 全当自己爱错了人   B. 你不仁，我不义

C. 吸取教训，重新开始　　　　　D. 痛苦并难以自拔

15. 你爱情坎坷，多次恋爱均告失败。随着年龄增长，你会_____。

A. 一如从前，宁缺毋滥　　　　　B. 随便凑合

C. 检查一下择偶标准是否实际　　D. 叹息命运不佳，从此绝望

对照表 6-1，计算分数。

表 6-1　分数统计表

题号	A	B	C	D
1	3	2	1	1
2	2	1	3	1
3	3	2	1	0
4	3	2	1	0
5	2	1	3	1
6	1	3	2	0
7	1	3	2	0
8	1	3	2	0
9	3	2	1	0
10	3	2	1	0
11	2	1	3	0
12	2	2	1	0
13	2	1	3	0
14	2	1	3	0
15	2	1	3	0
分数				

分数解释

35～45 分：恋爱观科学正确。你是一个成熟的青年，你懂得爱什么和为什么爱，这是你进入情场的最佳入场券。不要怕挫折和失败，它们是考验你的纸老虎，终将在你的高尚和热忱面前逃遁。尽管大胆地走向你梦中的恋人吧，你注定美满幸福。

25～34 分：恋爱观尚可。你向往真挚而美好的爱情，然而屡屡失误，一时难以如愿。你不妨多看看成功的朋友，将恋爱作为圣洁无比的追求，不断校正爱情之舟的航线，这样你与幸福就相距不远了。

15～24 分：恋爱观需要端正。与那些情场上的佼佼者相比，你的恋爱观存在一些问题，甚至有不健康之处。它们使你辛勤播撒的爱情种子难以萌发，更难结出甜蜜的果实。如果你已经贸然地进入恋爱，劝你及早退出。

3～14 分：恋爱观还未形成。你或许年龄太小，不谙世事；或许虽已长大，却天真幼稚。爱情对于你而言是一个迷惘可怖的世界，你须谨防圈套。建议你读几本恋爱指导书籍，稍成熟些再涉爱河也不迟。

二、单相思自测量表

你是否有"单相思"呢?请自测一下。在表 6-2 中,选"是"划"√",选"否"划"×",选"不确定"划"○"。

表 6-2　单相思自测量表

心理或行为表现	选择		
	是	不确定	否
1. 我十分崇拜某些偶像明星			
2. 最近我感到十分空虚			
3. 我常心烦意乱,什么事也做不下去			
4. 我常常在梦里与某个人谈情说爱			
5. 我是那么喜欢她(他),可对方却没什么反应			
6. 最近我在学习(工作)时总是不能集中注意力			
7. 平时喜欢的活动,现在提不起兴趣			
8. 我常看描写情感方面的小说或电视连续剧			
9. 我常写日记来倾诉心事			
10. 我总是盼望她(他)能出现在我面前			
11. 我希望她(他)能向我表达爱意			
12. 她(他)好像总是故意躲着我			
13. 我相信心有灵犀一点通			
14. 我最近饮食状况不太好			
15. 我喜欢打听有关她(他)的一切信息			
16. 她(他)好像喜欢我			
17. 听说她(他)已经有恋人了			
18. 爱一个人不需要说出口			
19. 我的桌上一直放着她(他)的照片			
20. 我常换新衣服和新发型,想引起她(他)的注意			
21. 昨天她(他)从我身边走过,态度不怎么热情			
22. 她(他)一和我说话,我就有点儿紧张			
23. 她(他)好像只把我当普通朋友			
24. 看见她(他)和别的异性一起说笑,心里就不是滋味			
25. 多么希望她(他)能约我出去玩			
分数			

评分标准：选择"是"记 2 分，选择"不确定"记 1 分，选择"否"记 0 分。各题得分相加，统计总分。

分数解释：

1～16 分：说明你已经喜欢上对方了。建议找个方法试探一下对方是否也喜欢你。

17～33 分：说明你已经爱上对方了，但对方好像没有给你同等的感情回报，使得你比较痛苦，也影响到你的生活和学习。

34～50 分：说明你已经深深爱上了对方，但对方好像只把你当成一般朋友。你不妨鼓起勇气去问问她（他），并做好准备承受被拒绝的痛苦。

任务 3　认识性

📖 任务要求

通过完成本任务，学生能够科学地认识性，摆脱性困扰，运用理性有效的方法调整自己的性行为，构建和谐自我。

📘 知识链接

一、性心理及其特征

（一）性与性心理

1. 性

性是一个非常广泛的概念，广义的性是指人分为男女两种性别，以及男女之间的关系、联系和发展规律等。只要是人，就有性的归属、性的差异和性的活动。性可以反映出人的各种生理和心理现象。从生物学角度来看，性是人的本能之一，是整个人类得以生存和繁衍的基础。从社会学角度来看，人类的性不仅是生命实体的存在状态，同时也被赋予了精神和文化的内涵。

2. 性心理

性心理是指个体与性征、性欲、性行为有关的心理状况和心理过程，包括异性交往、恋爱、婚姻等与异性有关的心理问题。性心理是人的生物性与社会性的统一。生物性是指男女在生理结构上的差异和人生来就有的性的欲望和本能。它是人类生存和繁衍后代的必要基础条件。性心理的本质是社会性，如人的择偶标准、恋爱、性行为等都体现出个体性的社会需求。因此，个体性心理既要受到生物规律的支配，也要受到人类社会文化发展条件和各种社会需要的制约，是两者密不可分的有机统一体。

（二）性心理的特征

1. 性心理的本能性和认识上的朦胧性

大学生对异性产生兴趣、好感和爱慕，希望接近异性，但对异性的认识总体上还处于朦胧状态。原因有两种：一是进入大学之前，绝大部分学生把更多的注意力集中在学习和考试方面，没有余力顾及自己由性生理发展而带来性心理的变化；二是有一部分高职大学生在入学前长期生活在一个相对偏僻、闭锁、落后的环境中，即使对自己性心理上的变化产生兴趣，也由于现实种种条件的限制，无法获得这方面更多的知识和信息，所以多数大学生实际上对性的了解很少，神秘感便油然产生了。

2. 性意识的强烈性和表现上的文饰性

随着高职大学生性生理和性心理的逐步成熟，他们非常渴望与异性在一起学习、工作和活动，重视自己在异性心目中的地位，关注他们对自己的评价和印象，但在表面上时常装得无动于衷、不屑一顾，或故作回避的姿态。一些大学生很想了解有关性方面的知识，想和某个异性建立恋爱关系，但行为上往往表现出漠不关心，甚至麻木不仁的状态。这种内隐性意识的强烈性与外显行为的文饰性形成一对矛盾，容易导致大学生产生种种苦恼和心理冲突。如果长期达不到协调一致，有可能造成心理障碍或心理疾病。

3. 性心理的动荡性和压抑性

高校中有相当一部分大学生的心理还没有完全发展成熟，尚未形成稳定、正确的性道德观和恋爱观，自我控制能力比较弱。多数高职大学生处于性能量高峰期，具有很强的性欲望和性冲动，但由于受到性道德、社会规范以及生存环境的约束，必须压抑自己强烈的性需求。在性压抑感的驱使下，少数学生没有找到合理的疏导和升华途径，于是就以一种扭曲的形式表现出来，如浏览黄色网站、黄色书籍、卧谈异性风情，出现窥视癖、恋物癖、异装癖等心理障碍。

4. 男女性心理的差异性

高职大学生的性心理因性别不同而呈现出明显的差异。其主要表现在：

1）女生性意识的觉醒较男生早，而男生获得某些性感的体验在年龄上通常比女生早。

2）在表露情感上，女生往往采取暗示的方式，较深沉、含蓄，男生则一般较主动、外显和热烈。

3）在情感体验上，女生常常慌乱、害羞和不知所措，男生会感到新奇、喜悦和神秘。

4）在性驱力方面，女生和男生也有一定的区别。性驱力是性的驱动力，它是青春期发育普遍的生理结果，它的表现形式往往受到性别、心理和文化等因素的影响。一般男生的性驱力增长非常迅速，且难以压抑，需要找到一个符合自身和社会规范的途径，予以解脱。女生的性驱力则较散漫和朦胧，容易控制，或转移成其他形式表现出来，如读书、运动、听音乐等。

（三）高职大学生常见的性困扰

1. 性生理困扰

高职大学生性生理的困扰主要表现在如下两个方面。

（1）性体像的困扰　男女大学生在进入青春期后，体像一般都会发生比较大的变化。这一时期的男生富有磁性，容易吸引女性；女生魅力四射，让男性觉得既可爱又美丽。但也有极少数学生在第二性征出现后，体像不如人意，又无法改变。这时就会产生焦虑、烦恼、失望。对于第二性征不理想的大学生要努力修炼内功，从个人知识、能力、气质、风度和才华等方面，提升自己的内在美，来弥补自己的不足。

（2）遗精或月经的困扰　男生对遗精的忧虑和女生对月经的不适，也是大学生生理困扰的重要问题。所谓遗精是指大学生在无性交状况下而射精的现象。这是男子成熟的、正常的、必然的生理现象。但受传统性观念的误导，一些大学生认为射精会伤男性的元气，减弱其阳刚之气。为此，少数男生在每次遗精之后就非常焦虑、惊惶失措，以至于影响正常的学习、生活和工作。实际上，人体用于制造精液的营养物质很少，遗精不会对自己的身体健康造成不利影响。

2. 性心理困惑

高职大学生的性心理困惑是由于其成长经历和校园环境而表现出独特的现象，主要包括如下方面。

（1）性幻想和性梦的困惑　性幻想和性梦是青年大学生性心理较为普遍的现象。性幻想是指个体在清醒或半清醒的状态下，当遇到特定的性刺激物时，自编、自导、自演的与性行为有关的心理活动过程。性幻想能使人性兴奋，有时也能达到性高潮，可以适度缓解个体的性紧张状态。但这种幻想毕竟是自欺欺人的白日梦，令人感到荒唐、羞愧，甚至自责。性幻想可谓性的白日梦，而性梦则是人在睡眠或昏迷的状态下，由一定的梦境所诱发的性兴奋或性高潮，期间有可能出现遗精现象。性梦的梦境往往与白天现实生活有或多或少的联系，但总体上是模糊的。

大学生通过梦的形式可以把白天由于性道德和社会规范所压抑的性欲释放出来，有利于恢复性心理平衡。一些大学生由于对性梦和梦遗知识的不了解，醒来后往往为梦中的经历和遗精而感到焦虑、自责和后悔。

（2）自慰的困惑　所谓自慰是指个体在性心理和性生理冲突的情况下，利用手或其他工具来刺激自己生殖器而获得性快感、性满足，释放性欲的行为。青年中（尤其是未婚青年）自慰现象比较普遍。传统性观念认为，自慰是邪恶的、不道德的、伤身体的，甚至有罪的。在这种观念的影响下，一些大学生在每次自慰后都会产生自责、后悔的心理，但有时自慰是情不自禁或身不由己，因而这种心理困惑也会经常发生，如果不能合理调适，有可能形成心理障碍。

（3）与异性交往的困惑　高职大学生与异性交往一般要经历这样一个过程：对异性感兴趣→渴望与异性交往→恋爱→结婚。但高职大学生在与异性交往过程中经常遇到进退两难的尴尬境况，即一方面非常想走近异性，主动地与意中人发展友谊和恋情，展示自己的智慧和才华；另一方面又缺乏与异性交往的技巧和方法，拥有青春期相对闭锁的心理，加之受到"男女授受不亲"传统性观念的影响，许多大学生不愿或不敢与异性交往，形成对异性的疏远。即使鼓足勇气与异性交往，通常也显得局促不安，言行举止很不自然。

（4）性别认同的困惑　性心理健康的重要标准之一就是对自己的性别认同。性别认同就是对自己性别的识别和确认。有调查结果表明，大学生喜欢自己性别的占76.5%，不喜欢的占8.8%，无所谓的占14.7%。可见，大学生中有一定数量的人对自己的性别不满意，甚至还有极少数学生存在同性恋现象。这种对自己性别不认同的大学生往往有自轻、自贱、自卑的心理，也很难适应社会生活环境。

（5）性骚扰的困惑　性骚扰问题主要有：故意碰擦异性身体的性感部位、故意谈论色情的话题、用色眯眯的眼光盯着异性、打骚扰电话、强奸等。一些大学生在遇到性骚扰时，由于缺乏应对的有效方法和经验，往往不知所措。一些大学生在受到性骚扰时，不是积极地反抗、自卫，而是自责或消极逃避。性骚扰会使人感到慌张、恐惧，严重的会让人极度压抑、冷漠或精神衰退。

3.性行为失当

当代高职大学生性行为失当主要表现为如下两个方面。

（1）边缘性行为　在大学校园，我们经常会看到一对对大学生情侣在或明或暗的地方，拥抱、热吻、抚摸或嬉戏，这种相依相偎、卿卿我我的行为就是边缘性行为。这种边缘性行为的失当主要表现有三点：一是有些大学生不分时间和场合，肆意做出亲昵行为，有失社会风尚；二是一些大学生行为举止粗俗无礼；三是以身体的接触代替心理的亲密。大学生在边缘性行为发生后，通常感到不安、烦恼或自责。另外，这种过多的亲昵行为会使人产生强烈的性冲动，容易导致性行为的发生。所以大学生要学会调控自己的性冲动，使之得到合理转移和释放。

（2）婚前性行为　大学生婚前性行为比较普遍已经成为一个不争的事实。不少大学生对婚前性行为持宽容或默认的态度，充分说明他们对它的后果危害性认识不够。

婚前性行为是指没有配偶的男女双方在恋爱时期发生的性交行为。婚前性行为不受法律保护，不存在夫妻间应有的义务和责任。高校学生婚前性行为的原因：

1）热恋心理。两人由初恋进入热恋，感情如胶似漆，难舍难分，海誓山盟，性行为也易随之而来。

2）好奇心理。进入青春发育期的男女，随着体内性激素水平的增高，在身体发生一系列变化的同时，对性也产生了好奇感和神秘感，于是抱着好奇的尝试心理而发生性行为。

3）迎合心理。一方提出，另一方出于爱或其他原因而迎合。

4）顺从心理。这是女生的心理。当男友提出性要求时，从她们内心来讲并不想这样做，但又抵挡不住，于是与男友发生性行为。

5）占有心理。怕失去对方而发生性行为。

二、培养健康的性心理

（一）掌握科学的性知识

性是一门综合性的科学，大学生应该对性有一个科学的认识。它包括性生理学、性心理学、性伦理学、性美学等。通过学习性生理学，了解人体的性生理结构及功能，懂得性发展和性成熟的规律，从而减少性的神秘感，降低性压抑，缓解性冲动；通过对性心理发展规律的认知，了解性行为的社会属性，按社会需要规范性行为，用理智克服冲动。所以，大学生应该努力学习和掌握科学的性知识，避免性无知、性愚昧给自己带来的负面影响，消除仅仅把性看作是生物本能的片面认识。

（二）培养健康的人格

1. 要自尊自爱

不要把性关系作为留住对方的手段，应该认识到自己是值得被对方喜欢和爱护的，也不要以性作为衡量自己魅力的标尺，应该认识到真正的魅力来自于内在的实力与内涵。

2. 要对性行为负责

性的问题不仅包括生物性，还包括社会性和伦理性。所以，性行为涉及很多的社会责任。大学生在性问题上应建立负责任的性态度，严肃对待自己的性行为，不要对他人和自己造成伤害，在性行为上不要出卖自己的肉体和感情，要增强自己的性道德和性法律意识，用道德和法律规范自己的性行为。

3. 培养良好的意志品质

随着性成熟而出现性欲望、性冲动，需要通过合理的方式来满足。性冲动引起的心理冲突，并不是大学生主观上的过错，而是性生理发展的必然结果。大学生控制性冲动能力的大小，在一定意义上是由个人意志品质决定的。人与动物的性欲满足有着本质的区别，人的意志力可以抑制和调节自我的冲动。文明社会中，人性欲的满足要以配偶的互爱为前提，以对社会、他人具有高度责任感和义务为前提。因此，高职大学生为了自己将来的幸福人生，应当努力培养自己良好的意志品质。

（三）培养正常的异性交往

高职大学生文明适度地进行异性交往，可以满足青年期的性心理需求，缓解性压力和性冲动。异性交往有益于扩大信息、完善自我，对个人的恋爱、婚姻及成才、发展具有重要的作用。在与自己喜欢的异性交往时，首先，要尊重对方的人格与性别，尊重对方的感情，不能把自己的感情强加给对方。其次，要维护自身的良好形象，男同学要举止文明，女同学要稳重大方，千万不要轻浮和矫揉造作。最后，与异性交往的方式要适度，能够让大家都接受和认可。

（四）积极进行自我调节

高职大学生对于性冲动，除了适度控制外，还可以采取一些积极的、富有建设性的、符合社会规范的方式来代替或转移。比如，通过学习、工作、旅游和参加一些文体活动，陶冶自己的情操。要尽量避免看一些黄色不健康的影视、报刊等。

（五）寻求性心理咨询

在心理咨询中，性不再是一个难以启齿的问题。同学们可以尽情地宣泄心中的郁闷。心理咨询师会运用专业的性心理知识和技巧，给当事人启发、指导和帮助，使当事人免受性意识和性行为方面的困扰，改变不当的性行为方式，提高性适应能力，增进当事人的身心健康。所以，当大学生遇到性心理方面的问题时，可以寻求正规的心理咨询或心理治疗，以获得理解、支持和帮助，更好地培养和维护自己健康的性心理。

三、远离艾滋病

（一）什么是艾滋病

艾滋病的全称为获得性免疫缺陷综合征（AIDS）。这种病是由一种名为人类免疫缺陷病毒又称为艾滋病毒的致病微生物所导致的性传播疾病。这种病主要损害人体免疫系统，破坏人体的抵抗力。当人体感染艾滋病病毒后，防御系统将会受到破坏，防御功能减退，病原体及微生物得以乘机经破损伤口长驱直入。身体内不正常细胞迅速发展成各类癌瘤，人在极端痛苦中死亡。

（二）艾滋病的危害

艾滋病严重地摧残着人们的身体，吞噬着人们的生命，给人类的发展带来了巨大的灾难。艾滋病的危害在于它的潜伏期长，可以由两年到十几年，根据个人的体质、生活状况、经济水平、卫生保健条件等因素有所波动。当感染者的免疫功能被破坏到一定程度后，身体抵抗不住艾滋病毒的进攻，其他病菌就会乘虚而入，使人发生多种疾病。如严重的腹泻、持续的低热、体重下降、肺炎或者某些癌症，还有些病人会有痴呆等症状。这时，感染者就成为艾滋病人了。

艾滋病不仅本人遭受疾病的折磨，而且还会通过妇女的怀孕，把病毒传给无辜的婴儿。同时，通过母乳喂养，被艾滋病毒感染的母亲会把病毒传给婴儿。目前，艾滋病的治疗药物都不具有长期的疗效，更不能治愈，病人最终将死于多发感染和恶性肿瘤造成的衰竭。

（三）艾滋病的传播

艾滋病病毒主要存在于感染者的体液中，包括血液、精液、阴道分泌物和乳汁，在唾液中也有少量的病毒。

艾滋病的传播途径有三种：性传播、血液传播、母婴传播。

在正常的情况下，我们的皮肤和黏膜是天然的屏障，但是这个屏障有时也会破损。生活经验告诉我们，破损的皮肤和黏膜很容易发生感染，特别是与他人的血液接触的时候。一个艾滋病毒的感染者，接触到另一个人身体的破损处，病毒就会进入被感染者的体内。与艾滋病人及艾滋病毒感染者的日常生活和工作接触不会感染艾滋病，如握手、拥抱、用餐、共用工具、办公用具、马桶、电话机、卧具、游泳池、公共浴池等都不会传播艾滋病。无口腔溃疡的接吻也是安全的。

（四）艾滋病的预防

艾滋病正在全球疯狂地肆虐。据统计，艾滋病的感染者正以每年16000个感染者的速度增长，而且青少年男性占了大多数。艾滋病威胁着每一个人和每一个家庭，预防艾滋病是全社会的责任。

首先，对于艾滋病毒感染者和艾滋病人，我们应该采取接纳、关爱的态度，而不应戴着有色眼镜歧视他们。日常生活中的行为不会传播艾滋病，所以，在生活和工作中我们要多关心、帮助他们，让他们坚强地面对人生。

其次，切断艾滋病的传播途径是预防艾滋病的关键。艾滋病的感染和个人的行为习惯密不可分，如性交、吸毒、卖血等都是个人的行为。因此，健康教育和提高自我保护意识是预防艾滋病最有效的措施。

再次，大学生们要洁身自好。倡导纯洁的性，减少婚前性行为和婚外性行为，这不仅可以有效地预防艾滋病的传播，还可以使人们享受到真正的性爱。普及宣传艾滋病的预防知识，能使大学生建立正确对待性传播疾病的态度，防止对艾滋病人产生恐惧和歧视心理。大学生应当积极参与艾滋病的宣传教育活动中。

任务实施

完成以下任务，培养健康的性心理，避免性冲动，选择科学的爱情表达方式；对自己的性行为负责，学会保护自己。

一、受伤的玫瑰花

1）事先根据同学们的人数准备一枝有相应数量花瓣的玫瑰花，全体同学围坐成一圈，把玫瑰花交给其中一位同学。

2）让玫瑰花在我们手中顺时针依次传递，每位经手的同学都要说出一项不当性行为所带来的危害，同时剥掉一片花瓣，直到花瓣被剥尽为止。

3）分享彼此的感受。

结论：我们对自己和他人的性行为负责，学会保护自己。

二、认识艾滋病

认识艾滋病，填写表6-3，提高自我保护意识。

表6-3　认识艾滋病

定义	
危害	
传播途径	
预防	

大学生心理健康教育

• 项目总结 •

本项目主要围绕学会爱、测试恋爱观、认识性三个层面由浅入深开展任务实施,学生通过完成任务提升对爱的觉察力、识别力;根据标准判断自己的恋爱观是否科学;能够觉察自身常出现的性生理和性心理困扰,通过培养健康的性心理,为今后的恋爱和婚姻幸福奠定基础。

• 项目实训 •

学会爱,认识性

请同学们根据本"项目导入"中的案例,结合所学知识,完成项目实训。

具体要求:

1)6~8人为一个小组。

2)以小组成员内部自荐(推荐)的方式,选取小组组长,由组长带领组员实施项目实训。

3)以小组合作的形式完成项目实训,并填写表6-4。

4)组长负责填写表6-5,教师根据项目实训完成情况给出评价。

5)在项目实训完成后,每位同学从情感、知识、技能、方法四方面完成该项目的总结,填写表6-6。

表6-4 项目实训单

负责人		组别		完成日期	
项目	学会爱,认识性					
学会爱,认识性	成长经验			具体步骤		
	1. 如何识别爱?					
	2. 如何学会爱?					
	3. 如何表达爱?					
检查人(签字)			检查评语:		

表 6-5　检查评价单

检查目的	监控小组的项目完成情况				
评价方式	小组自评（满分 40 分），组间互评（满分 30 分），教师评价（满分 30 分）				
序号	检查项目	检查标准	小组自评	组间互评	教师评价
1	分工情况	安排是否合理、全面，分工是否明确			
2	学习态度	小组工作是否积极主动、全员参与			
3	纪律出勤	是否按时完成项目，遵守工作纪律			
4	团队合作	是否相互协作、互相帮助，是否听从指挥			
5	创新意识	看问题是否具有独到见解和创新思维			
6	完成质量	项目实训单是否记录完整			
检查评价	班级			第　　组	
	评语： 检查人员签名：				

表 6-6　项目总结单

项目	学会爱，认识性			
班级		第　　组	成员姓名	
情感	通过对项目的完成，你认为自己在社会主义核心价值观、恋爱观、职业素养、学习和工作态度等方面有哪些需要提高的部分？			
知识	通过对项目的完成，你掌握了哪些知识点？请画出思维导图。			
技能	在完成项目的过程中，你主要掌握了哪些技能？			
方法	在完成项目的过程中，你主要掌握了哪些分析和解决问题的方法？			

• 推荐资源 •

1. 推荐书籍

《霍乱时期的爱情》(加西亚·马尔克斯著，南海出版公司)

推荐理由：本书讲述了一段跨越半个多世纪的爱情史诗，穷尽了所有爱情的可能性：忠贞的、隐秘的、粗暴的、羞怯的、柏拉图式的、放荡的、转瞬即逝的、生死相依的……再现了时光的无情流逝，被誉为"人类有史以来最伟大的爱情小说"，是20世纪最重要的经典文学巨著之一。

2. 推荐电影

（1）《怦然心动》（导演：罗伯·莱纳，主演：玛德琳·卡罗尔、卡兰·麦克奥利菲、艾丹·奎因）

推荐理由：影片根据文德琳·范·德拉安南的同名原著小说改编，一个很简单的爱情故事，讲述了青春期女孩在感情上的变化和成长。在父母的正确引导下，小女孩明白了爱的真谛。

（2）《西西里的美丽传说》（导演：朱塞佩·托纳多雷，主演：莫尼卡·贝鲁奇、圭塞佩·苏尔法罗）

推荐理由：影片以少年雷纳多的视角，讲述了二战时期的意大利西西里岛上的美丽少妇玛琳娜的故事。

项目 7　学会学习，助己成长

📋 项目导入

小熙高中时学习成绩很好，但上了大学以后，学习成绩却一路下滑。为此，她痛苦不已，逐渐失去了对学习的兴趣。每当考试时，她就会感到紧张、恐惧，小熙无法面对压力觉得很难适应大学生活。小熙要如何提高学习效率、应对压力和挫折、实现自我成长？

本项目通过认识学习、掌握学习、认识压力与挫折、应对压力与挫折4个任务，使学生觉察、识别学习的困扰，掌握提高学习效率的方法和创新能力的途径，了解压力，认识挫折，学会有效应对压力与挫折，不断在学习中解决困难，寻求进步，从而达成自我成长的目标。

📝 学习目标

（1）能够根据学习的定义、特点、属性等，觉察、识别学习困扰。
（2）能够激发学习动机，培养良好的学习习惯，掌握提高学习效率的方法。
（3）能够开发创新能力的思维，提高创新能力。
（4）能够根据压力、挫折的定义和特点，觉察二者的关系，提高心理弹性。
（5）能够根据压力与挫折的发展规律，有效应对压力与挫折。

项目实施

任务 1　认识学习

📖 任务要求

通过完成本任务，学生能够掌握学习的定义和相关理论，识别学习困扰，以及影响学习的因素，从而加深对学习的认识，为掌握高效学习打下基础。

📚 知识链接

在本"项目导入"中，高中成绩优秀的小熙，为什么到了大学后学习成绩严重下滑？仔细分析就会发现造成这种情况的原因是多方面的。学习是需要调动各种智力和非智力因素积极参与的复杂的脑力活动。良好的学习心理是参与和完成这种活动的重要保障。研究学习理论对于高职大学生更好地把握学习规律，提高学习质量和效率具有重要意义。

一、学习的概述

1. 学习的定义

中国古代思想家认为"学"与"习"含义不同。《尚书大传》解释："学，效也。近而愈明者学也。""学"是认知模仿的过程，是通过观察模仿将外界知识内化的心路历程。《论语》中，孔子曰："学而时习之，不亦说乎！""习"字的解释是反复练习。可见学习是从实践中获得知识，并在实践中巩固和运用知识。也就是人们常说的理论联系实际。

西方关于学习理论的研究流派众多，一般认为学习是人和动物由于经验引起的能力、行为或心理倾向持久变化的过程。

从本"项目导入"中小熙的学习经历，我们发现，小熙开始把学习当成阶段性的任务，没有意识到学习是一种伴随生物体终身的现象。广义上的学习是指人和动物根据经验产生的倾向上的相对持久的变化。但人类的学习与其他动物的学习有着本质的不同，人类学习更具有主观能动性，通过不断学习来认识自我，认识社会，认识大自然，同时又能利用学习的知识和经验更好地改造我们的主客观世界。狭义的学习专指学生的学习，既包括在学校系统地学习自然界和人类社会等各方面知识，也包括学生的社会实践学习。

2.高职大学生的学习特点

我们进一步分析小熙进入大学后成绩下滑的原因，会看到她不适应大学的学习方式。高职大学生的学习有哪些特点呢？对比其他层次学生的学习特点，高职大学生有着鲜明的特殊性，概括为如下五点。

（1）专业性　与高中阶段不同，高职院校按专业设置课程体系，同时强调实习实训。这就要求高职大学生既要处理好基础课程和专业课程的关系，又要统筹兼顾理论学习与实践锻炼的关系。高职大学生在努力深入钻研专业知识的同时还应该注重实践训练，在掌握教师讲授知识的基础上，多参加社会活动，留意专业前沿技术的进展，跟上时代发展的脚步。

（2）自主性　高职大学生身体与智能发育逐渐成熟，已经具备了自主学习的能力。开放的大学校园、相对自主的修课模式、自由的学习氛围也使自主学习成为主流。高职大学生的专业课程与实践结合紧密，相关知识更新速度快，专业教师教学主要是以引导思考、指导实践为主，这些都要求学生们提高学习的主观能动性，独立思考，自主学习。

（3）多样性　高职大学生学习的多样性有两层含义，即学习方式的多样性和学习评价标准的多样性。高职大学生获取知识不仅仅来源于课堂上，还有更多的学习方式。学生们课下可以到图书馆阅读和查找资料，可以利用网络查询专业发展动态，可以利用实验器材检验理论知识，还可以参加社会实践来增加阅历等。

高职大学生的学习成绩不是唯一的学习评价标准。学生的逻辑思维能力、语言表达能力、人际沟通能力、创新能力、抗压能力以及利用知识指导实践的能力等，都是决定其是否成功的重要指标。

（4）探索性　人类的求知欲来自于有别于其他动物的强大好奇心。我们利用所学知识不断探索真理，寻求真相。高职大学生学习的探索性更明显。学生们在教师的指导下不断在实践中验证所学知识，在实践中激发创新意识，甚至产生新的发明创造。这会进一步增强学生探索未知领域的信心和勇气。

（5）实践性　高职教学的鲜明特色就是理论知识与实践技能的高度统一。学生不但要掌握扎实的理论基础知识，还要有较强的实践操作能力。用所学知识指导实践，在实践中验证知识，这种辩证的知行统一的学习方式能锻炼出有用于社会发展、实操能力强的专业技能型人才。

3.学习的属性

俄国科学家洛蒙诺索夫是渔民的儿子，来到城市求学，得到一位神父的帮助。在那个时代渔民的儿子是不能上贵族学校的。神父隐瞒洛蒙诺索夫的身份，保举他上了学。他刻苦学习，成绩全校第一。但这时候他的身份也暴露了，洛蒙诺索夫将被发配到边远地区服苦役。宣布惩罚结果后，官员让他说话，洛蒙诺索夫说："我的家乡是一个艰苦的地方，我是一个渔民的儿子，有勤劳的双手，艰苦的生活对我并不可怕。从记事起，我就习惯在冰天雪地上听着暴风的吼叫读书，我并不害怕那恶劣的天气。现在我怕的并不是那艰苦的生活，而是不能再学习和认识自己迫切想要了解的世界。对我来说，如果不再学习的话，还不如让我死去。"洛蒙诺索夫这番话感动了科学院的代表，最后破格录取了他。而洛蒙诺索夫也不负众望，努力学习，积极探索，最终成为伟大的科学家。

洛蒙诺索夫的故事告诉我们，学习的属性是人类的本能欲望，渴望了解和探索未知领域，迫切想要探求事实真相，执着地通过学习获取精神食粮，这正是人类社会发展的原动力。所以高尔基说："我扑在书籍上，就像饥饿的人扑在面包上。"清代诗人萧抡谓的诗中也提到"一日不读书，胸臆无佳想。一月不读书，耳目失清爽。"

二、大学生容易产生的学习困扰

我们幼年时拉住父母的衣袖问东问西，不得答案不罢休；少年时刻苦学习，废寝忘食；成年后也常常思考人生，探索未知，这些难道不足以证明我们是喜欢学习的吗？然而现实的学习过程确实面临很多困难，面对困难，有的人就会产生怀疑和无助等负面情绪。尤其是高职大学生在学习就业等方面压力较大，学习上的困扰也很多。针对高职大学生学习特点，我们具体探讨一下大学生容易产生的学习困扰。

1. 学习目标不清晰

本"项目导论"中的小熙在初入大学后一度失去了学习的目标，学习没有了动力，这和高中时期完全不一样。高中生的学习目标非常明确，就是要刻苦学习以期达到优秀的成绩，最终考上心仪的大学。进入大学后有些学生却出现松懈怠惰的行为，学习动力不足，这是什么原因造成的呢？

（1）学习目标不清晰的表现　大学生们都有美好的愿望，面对学习也有学习目标。但部分大学生的学习目标不够清晰，或容易受外界影响而发生动摇。具体表现如下。

1）埋头苦读，只求好成绩。这部分学生学习刻苦，成绩优秀，也很受师长的喜欢。可实际上他们对于专业缺少思考，对于确定什么样的学习目标也容易产生迷茫。所以将学习目标简单化，以考试取得好成绩为最大追求。这样很难进一步提升自己，也难以适应社会需要，容易出现毕业即失业的局面。

2）只求及格，不求学业精进。一些学生高扬"60分万岁"的旗帜，自认为成绩及格就行，学习上属于"差不多先生"。而这种"差不多"态度折射的是不认真，得过且过的心态。学习上"差不多"，生活上也"差不多"，会导致学无所成，同样不能适应社会发展需要。

3）忙于社团或社会工作，忽略专业学习。只顾社团或社会工作，忽略专业学习的"校园之星"，表面光鲜，实际上他们的学习目标却偏离了正确方向。积极参加学校或社会的各项工作确实能够锻炼个人的工作能力，为将来走向社会积累经验。但一个有真才实学的专业人才，才能为社会发展贡献更大的力量。

4）盲目考证，忽视基础。当代大学生面临的就业压力较大，为了毕业后找到更好的工作一部分学生便将注意力集中到了考取各种职业资格证书上。这种做法实际上是将学习目标功利化。盲目考证，忽视基础是成不了专业人才的。最后往往是徒有其表，没有真本事，这同样经不起社会的考验。

5）一味玩耍，荒废时光。"业精于勤，荒于嬉。"一些大学生缺乏学习目标，沉迷于游戏、玩乐，忽视自己的学习责任。这部分学生中有些人并非没有压力，只是贪图享乐，习惯以此麻醉自己，自暴自弃。他们的大学时光就这样伴随着内心的焦虑和冲突而流逝了。古人云："生于忧患，死于安乐！"一味玩耍，最终难以取得良好的学习成绩。

（2）学习目标不清晰的原因

1）学习适应力下降。进入大学后，学习方式的变化使部分学生一时无法适应。他们错误地认为上大学很轻松，似乎从过去苦读书的日子中解脱了，进而懒惰懈怠，学习兴趣降低，学习适应力下降甚至出现厌学情绪，最后荒废了大学的美好时光。

2）学习目标选择困难。俄国著名作家车尔尼雪夫斯基说："没有目标，哪来的劲头？"大学生特别是高职大学生既要学习理论知识，又要掌握实操技能。目标是深入研究学业，还是快速掌握一般技能尽快就业，这使部分学生产生了迷茫。最终不知所措，纠结始终。学习上卸了劲头，丧失了斗志。

3）学习方法不正确。进入大学后，部分学生没有及时调整学习方式，依然采用高中阶段的学习方法，机械做题，重复背诵。对所学知识没有整体认识，不能深入思考，消化吸收，导致考试成绩不理想，难以适应开放试题的解析。有些高职大学生还存在不重视实践、动手能力弱等问题。由于学习成绩差，一些学生逐渐产生了自卑心理，认为所学无用，觉得前途渺茫。

4）学习意志不坚决。"只要功夫深，铁杵磨成针！"学习成绩是靠努力坚持才能获得的。只有主观上怀有强烈的不舍不弃、坚持到底的学习意志，才能有勇气迎头面对困难，进而通过努力钻研、奋发图强、锲而不舍，取得成功。如果缺乏学习意志，就常常会虎头蛇尾，半途而废，最后功败垂成。

5）兴趣与专业的矛盾。很多大学生都会遇到所学专业与个人兴趣不同的矛盾。一部分是由于成绩不理想，没能考入自己喜欢的专业。另一部分是入学时对所学专业不了解，无法判定是否喜欢，经过一段时间学习后发现自己并不喜欢这个专业。如果不能正确看待这个问题，就会产生负面消极的情绪，甚至产生抵触学习的行为。

心理故事

毛泽东读书的故事

毛泽东不仅是伟人，而且是奇人。就读书而言，很难有人与他相比拟，据党史专家不完全统计，毛泽东一生读书在9万册以上。毛泽东读书故事甚多，许多感人情节多少年来依然刻印在人民的脑海里。青年时代的毛泽东在长沙读书时，是湖南图书馆的常客，每天早上五点钟第一个到图书馆，天天、月月如此，遇到刮风下雨、大雪纷飞也不例外。长征时，生活异常艰苦，他却带着一箱书随行。他病了骑在马上，稍清醒就在马背上读书，列宁的《国家与革命》就是在马背上读完的。他的床铺上、饭桌上、厕所里都放着书，随时可以拿来阅读。他出差也带不少需要读的书，火车上颠簸，他就一手扶着桌子，一手拿放大镜读书。更为感人的是，毛泽东在临终前仍然在读书。毛泽东于1976年9月9日凌晨逝世，9月8日还在读书，医生抢救时，他全身插满管子，一会儿昏迷，一会儿清醒，但一清醒过来就要书、要文件看。他苏醒了11次，看书、看文件11次，总共的时间加起来2小时50分钟，最后一次读书是9月8日下午4点37分，只读了7分钟就昏迷了。过了7小时，他老人家就与世长辞。毛泽东的生命的确是在读书中度过的，真正是"活到老，学到老"。

在读书方法上，毛泽东与众不同，采取广读与精读相结合，以精读为主，有的书快速浏览，略知其义，有的书却深入研读，探其真谛。如《共产党宣言》《资本论》《列宁选集》等书都反复读。《资本论》读了3遍。4000万字的史学巨著《二十四史》读了3遍。《资治通鉴》是治国齐家平天下的宝典，他读了17遍。我国古典四大名著他从13岁开始阅读，直到晚年仍在研读，跨越了70年之久。读《西游记》后，他深悟三层思想：唐僧师徒能战胜八十一难，贵在坚定的信念；孙悟空凭天不怕、地不怕的精神终究成佛；只要在分歧矛盾中求团结，目标一致，就能战而胜之。在井冈山时期，他把《孙子兵法》《三国志》《三国演义》读懂了，将书中的思想用于反围剿等斗争中，取得了胜利。他十分推崇诸葛亮和曹操，从中学习文韬武略。毛泽东写《中国革命的战略问题》时剖析了官渡之战、赤壁之战、彝陵之战等战例，把"后发制人"的道理说得深入浅出，入木三分。毛泽东在延安写《新民主主义论》时，把《共产党宣言》看了十几遍，再结合中国革命实际，挥笔纵论，层层剖解。为了迎接同蒋介石的决战，他研读了德国军事理论家克劳塞维茨的名著《战争论》，接着组织了一个读书小组，一章一节地阅读讨论，从中汲取营养、智慧。他还读过曾国藩的《家书》《日记》，古为今用，他提出的"三大纪律六项注意"（后为八项注意）就是从曾文正公的"爱民歌"中得以启发。

2. 挫折感

英国国王乔治六世自小口吃，在父亲的压力下他多次尝试在公开场合演讲，都以失败告终。面对挫折，他伤心难过，却没有放弃努力。二战期间，面对德国法西斯的疯狂进攻，为了鼓舞英国人民的斗志，在医生的帮助下，他克服困难向全国人民成功做了演讲，号召人民和侵略者斗争到底，直至胜利。这一事件被拍成电影《国王的演讲》。从中我们看到，激励人民的不仅是国王的演讲词，更主要的是他勇敢面对挫折、敢于斗争的无畏精神。

挫折只是我们面对困难时产生的一种情绪反应。成熟的人会看清困难的实质，努力去面对并战胜它。大学是人生成长关键期，只有勇敢地面对困难，解决困难，才能走向成熟。刚入学的高职大学生面对大学全新的学习环境需要适应过程，期间容易产生挫折感，随着对大学学习的逐渐适应，这种挫折感便渐渐消失了。另外，考试失败、实验不成功等都会产生一些挫折。面对挫折，怎么办？答案在德国作家歌德的名言里："斗争是掌握本领的学校，挫折是通向真理的桥梁。"

3. 社会实践中的困惑

大学是走向社会的关键节点。在社会化的进程中，大学生们急于展现自我，寻找自我存在感。但社会飞速发展，剧烈变化，与学校的生活完全不同。这让心理尚需完善，社会经验不足的大学生们感到困惑、迷茫。具体原因如下。

（1）学校与社会衔接不畅　初入大学，我们以为大学就是小社会，但大学与社会有本质的不同。大学生活的主线是学习，从事学习的主体是广大学生。而社会生活是多元的，社会成员形形色色，什么行业都有。高职大学生在对社会生活没有充分了解的时候，盲目深入社会，按照学生的思维认知来进行社会实践，难以取得成功。社会实践的失败会加重学生的挫折感，对将来的社会生活产生负面影响。究其原因，是学校与社会衔接不畅造成的。高职大学生学习上重视理论联系实际，只片面强调技术层面，却忽略了对社会发展变化规律的探究。而只有在全面认识、深入研究社会的基础上进行社会实践，才能保证成功。

（2）大学生心理原因　大学生充满朝气，但思想尚未成熟；看待事物有敏锐的观察力，但思考却不全面；情感丰富，但情绪体验往往不稳定；承受挫折的能力不强。以上原因使部分大学生在遇到困难时，片面地看待问题，容易只关注负面信息，从而产生错误的认知，在社会实践中产生迷茫、困惑等情绪。

解决困惑的办法归纳起来主要有两点：一是借助知识的力量。通过深入学习文化科学知识，更好地认识自己，了解社会，确立正确的人生观；二是求助于集体，向老师、同学们倾诉，并在他们那里汲取经验，少走弯路。总之，勇于实践不怕失败，不断总结经验提升自己，才能为社会创造更大的价值。

> **想一想**　通过研究本"项目导入"中小熙的学习经历，我们发现学习动力不足是造成成绩下滑的重要原因。我们都很羡慕学习成绩优秀的学生，也都希望自己的学习成绩名列前茅，但总是事与愿违，尽管有的学生学习很努力，学习成绩依然不理想。到底是什么影响了我们的学习呢？

三、影响学习的因素

1. 学习的动机

学习的动机是激发个体进行学习活动、维持已引起的学习活动，并使个体的学习活动朝向一定的学习目标的一种内部启动机制。学习动机对于学习的效率有重要的影响。美国心理学家耶克斯和多德森研究发现动机的激活水平与行为效率之间的关系是一种倒U型的函数关系，动机不足或动机过强都会使工作效率下降，如图7-1所示。同时，动机激活水平与任务难度之间具有一定关系。任务易——激活水平高；任务难——激活水平低；任务难度适中——中等激活水平。中等激活水平的动机，行为效率高。

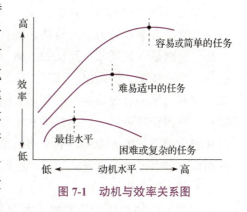

图7-1　动机与效率关系图

根据耶克斯—多德森定律可知学习动机的主要表现如下。

（1）动机不足　部分学生学习内在动力不足，没有明确的方向，求知欲低，甚至厌倦学习，经常将宝贵的时间用于玩网游、看电影、聚会上；还有些学生，易受外界干扰，学习马马虎虎，虽然没有彻底放松，但焦虑水平过低，对于知识只满足于肤浅了解，难以深入研究，认为考试及格即可，成绩高低无所谓。

动机不足的原因是多方面的，但个人原因是主因。个人学习目标不明确，对社会现象认识不清，容易受家庭内外条件的影响，慵懒散漫、随波逐流，对于人生、社会、世界缺乏责任感。

（2）动机过强　耶克斯—多德森定律告诉我们过强的学习动机反而会影响我们的学习效率。学习动机过强容易让我们在学习上产生过度焦虑。学习压力大，精神紧张，会影响我们的情绪和身体状况，容易出现胸闷、头晕、失眠等症状。超强度的学习，没有一丝娱乐和社会活动也不利于大学生的全面健康成长。

学生自尊心强，注重荣誉感，这是积极的因素，但自尊心过强就会背上思想包袱，为此过高估计自己的能力，盲目尝试不切实际的目标，往往容易失败，增加挫折感。

2. 学习的兴趣

"球王"贝利出生在巴西里约市的贫民窟，从小就喜欢足球运动。但家里穷，买不了足球。他父亲在袜子里塞上各种布头儿和纸，用绳子扎成球状让他踢。贝利天天练习，球技增长很快。他的兴趣就是踢足球，他踢过椰子壳，踢过汽水罐儿，只要能踢的东西他都不放过。有一天，一位教练发现他在踢猪蹄，就好奇地问他为什么踢猪蹄。贝利回答他踢的不是猪蹄，是足球。贝利的精神感动了教练，教练送给他一个真正的足球。万分开心的贝利更加勤奋练习。后来，通过不断地刻苦努力，他终于成为一代球王。

伟大的科学家爱因斯坦曾说过："兴趣是最好的老师。"贝利成功的事例告诉我们兴趣能够激发人们的内驱力，这种内驱力会激励我们主动求知、探索和实践，并不断地在这一过程中体验快乐。培养和提高学习兴趣，发自内心地喜欢学习，真心求知，乐于求索，就会在不经意间收获成功的喜悦。

3. 学习的策略

学习者为了提高学习效率，取得良好的学习效果，有目的、有意识地制定有关学习过程的复杂方案被称为学习策略。教育心理学家威尔伯特·麦基奇等人将学习策略分为三类，分别是认知策略、元认知策略、资源管理策略。认知策略主要是一些关于加工信息的方法和技术，如重复、释义、选择要点等学习方法。元认知策略指学生对自己的认知过程及结果的有效监视及控制的策略，包括自我计划策略、自我监察策略和自我调控策略。资源管理策略是辅助学生利用和管理可用环境和资源的策略，包括时间管理、学习环境管理等策略。麦基奇的学习策略有助于学习者提升学习水平。具备自主学习条件的高职大学生要根据自身的学习特点制定适合自己的学习策略。

4. 学习的归因

归因是个体解释或推测他人或自己的行为原因的过程。心理学家韦纳认为，人们对行为成败的原因分析主要是能力高低、努力程度、任务难度和运气好坏四种因素，这四种因素可进一步归纳为三个维度，即是否可控、是否稳定、内部的与外部的因素，如图 7-1 所示。

表 7-1　人们对行为成败的原因分析

三维度	内部的		外部的	
	稳定的	不稳定的	稳定的	不稳定的
	不可控的	可控的	不可控的	可控的
四因素	能力高低	努力程度	任务难度	运气好坏

根据表 7-1，我们可以看出两层含义。

1）归因的内外倾向。常倾向于将成败原因归为不可控的外部力量造成的结果的人被称作外控者；倾向于将成败原因归为可控的内部力量造成的结果的人被称作内控者。

2）一般来说把成败原因归结到外部的、不可控的因素，会降低个体对后续行为的动力；把成败结果归结为内部的、可控的因素，则会增强个体对后续行为的动力。

我们看到，如果本"项目导论"中小熙认为自己学习成绩下滑的主要原因是没有固定的书桌，老师不给标准答案，缺少父母关心和寝室太吵等，就说明小熙是外控者，在遇到学习挫折会向外找原因，却忽略了真正的原因是自己努力不够或学习方法不对等内部因素。这样的错误归因不会使人真正进步，对未来的发展起消极作用。内控者面对结果会积极寻求内部原因，他们充分相信通过自身不断的努力就能够克服困难取得成功。

任务实施

通过认识学习，相互讨论，了解自我的归因方式，增强自我觉察力。

一、找原因——了解自我的学习归因方式

1）填写表 7-2 学习归因表。
2）每两人一组相互讨论。

表 7-2　学习归因表

学习成绩	内部原因		外部原因	
	稳定的	不稳定的	稳定的	不稳定的

二、团体活动"于无声处"——提高学习注意力

1）选择安静的教室，准备放松音乐（以聆听大自然的声音为主，如流水、虫鸣、风声等）。

2）每两人一组，背对背就座后，聆听音乐，然后转身面对面交流感受，达到提高注意力的目的。

任务 2　掌握学习

任务要求

通过完成本任务，学生能够掌握提高学习效率的方法，明确创新的途径，从而达成学会学习的目标。

知识链接

一、提高学习效率

（一）培养学习动机

学习动机是指直接推动学生学习的一种内部动力，是激励和指引学生学习的一种内部需要。学习动机是学习的始因，也可以说是学习的原动力。因此培养学习动机，对于学生非常重要。

学习动机是可以被后天环境（包括教育环境）影响的，它是推动学习的动力，也是个体稳定的特征之一。学习动机比较复杂，不同的外界影响造就的学习动机也不一样。针对高职大学生的实际情况，培养学习动机的主要方法有以下几种。

1. 培养明确学习目标

大学阶段是确定人生观、世界观的关键时期，这个阶段的学生对于人的社会性有更加清晰的认识。高职大学生应该认识到学习的社会意义，将个人需要与社会需要统一联系起来，培养明确的学习目标。我国经济建设和社会高速发展，需要各方面人才。高职大学生的学习与实践联系紧密，只要努力学习，掌握实际技能，就一定会成为有用之才。所谓"欲穷千里目，更上一层楼"，这告诉我们要有明确的目标，方能取得进步；而培养目标不能好高骛远，要根据自身实际情况，逐步提高。

2. 培养学习兴趣

莎士比亚说："学问必须合乎自己的兴趣，方才可以得益。"学习兴趣是学生求知的推动力量，使学生在学习活动或实践过程中产生愉快的情绪，从而激发进一步求知的需要。高职大学生在理论学习的基础上，强化技能训练，并不断用于实践以验证相关知识，要通过各种方式培养学习兴趣，逐渐激发求知欲与创造力。

3. 培养正向归因

韦纳的归因理论主要研究个体在行为发生后，对该行为结果的自我认知。个体对行为结果的归因将影响以后相似行为动机的强弱。因此，自我归因会对以后学习行为的动机有很重要的影响。例如，学生考试成绩不理想，有的学生会认为考题太难或自己运气不好。这种负向归因导致学生产生轻率、不平甚至自卑、绝望等心理，对今后的学习产生不良后果。而正向归因会认识自我不足，总结经验教训，改正错误，继续努力以期待下次取得好成绩。因此，培养学生的正向归因尤为重要。高职大学生应积极参加课外活动。在竞赛中或游戏中培养自己正向归因的能力；还可以参加群体研讨，站在第三人的角度上评价若干行为的结果，接受大部分人的正确意见，不断训练自我正向归因的水平。总之要加强正向归因的训练，在训练中激发自信心，公正客观地评价自我学习行为。

（二）激发学习动机

学习动机可以分为内部动机和外部动机。内部动机是指个体本身对学习的兴趣所引起的动机。外部动机是指外部诱因所引起的学习动机。激发学习动机就是全面激发外部动机和内部动机。

1. 外部动机的激发

为了激发学习的外部动机，一般采用外部强化刺激的办法，强化分为正负两个方面，正向强化为主，更能够准确建立与学习行为的因果关系。常用措施如下。

1）给予正面评价，激发荣誉感。积极的正面评价，是对学习态度和结果的肯定，能够激发学生的上进心和荣誉感。实验证明，经常接受公正的正面评价的学生比经常受到不公正评价或不予评价的学生学习效果要好。高职大学生生活在集体的环境中，学习上需要团体协作的机会较多，同学之间可以尝试相互鼓励，真诚客观地评价对方，激发集体荣誉感，促进共同进步。

2）营造良好的学习环境，激发学习的愉悦感。学习环境主要指学习的外部环境。良好的学习环境，会激发学生的求知欲，使学生在学习的过程中体验到愉悦的情绪。营造良好的学习环境不仅仅指学校的学习环境，也包括家庭和社会等方面。高职大学生由于学习的专业性较强，对技术学习环境需求较高。由于学校和家庭不可能全面满足学习的需要，高职大学生应该创造条件积极参加社会实践，在实践中验证理论，用理论去指导实践。此外，无论是学校还是家庭，营造一个团结互助、相互关心的良好人际交往氛围对提高学生的学习效果都是很有帮助的。

2. 内部动机的激发

内部动机是人们自觉产生的对所从事活动的某种认知。学习的内部动机就是学生自身对学习活动的认知。激发学习的内部动机，能够有效引发求知欲望，提升学习能力。

1）自我肯定，激发成就感。自我肯定就是懂得欣赏自己，能够在充分认识自我价值的基础上克服自身缺点，追求自我成长的态度。积极的自我评价能够提升个体的自尊水平，从而影响实际行动。高职大学生在学习上尝试自我肯定，会激发学习上的成就感，使自己满怀信心地投入到知识学习和社会实践中，逐步完善和提高自己，心情愉悦地走在自我成长的大路上。

2）动机迁移，激发自主感。动机的迁移就是动机的转移。学习动机的迁移就是把其他活动的动机转移到学习活动中来，或是将其他方面的学习活动动机转移到另一方面的学习活动中去。在缺乏学习动力的时候，我们可以尝试将在其他方面的动机转移到当下的学习活动中。拿英语学习来说，一味背记单词，会让人感觉很枯燥。有的学生爱好音乐，就通过演唱英文歌曲的方式将参与音乐活动的动机迁移到英语学习上，英语成绩提高显著。高职大学生的理论学习和实操技能结合紧密，可以有效利用动机迁移激发学习兴趣，提高学习成绩。善于利用学习动机迁移，还能激发学生的学习自主感，只有认识到自我是学习活动的主人，才能更好地激发学习的内在动力，取得满意的学习结果。

3. 内外动机的相互转化

学习的外部动机和内部动机常常交织在一起，两种动机相互交替、互相转化并贯穿于整个学习活动中。当学生缺乏内部学习动机时，就需要主动参与外界活动，借助外部动机的刺激，强化学生内部学习动机，强烈持久的内部学习动机仍然需要内外动机共同作用，才能够更好地推动学生的学习活动。

(三) 培养良好的学习习惯

学习习惯是人们在学习活动中，通过反复习练而形成并逐渐发展起来的一种自动化的行为方式。学生进入大学前经过多年学习生活已经养成了一定的学习习惯。但大学的学习与应试教育主导的高中学习有本质的不同。有些在高中时代成绩优秀的学生初入大学，顿感迷茫，过去上课跟老师，回家多做题，频繁参加模拟考试的方式已不能适应大学阶段的学习。他们迫切需要培养与大学阶段相适应的良好学习习惯。

1. 制定适当的学习目标

培养良好的学习习惯从制定适当的学习目标入手。学习目标的制定要符合自身实际情况，包括个人的志向、兴趣、性格特征等，还要结合学生未来职业生涯的规划，考虑所学专业和社会需求等。具体可以考虑以下几个方面。

（1）自身优势及性格特征　制定学习目标要考虑自身实际情况，明白自己的优势在哪方面，哪些方面还存在不足。制定的学习目标要有利于发展长处，补足弱项，同时需要关注自我的性格特征。做事认真、毅力较强的学生可以制定较长远的学习目标。而对于好奇心强、缺乏持久性的学生则适合制定阶段性的学习目标。心理学家研究发现每个个体如果能在每天的生活中运用与生俱来的一系列优点，将会最大限度地促进个体的参与感与意义感。结合自身优势和性格特征制定学习目标，有利于制定者积极贯彻和认真执行。

（2）所学专业与社会需要　学习目标不能盲目制定，目标太低，很容易达成，就起不到激励作用，定得太高，就容易脱离实际，成为空谈。那么如何制定切实可行的学习目标呢？高职大学生的专业设置与社会需求紧密结合，学习目的非常明确，就是运用所学知识服务社会，因此要从专业角度出发，以社会需要为导向，制定明确合理的学习目标。

（3）人生理想和个人兴趣　制定学习目标要考虑个人理想和兴趣爱好。理想是心中的最高愿望，是人生的指路明灯，拥有远大的理想，才不会在求知的海洋迷航。周恩来总理少年时立志为中华之崛起而读书，并实践终生；鲁迅立志救国，弃医从文，成为令人敬仰的文学家。这些足以说明理想的重要性。而将崇高的理想转化为兴趣，就会产生巨大的学习能量。理想、兴趣是相互影响，相互联系的。拥有理想，就拥有奋斗的目标，在奋斗的过程中会产生兴趣，而浓厚的兴趣会转化为学习的动力，进而促进目标的达成。高职大学生树立远大理想的同时要发展专业兴趣，将理想与兴趣转化为持久的学习动力，努力达成学习目标。

2. 建立正确的心理认知

当今时代，社会深入变革，经济高速发展，学习和生活上的竞争日趋激烈。面对这些状况，要摆脱困扰，认真学习，就必须建立正确的心理认知。对于高职大学生来说，主要从以下三个方面建立心理认知。

（1）对学习的心理认知　高职大学生对学业认知的心理状态直接关系到学习的积极性和学业成就。当前，部分学生的学习目的是掌握某种专业知识，方便将来就业。还有部分学生通过师长和朋友的建议，选择学校和专业，没有明确的目标和职业规划。这种在学习上的认知偏差导致学生缺乏学习热情，满足现状，不求深入研究。建立正确的学习心理认知，就是要树立远大目标，深入了解社会，将个人理想与社会需要结合起来，认真求知、实践，不断进步，达成人生理想。

（2）对挫折的心理认知　困难并不可怕，可怕的是没有面对困难的勇气和战胜困难的信心。面对困难，我们如何保持勇气和信心呢？

1）积极的心理暗示。人生路上常常遭遇各种挫折和失败。面对失败，坚定信念，不忘初心，才能使我们不偏离人生的方向。在困难到来时我们要暗示自己，努力坚持，打败困难，争取取得成功。积极的心理暗示来自于对自我的和社会的正确认知。当代大学生在学业上遭受挫折，是学习过程中的必然经历，也是通向更高成就的必经之路。相信自己、鼓励自己，才能走出困境，取得成功。

2）学会放松和自我调适。一张一弛，文武之道，在紧张的学习生活中要学会放松和自我调适，只有这样，在困难和挫折面前我们才能处变不惊，积极面对。要做好自我调适，就需要对自身心理冲突的状况进行正确分析，找到心理上的困扰并排除不适症状。要学会放松，让自我从紧张状态到松弛状态。常见的放松方式包括以下几种。

（a）肢体放松。肢体放松包括呼吸放松和肌肉放松。其目的是达到身心平衡，去除烦躁、紧张等不良情绪。这种方法简单易行，学生可以随时随地进行训练。训练时呼吸放松和肌肉放松相互配合，效果更好。

（b）冥想放松。冥想放松就是通过冥想达到身心放松的目的。冥想放松要求做好五个步骤：第一步集中注意力，排除杂念不被外界干扰；第二步放松，做到心情宁静，情绪稳定；第三步呼吸，通过有意识的深呼吸，提高血液的含氧量；第四步想象，利用想象沟通自我潜意识；第五步暗示，通过积极的暗示摆脱烦躁、焦虑等负面情绪。经常做冥想训练可以使我们思路更清晰，思维更敏捷，有助于缓解疲劳，提高学习效率。

（c）音乐放松。音乐可以舒缓精神，调节情绪。现代医学研究发现，经常接触音乐节奏、旋律会对人体的脑波、心跳、肠胃蠕动、神经感应等产生某些作用，促进身心健康。现代医学已将音乐疗法纳入临床治疗。当心情烦闷时可以听一些意境广阔、轻松愉悦的乐曲，如《春江花月夜》《蓝色多瑙河》等；当身心疲惫时可以听一些旋律优美、宁静清爽的乐曲，如《小夜曲》等。

（d）意象训练。意象训练就是引导个体用适宜的感觉对轻松愉快的情境进行想象

（如高山、大海、蓝天、白云等），达到放松身心，舒畅情绪的目的。意象训练的效果取决于想象的情境是否生动、逼真。因此，需要经常进行意象训练，逐步使想象的情境清晰生动。长期坚持意象训练可以缓解疲劳，开发智力，提升学习效果。

总的说来，放松不是简单的休息，而是智慧的追求。借用毕淑敏的《心理医生附耳细说》中的一段话"放松是一种高度的自信，放松是一种磨炼之后的整合，放松是举重若轻。当你放松的时候，你所有的岁月和经验，你的勇气和智慧，便都集合在你内心，情绪就会安然从容，勇气就会源源不断。"

（3）对人际关系的心理认知　建立良好的人际关系，是全面发展的重要条件。高职大学生需要处理与家人、同学、老师、社会各界的人际关系。想要建立良好的人际关系就必须懂得人际交往不只是一种沟通应对的技巧，更是一种自己与他人建立的生活态度。现实中确有部分同学出于自卑、妒忌等心理造成人际关系紧张、不融洽，甚至逃避集体生活。解决这个问题需要确立正确的人际关系心理认知，以豁达的人生观看待社会，理解他人。这是生活的需要，也是大学生成功走向社会的需要。

3. 科学有效地管理时间

时间真的很奇妙，它应该是世界上最丰富的资源，每个人都可以自由支配。然而它又是最稀缺的资源，瞬间流逝便不再拥有。有人说时间是金钱，然而金钱耗尽尚能赚回，时间流逝就无可挽回。所以管理好时间是多么重要啊！对于高职大学生来说，如何能在青春岁月有效管理时间，利用时间努力学习知识，不断提高自己是一个值得研究的问题。

（1）设置时间模块　模块是一个标准单元。时间模块就是按活动类型将时间进行归类，便于人们安排活动，达成目标。高职大学生要有效管理时间，设置模块时间表是提高学习效率的好方法。模块时间表见表7-3。

表7-3　模块时间表

时间模块	具体活动	时间段
工作学习时间	从事工作和学习的具体活动	每日8小时及其他碎片化时间
人际交往时间	家庭聚会、在学校或校外与好友相聚、因某事与他人的接触活动	工作学习以外的时间
休闲娱乐时间	进行锻炼、阅读、旅游等个人喜好的活动	工作学习以外的时间
生理需求时间	饮食、睡眠等出于个人生理需求的活动	晚上10点左右至凌晨6点左右
静思独处时间	个人暂时脱离社会，独处冥想的活动	工作学习以外的时间

高职大学生要善于利用模块时间表，保障学习和社会实践时间的同时还要安排好休息、娱乐的时间。只有这样，学生才能拥有充沛的精力和高效率的学习生活。

（2）制定适当目标　制定目标是走向成功的第一步。制定目标一定要适当，在一定时间内哪些事情更重要，更紧急，在较长时期内优先完成目标的哪一步，这些都是需要考虑的问题。结合时间管理，制定可行的长期目标、中期目标和近期目标，能避免无谓的忙碌，使目标更容易达成。

（3）合理规划时间　管理学家科维提出时间规划的四象限理论。将工作按照重要和紧急两个不同的程度进行划分，分为四个象限，如图 7-2 所示。

图 7-2　时间规划象限图

人的精力是有限的，面对众多目标应分出轻重缓急，合理规划时间，优先考虑重要的工作。因此，管理学家德鲁克说："重要的事情先做，其他事情，根本不用考虑。"

> **想一想**　我的时间都去哪儿了？我们平常总觉得时间不够用，是否是因为没有掌握好的时间管理方法呢？你还知道哪些时间管理的方法呢？

（4）严格执行计划　制定了目标和时间规划后，就要不打折扣地严格执行。在执行的过程中我们会遇到各种各样的困难和干扰，此时改变计划或裹足不前就可能带来失败。

严格执行计划必须做到以下几点。

1）战胜拖延现象。拖延是一种非必要却能产生有害后果的行为，表现在大学生身上主要是学习拖延。学生们常抱着先松后紧的念头，平常不关注学习，考前突击复习，只为争取好成绩而忽视了掌握知识的重要性。所谓"临阵磨枪"也是退无可退的无奈之举，其本质就是拖延心理导致的行为。高职大学生的学习拖延又有特殊表现。高职学习强调理论深入实践，而部分习惯拖延的学生却强调应该先学好理论再深入实践，所谓"知行合一"应先知后行，这种心理不是真正"知行合一"的学习态度，实际上是对拖延现象的一种心理补偿，反而会进一步强化拖延行为。著名教育家陶行知先生因强调"理论结合实践，实践引领理论"的学风，才把名字由知行改为行知。

为了战胜拖延，人们采取了很多办法，如调低工作难度，使复杂的工作能够被一步一步地完成；采用自问自答方式激励自己战胜拖延，时常问自己是否做完了今天的工作，是否离目标又近了一步；在校大学生们可采取相互监督的办法，克服拖延习惯。

总的来说，每个人的情况不同，关键是能否找到适合自己的办法战胜拖延，取得成功。

2）采用恰当方法。在执行计划时要有恰当的方法。著名数学家陈景润在厦门大学图书馆工作期间为自己制定了一份学习时间表。每天一大早，陈景润就夹着书本进入数学所的图书馆，终日埋头阅读、思考和演算。在干好本职工作的同时，他抓紧学习研究，终于在1973年发表了证明哥德巴赫猜想的研究论文，成为举世闻名的摘取数学皇冠上明珠的数学家。陈景润的成功与其努力是分不开的，但更为重要的是在努力的基础上采取恰当的方法。他在制定明确的时间表的基础上，采用适合自己并行之有效的学习方法，即利用工作之余的零碎时间进行学习。这种利用零碎时间的学习方法属于碎片式学习。相比于课堂上系统学习来说，碎片式学习更灵活，且不受时间、地点等外在条件的限制。大学生利用吃午饭时间在食堂看书，或者坐公交的途中听音频资料等都是碎片式学习。此外还可以利用现代科技辅助学习，将手机转变成移动资源库，及时调取信息，方便求知的需要。总之，系统式学习结合碎片式学习，线上学习联接线下学习，全方位立体式的深入学习一定会产生良好的学习效果。

4. 学以致用，深入实践

纸上得来终觉浅，绝知此事要躬行。大学生要学以致用，深入实践。荀子说"不闻不若闻之，闻之不若见之，见之不若知之，知之不若行之，学至于行而止矣，行之，明也。"可见，学习的最终目的是指导实践，而实践的过程又进一步丰富了理论知识体系。二者是相互促进、辩证统一的关系。高职大学生要努力学习理论知识，打好扎实的知识基础，积极参加实习实训，不断在实践中锻炼自己，提高自己，力争早日成才，为社会做出积极贡献。

（四）有效应对考试焦虑

焦虑是人的基本情绪。当人们受到外界刺激，感觉到压力时都会出现焦虑情绪。考试焦虑是指学生们感觉到考试压力，并预料到难以取得良好结果的一种无助、紧张、忧虑的情绪体验。本"项目导论"中小熙考试时感到紧张、恐惧，产生了考试焦虑。适度的焦虑能够促进学生更加认真地对待学习，有益于提高学习效率。但过度的焦虑会适得其反，危害身体健康。

1. 考试焦虑的表现

考试焦虑一般会有紧张、忧虑、慌乱、走神等表现，有时还会伴有心跳加快、面红耳赤、头昏、恶心等生理性反应。面对考题，部分学生犹疑不决、选择困难。曾有一位学生考前发烧，此后一遇考试就会莫名出现体温升高的情况。这就是一种由于过度焦虑造成的考前怯场现象。

2. 考试焦虑的特点

（1）压力来源单一　与一般焦虑相比，考试焦虑的压力来源比较单一，形成的原因相对简单，主要是学生考试压力过大，受到特定的情境刺激产生的。因此，在认知控制和矫正其行为时将更有针对性。

（2）刺激场景固定，持续时间不长　考试焦虑有固定的刺激场景，当事人所受压力是由各类考试引起。考试焦虑持续时间较短，一般发生在考试前几天或考试进行中。随着考试的结束，产生的焦虑也会逐渐减轻，直至消除。

（3）时间与相关度的差异　一般性的考试焦虑主要集中在新生入学的一段时间和专业结业考试时。新生发生考试焦虑属于适应性焦虑，随着对大学学习越来越适应，其焦虑症状就会消除。在专业结业考试时学生也容易出现考试焦虑，因为这直接涉及学生毕业和就业等重大问题。所以，产生考试焦虑的重要原因就是考试成绩与学生切身利益的相关度。相关度高的考试，学生会更加看重成绩，较容易产生焦虑情绪。

（4）能力差异　研究发现，能力较高的学生，产生考试焦虑的概率较低，焦虑程度也比较轻；能力较低的学生，产生考试焦虑的概率较高，焦虑程度也比较重。这就说明，考试能力与考试焦虑成负相关。

3. 考试焦虑的成因

（1）个人知识储备和应变能力　个人知识储备不足、学习基础较差的学生易产生焦虑情绪。考场上，此类学生往往感到懊恼和自卑，甚至产生恐惧心理。应变能力差的考生不能适应考场氛围，焦躁不安，注意力不集中，导致考试成绩不理想。如果考试后不能尽快调整状态，焦虑的情绪进一步加重，会对长远的学习产生消极影响。

（2）认知水平　认知水平是指个体对外界事物认识、判断、评价的能力。对于考试与自我利害关系看得过重，或者过低评价自己的学习水平及应对考试的能力，就会提升考试焦虑水平。有的学生将考试与自己甚至是家人的终生幸福联系在一起，使自己产生严重焦虑，反而影响考试的正常发挥。

（3）个人身体状况　有些学生身体状况不好也可能产生考试焦虑。临近考试，身体患病，反应迟钝，状态不佳，但在这种情况下又不得不参加考试，很容易出现情绪上的波动。学生考前忙于复习，忽略了对身体的保养，吃饭不定时，睡眠也不足，大脑得不到充分休息，面对考试总感觉力不从心，往往深陷焦虑之中。

（4）外部压力　外部压力主要来自家庭、学校和社会。现代社会竞争激烈，部分家长对子女的未来生活过于担心，将全部希望寄托在提高学习成绩上。但这种一味强调成绩的做法，给学生带来巨大的心理压力。部分学校急于提高学生的学习成绩，采用题海战术，频繁测验，造成学生心理负担过重，盲目应付考试。社会发展过快，急需人才，各种职业资格考试应接不暇，也使部分学生产生了焦虑心理。高职大学生面临着提高学业水平和动手能力的双重要求，学习任务较重，容易形成焦虑情绪。

4. 有效应对考试焦虑的方法

（1）针对考试焦虑的原因，客观评价自我　考试焦虑的原因很多，准确找出焦虑的原因，才能有效解决问题。同时还要客观地评价自我，明确自己真实的学习水平，然后找差距，勤努力，通过扎实的学习增强自信心，力争今后的考试中取得满意的成绩。客观评价自我的过程就是自我接纳、自我认可的过程，是改变自卑、去除焦虑的过程。

（2）正视考试失败的结果，合理调节情绪　过于看重考试成绩，害怕失败，内心充满了不甘心、不情愿，这样就容易产生考试焦虑。解决它的办法是勇敢面对，正视失败的结果，在失败中总结经验教训。而敢于正视失败的勇气正来自于合理的情绪调节。

调节情绪通常采用以下办法。

1）身体放松。瑜伽训练或舞蹈练习等办法可舒缓筋骨，放松身体。研究成果表明经常参加体育锻炼对于强健身体、克服焦虑有明显效果。轻度焦虑的学生可以经常参加竞技性运动比赛，在竞争中不断提升自己应付压力的水平，逐步适应适度紧张的情绪状态，最终达到适应考试、解除焦虑的目的。

2）心理放松。心理放松的方法有很多，包括呼吸放松、音乐放松、联想放松等。

这些方法能够放松心情，使人安静，有效缓解考试焦虑中出现的紧张、烦躁、心跳加快、血压升高等状况。

二、融入创新者的队伍

（一）创新能力的定义

创新能力是一个人（或群体）通过创新活动、创新行为而获得创新成果的能力，是一个人创新活动中所具有的提出问题、分析问题和解决问题能力的总和。创新能力的强弱取决于创新思维、个体（或群体）素质、创新技能等因素。

1. 创新思维

创新思维有广义和狭义之分。狭义上的创新思维指的是一种开创意义的思维活动，具体表现在新技术的发明、新观念的形成、新方案的提出和决策等方面。广义上的创新思维是指在方法、技巧或某些结论、见解上具有的新奇独到的思维活动。

管理学家斯维尼在《致未来的总裁们》这本书中提到"为了产生创新思想，你必须具备：必要的知识；不怕失误、不怕犯错误的态度；专心致志和深邃的洞察力。"由此可见，创新思维是可以通过后天训练培养的。当代高职大学生应该努力学习，大胆实践，不断地提高创新思维的能力，融入国家创新体制，为社会的发展、进步提供智力支持。

2. 创新的个体素质

创新的个体素质是在一定的社会历史条件下个体通过实践发展形成的、在创新活动中所需的基本支持要素。创新者所具备的基本素质如下。

（1）热情　作家布尔沃·利顿说："没有热情就创造不出伟绩。"发明家爱迪生12岁时，便沉迷于科学实验之中。经过孜孜不倦的自学和实验，他16岁便发明了每小时拍发一个信号的自动电报机。后来，他又接连发明了自动数票机、第一架实用打字机、二重与四重电报机、自动电话机和留声机等。有了这些发明成果的爱迪生并不满足，他决定向电力照明这个堡垒发起进攻。他翻阅了大量的有关电力照明的书籍，终于制造出价格便宜，经久耐用而且安全方便的电灯。如果没有热情，爱迪生是不可能成为发明大王的。因此，热情是创新者的首要素质。

（2）毅力　只有热情是不够的，还需要毅力，才能取得创新成功。"杂交水稻之父"袁隆平从1964年开始从事杂交水稻的研究，直到1973年才培育成功了第一个得到大面积推广的强优高产杂交水稻组合——南优2号，前后用时9年；药学家屠呦呦带领团队自1967年启动抗疟项目到1977年首次公开发表"青蒿素"的立体结构，前后用时10年。这些实例告诉我们创新需要坚忍的毅力，伟大的创新不是突然闪现的，其背后是创新者多年努力学习、思考、实践的结果。

（3）好奇心　居里夫人曾说："很多人都说我很伟大，很有毅力，其实我就是特别好奇，好奇得上瘾。"爱因斯坦也说过："我没有特别的天赋，我只有强烈的好奇心。"地质学家李四光小时候常常一个人靠在家乡的大石头上遐想，好奇地问自己，为什么这里会出现这些孤零零的巨石？它们是借助什么力量出现在这儿的呢？后来他走遍了全国的山川河流，做了大量的考察与研究，终于断定这些巨石是冰川的浮砾，是第四纪冰川的遗迹，纠正了国外学者断定中国没有第四纪冰川的错误理论。由此可见，好奇心是创新者的重要素质，是人们认识世界的动力之一。富有创新精神的人往往对外界事物有很强的好奇心。

（4）质疑的勇气　亚里士多德的老师柏拉图认为，理念才是最真实的存在，万物不过是理念的影子。当时所有的学生都当作真理，没有人怀疑过他。亚里士多德向老师提出了疑问："一本实实在在存在的书，看得见，摸得着，怎么就不是真实的呢？"别的同学都嘲笑他说："你怎么能怀疑老师的观点呢？要知道老师是绝对正确的，你这样对老师非常不尊敬！"亚里士多德摇了摇头，坚定地说："我爱我师，但我更爱真理。"创新的本质就是打破原有束缚，解决问题。当代大学生应该学习亚里士多德敢于质疑，勇于表达自己意见的精神，消除盲目崇拜权威的意识，以实事求是的态度创造性地开展学习活动。

3. 创新技能

创新技能包括观察力、想象力、设计和动手能力等。

（1）观察力　观察力是人们对客观世界审视和探索的一种能力。创新者大多拥有敏锐的观察力。他们经常保持着敏感性，善于在其他人没有注意的情况下，发现特殊的事物和现象。瓦特坐在炉子旁，观察到水壶里沸腾的热水冒出的蒸汽会推动壶盖运动并发出声响，最终促使他研制出蒸汽机；雷奈克医生看到孩子们敲打木头并趴在木头上听，出于好奇，他把耳朵贴在木头上，立刻听到了清脆的敲击声，耳朵一离开，木头声音变得微弱。他利用这个现象做出了世界上第一个听诊器。这些足以说明敏锐的观察力催生灵感与创新。

（2）想象力　创新离不开想象。想象力是人们运用思维在原有事物的基础上创造出新形象的能力。丰富的想象力为创新插上了翅膀，点燃了智慧的火花。法国作家凡尔纳拥有惊人的想象力。他在作品中描写的类似电视、直升机等设备，当时还没有发明出来。他还设想过乘坐炮弹到月球旅行。

（3）设计和动手能力　任何创新都要落实到实物，只停留在想象阶段，就不是完整的创新。创新一定要在实践中进行检验，因此设计和动手能力非常重要。特别是高职大学生更应该培养动手能力，如果仅满足于理论学习，而忽略了设计和动手能力的培养，就不是全面的技能人才，难以适应社会发展的需要。

（二）影响创新能力的思维

那么，什么思维会影响我们的创新能力呢？总结起来主要是以下四点。

1. 惯性思维

阿西莫夫是世界著名的科普作家。他曾经讲过一个关于自己的故事。阿西莫夫从小就很聪明，年轻时多次参加智商测试，得分总在160左右，属于天赋极高之人。有一次，他遇到了一位汽车修理工，是他的老熟人。汽车修理工对阿西莫夫说："嗨，博士，我来考考你的智力，出一道思考题，看你能不能回答正确。"阿西莫夫点头同意。汽车修理工便开始出题："有一位聋哑人，想买几枚钉子，就来到五金商店，对售货员做了这样一个手势：左手食指立在柜台上，右手握拳做出敲击的样子。售货员见状，先给他拿来一把锤子，聋哑人摇摇头。于是售货员明白了，他想买的是钉子。聋哑人买好了钉子，刚走出商店，接着进来一位盲人。这位盲人想要一把剪刀，请问，盲人将会怎做?"阿西莫夫顺口答道:"盲人肯定会这样——"他伸出食指和中指,做出剪刀的形状。听了阿西莫夫的回答,汽车修理工开心地笑起来:"哈哈,答错了吧!盲人想买剪刀,只需要开口说'我买剪刀'就行了,他为什么要做手势啊?"

故事中阿西莫夫答错题不是因为智商低,而是惯性思维方式造成的。惯性思维就是思维沿着前一个思考路径线性延伸,并暂时封闭了其他思维方向。生活中人们总是习惯于过去的经验,很难改变。惯性思维虽然可以减少人们思考的时间,借助经验解决问题,但也会影响创新能力。

2. 直线思维

直线思维解决问题时采用"一是一,二是二"的方式。解决单一问题是可以的,但面对复杂问题时,容易把多元变为一元,把复杂归结为简单,使这类问题的答案非此即彼。这种不从全局考虑,只求唯一答案的做法不能有效解决复杂问题,同样也会阻碍创新能力的发挥。

3. 偏见思维

故事:一只驴背盐渡河,在河边滑了一跤,跌倒在水里,盐溶化了。驴站起来时,感到身体轻松了许多。它非常高兴,获得了经验。后来有一回,它背了棉花,以为跌倒可以同上次一样,于是走到河边的时候,便故意跌倒在水中。可是棉花吸收了水,驴非但不能再站起来,而且一直向下沉,直到淹死。

故事:从前,有个卖帽子的人。每天,他都很努力地卖着帽子。有一天,他叫卖得十分疲累,刚好路边有一棵大树,他就把帽子放在身边,坐在树下打起盹来。等他醒来时,发现身旁的帽子都不见了,抬头一看,树上有很多猴子,而每只猴子的头上都有一顶帽子。他十分惊慌,因为帽子不见了,他将无法养家糊口。突然,他想到猴子喜欢模仿人的动作。于是,他试着举起左手,果然猴子也跟着他举左手;他拍拍手,猴子也跟着拍拍手。他想机会来了,于是他赶紧把头上的帽子拿下来,丢在地上。猴子也学着他,将帽子纷纷扔在地上。卖帽子的人高高兴兴地捡起帽子,回家去了。回家之后,他将这件奇特的事,告诉他的儿子和孙子。很多很多年后,他的孙子继承了家业。有一天,在卖帽子的途中,他也跟爷爷一样,在大树下睡着了,而帽子也同样被猴子拿走了。孙子想到爷爷曾经告诉他的方法。于是,他举起左手,猴子也跟着举起左手;他拍拍手,猴子也跟着拍拍手。果然,爷爷说的话真管用。最后,他摘下帽子丢在地上;可是,奇怪了,猴子竟然没有跟着他做,而是瞪着眼看他。不久之后,猴王出现了,把孙子丢在地上的帽子捡起来,还很用力地对着他的后脑勺打了一巴掌,说:"开什么玩笑!你以为只有你有爷爷吗?"

驴子为何淹死?孙子为何不能像爷爷当年那样拿回帽子?很重要的原因是他们都机械地套用了经验,受到偏见思维的影响。偏见思维是指思维受主观条件的影响,带有个人主观色彩的印记,判断事物有先入为主的偏见,包括经验偏见、位置偏见、感情偏见和文化偏见这四种表现形式。偏见思维不能全面、客观地看待问题,主观色彩严重,阻碍创新思维的形成,影响创新能力的培养。

4. 盲从思维

在学习和生活中,盲从现象普遍存在,如对书本的盲从,对经验的盲从,对权威的盲从等。盲从思维体现的是一种不自信、失去独立思考的依赖心理。部分学生盲从于老师与家长的权威，一切都按照权威的意见办，不敢逾越半步，这种想法将成为创新思维的极大障碍。克服盲从思维，首先要敢于质疑。研究表明，质疑能够使思维不断深入。深入的思维才能够激发出创新的灵感。

（三）提高创新能力

人人都具有创新能力，提高创新能力是个人实现自我价值的需要，也是社会发展的必然要求。高职大学生担负着理论研究与技能操作的双重学习任务，更应该注重创新能力的培养与提高。大学生对提高创新能力有着迫切的愿望。那么，怎样才能提高创新能力呢？提高自我创新能力，要从以下四个方面入手。

1. 心理训练

创新是人的自然属性和内在潜能，可以通过有计划的心理训练得到激发。常用的心理训练有以下几种。

（1）发散思维的训练　通过提出问题，但不设置标准答案的做法开发参与者的想象力，参与者无须讲究逻辑，只要想到就可以。常见的方式如"一题多解""一事多写""一物多用"等。发散思维是测定创造力的主要标志之一。

（2）逆向思维的训练　从相反方向思考问题的方法叫作逆向思维。例如，提出问题：小孩掉进水里，如何救人？正向思维的方法是把人从水中救起，使人脱离水；司马光则是打破水缸，使水脱离人，这就是逆向思维。

（3）延后判断的训练　延后判断是一种心理习惯，就是个体在创新过程中要克服立即判断的心理惯性，用延后判断的方法激发更多的创意。

训练目的：练习延后判断的心理习惯。

训练形式：团体练习。

训练步骤：

1）学校的某一建筑物需要命名，请学生构想该建筑物的名称。名称越多越好，以便挑选。

2）每位学生自行构想，在笔记本上写的越多越好。先不要判断哪一个名称比较好。教师需提醒学生，观察自己是否会不由自主地做一些判断。如果产生了判断活动，应立即予以搁置。

3）等一定时间之后（每位学生至少写出10个以上的名称），教师抽一些学生到黑板前，各自从自己的名称中选择一个，写在黑板上，以便参选。

4）教师鼓励学生自愿在黑板上写下其他可能的名称。

5）针对黑板上的所有名称，全班进行举手投票，每人可以投5票。得票最高的名称中选。

2. 学习借鉴

创新不是没有积累的顿悟，它源于日常学习、思考和经验的积累。有时还需要向他人学习，借鉴别人的经验提高自己的水平。借鉴不是简单的模仿，而是创新的过程，懂得选择、消化、吸收别人的成果本身就是聪明的创新方法。科学巨匠牛顿在借鉴笛卡尔等前辈科学家科研成果的基础上发现总结了物理学三大定律,赢得了人们的尊重,而牛顿却说:"我比别人看得更远是因为我站在了巨人的肩膀上。"

3. 营造氛围

在万众创新的背景下,主动地营造创新氛围对高职大学生创新力的提高具有积极意义。学生们在校园中应多参加集体活动,如科技发明竞赛、辩论比赛、时事讨论等;课余时间还应多深入社会进行实践锻炼,培养分析问题、解决问题的能力。这些都是提高创新能力的有效办法。

4. 夯实基础

东晋著名书法家王羲之从小练习书法,家门前的池塘由于他长期清洗笔砚变成了墨池。发明家爱迪生常常说:"天才是百分之一的灵感加上百分之九十九的勤奋。"如果没有一池墨水,就不会有行云流水的《兰亭序》;没有百分之九十九的勤奋,就不会诞生点亮世界的电灯。提高创新能力必须努力夯实知识基础。没有扎实的知识基础,就不会有真正的创新。知识基础包括文化科学等方面的理论知识,也包括实践中得来的经验教训。当代青年朝气蓬勃,向往创新,必须脚踏实地,刻苦努力,通过不断的学习,提升自我的创新能力。

• 走进心理实验室 •

反馈效应心理实验

心理学家罗西和亨利曾做过一个著名的反馈效应心理实验。他们把一个班的学生分为三组,每天学习后进行测验,测验后分别给予不同的反馈方式:第一组每天告知学习结果;第二组每周告知学习结果;第三组只测验不告知学习结果。8周后将第一组和第三组的反馈方式对调,第二组反馈方式不变,实验继续进行8周。反馈方式改变后第三组的成绩有突出的进步;而第一组的学习成绩逐步下降;第二组成绩稳步上升。这则实验说明,学习者对自己学习结果的及时了解对学习积极性有强化作用,有助于提高学习效率。反馈方式不同对学习的促进作用也不同。及时知道自己的学习成绩对学习有重要的促进作用,而且及时反馈比远时反馈效果更好。

微课学习

时间管理

课程思政

习近平总书记为青年指明方向:勤学、创新、志存高远

📝 任务实施

通过学习动机简易量表和考试焦虑自测量表，掌握自己的学习动机强度和考试焦虑程度，增强自我觉察能力；通过团体活动，懂得珍惜时间，学会合理安排时间，提高学习效率。

一、学习动机简易量表

表 7-4 中，每一道问题都有 3 个选项 A、B、C。请仔细阅读问题，选出你认为最符合实际情况的选项。难以决定时，请选出与你真实情况较接近的选项。

表 7-4　学习动机简易量表

问题	选项		
1. 你是否想在学习上成为班级第一名	A. 不想	B. 有时想	C. 经常想
2. 你考试获得好成绩时，是否想得到老师表扬	A. 经常想	B. 有时想	C. 不想
3. 你是否认为，学习上碰到不懂的地方，只要努力钻研，一定会弄明白	A. 不认为	B. 有时认为	C. 经常认为
4. 你是否想在学习竞赛中获胜	A. 经常想	B. 有时想	C. 不想
5. 你是否认为，只要用功学习，成绩就会有所提高	A. 不认为	B. 有时认为	C. 经常认为
6. 你是否认为，只要努力学习，即使不喜欢的功课，也会变得有兴趣	A. 经常认为	B. 有时认为	C. 不认为
7. 你在专心学习的时候，是否对周围发生的事不在意	A. 不在意	B. 有时在意	C. 经常在意
8. 你是否认为，平时好好学习，考试时就会得到好成绩	A. 经常认为	B. 有时认为	C. 不认为
9. 你是否认为，在测验和考试期间，可以不参加运动和游戏	A. 不认为	B. 有时认为	C. 经常认为
10. 你是否认为，学习紧张的时候，可以不和同学玩	A. 经常认为	B. 有时认为	C. 不认为
11. 你是否在疲劳的时候，还想再查看一遍已经做完的功课	A. 不想	B. 有时想	C. 经常想
12. 你是否想在平时就复习好功课，以便能随时回答老师的提问	A. 经常想	B. 有时想	C. 不想

计分方法：奇数题 1、3、5、7、9、11，选 A 得 1 分，选 B 得 2 分，选 C 得 3 分；偶数题 2、4、6、8、10、12，选 A 得 3 分，B 得 2 分，C 得 1 分。各题得分相加，得出测验总分。

结果解释：

总分为 12～21 分：学习动机较弱。

总分为 22～27 分：学习动机中等。

总分为 28～36 分：学习动机较强。

中等强度的学习动机最有利于学习，也最有利于心理健康，动机过弱、过强都可能导致心理困扰。

二、考试焦虑自测量表

表 7-5 中，每种表现都有四个选项 A、B、C、D，选出你认为符合实际情况的选项。

表 7-5 考试焦虑自测量表

表现	选项			
	A. 符合	B. 比较符合	C. 比较不符合	D. 不符合
1. 考试前几天，我就紧张不安				
2. 参加考试时，我会出很多汗				
3. 考试前，我总想和考试无关的事				
4. 复习的时候，我时常想如果考砸了怎么办				
5. 考试前，我的脾气会变坏				
6. 越临近考试，注意力越难集中				
7. 一想起考试，就觉得其他任何娱乐活动都没意思				
8. 我总感觉这次考试要失败				
9. 考试前，经常梦到考试				
10. 考试中，我感觉心跳加快，手脚冰凉				
11. 一碰上难题，我就担心不及格				
12. 考试时，精神难以集中，时常走神				
13. 考试时，脑子比平时迟钝				
14. 总感觉考试题目多，做不完				
15. 考试时，经常看错题				
16. 一道考题明明做完了，却总怕忘记填答题卡，反复看好几遍				
17. 我厌恶考试，觉得这种考试方法不公平				
18. 本来会的题答错了，我会非常沮丧				
19. 一旦发现别人先做完试题，自己就心慌意乱				
20. 考试时，总想把字写好，但手总发抖，觉得写字有困难				
21. 考试时，总想上厕所				
22. 答题时，总感觉头疼				
23. 如果发现剩余时间来不及做完题，我会着急地想掉眼泪				
24. 考试后，我经常容易感冒				
25. 只要考试不计成绩，我就很开心				
26. 考试后，我不喜欢讨论考题				
27. 虽然部分考试成绩不错，但依然惧怕考试				
28. 我有意无意总在计算着下次考试到来的时间				
29. 我认为考试不应当在紧张的状态下进行				
30. 不考试，我能学到更多知识				
总分				

评分标准：

A=3 分，B=2 分，C=1 分，D=0 分。各题相加为总分。

结果解释：

总分为 0～24 分是镇定的，心理状态比较好；25～49 分是轻度的焦虑；50～74 分是中度焦虑；75～96 分是重度焦虑。

三、时间分割

目的：通过扮演时钟，训练反应能力和协调性；懂得珍惜时间，学会合理安排时间。

1）物品准备：1 厘米宽、120 厘米长的纸条，每人一条；印有圆形图案的白纸，每人一张；笔，每人一支；长短不一的小棍子，3 根为一套，需若干套。

2）三人一组，主持人分别发给组里每人一根小棍子，最长的代表秒针、次长的代表分针、最短的代表时针。听主持人的口令，在印有圆形图案的白纸上三人合作表示时间。

3）1 厘米宽、120 厘米长的纸条代表一天 24 小时的时间。想一想：自己的一天是怎样度过的？把睡觉用的时间换算成长度，把它从纸条上撕去；把吃饭、看电视、玩游戏、踢足球、聊天发呆等分别用的时间换算成长度，把它们从纸条上逐一撕去，大家比一比谁留给学习的时间最多？

任务 3 认识压力与挫折

📖 任务要求

通过完成本任务，学生能够深刻地了解压力和挫折的相关理论及二者的关系，为更好地应对压力与挫折，实现成长打下理论基础。

📚 知识链接

一、了解压力

（一）压力的概述

压力这个词有多种定义。对于举重运动员来说，沉重的杠铃就是他要挑战的压力。而对于大多数人来说，压力并不一定是压在身体上的重量，而是一种心理负担。从本"项目导论"小熙的例子中,我们看到她遭遇的更多的是精神上的压力。当压力袭来时,我们往往感受到愤怒、紧张、焦虑、无助等情绪。有时,面对压力,我们会一筹莫展,不知所措。同时,面对相同的事件,人们的感受不同,有人认为有压力,有人认为没压力;人们发现,面对压力时,人的感受相似,可是造成压力的压力源却不一样。人为什么会产生压力?压力到底是什么呢?这些问题激发了人们对压力研究的兴趣。

1. 压力的定义

压力的物理学定义是指物体所承受的与表面垂直的作用力。但更多时候我们感受压力是心理的压力。心理学上压力的概念首先是由加拿大心理学家汉斯·谢尔耶于1956年正式提出,他认为压力是个体受到环境的刺激所引起的一种非特异性反应,产生于个体无能力、无资源应对外在需求的时候。

理性情绪疗法的提出者美国心理学家阿尔伯特·艾力斯认为,应激情境本身很少作为压力而存在,压力来自人类内部认知系统,与个人的认知系统及价值系统相关。如果适当修正自我的完美主义思考,大半的压力情绪可减轻。

由此可见,心理压力包括以下两个方面的含义:一心理压力强调的是一种内心感受;二心理压力是对压力源的反应而形成的。心理压力是个体对压力事件的持续存在而产生较为紧张的一种综合性心理状态,即个体意识到压力存在而无法摆脱时形成的带有紧张情绪的心理状态。

2. 压力的相关理论

目前学者对心理压力的理论主要包括以下三类。

(1)刺激理论 主要关注生活中能引起个体心理压力的环境刺激,侧重于压力源和生活事件的研究,如失去工作、考试失利、亲人去世等;强调维持自身平衡系统,保持心理压力强度和个体承受极限之间的平衡状态。

(2)反应理论 心理学家汉斯·谢尔耶是反应理论的代表人物。他认为压力是一种非特异性反应。这种反应包括警戒、抵抗和衰竭三个阶段。警戒阶段是一种适应性的防御阶段,感受到压力的存在,对其进行评估;抵抗阶段是有机体动员保护机制以抵消心理压力的持续作用,导致激素的分泌;在衰竭阶段,由于适应性存储能量的消耗殆尽,有机体自身的免疫性下降,导致适应性疾病。

(3)CPT理论 CPT理论,即认知—现象学—相互作用理论,包括三种观点。

1)认知观点认为心理压力的发生以及出现的形式,取决于个体评价它和环境之间关系的方式。

2)现象学观点强调与心理压力有关的时间、地点、事件、环境以及人物的具体性。

3)交互关系观点认为心理压力是通过个体与环境之间存在的特定关系而产生的,强调环境和个体之间的交互作用,看重个体在压力情境下的主观能动性。

3. 压力状态下的生理与心理反应

越来越多的研究表明,人在压力状态下会出现一定的生理与心理反应。这些身心反应在提示我们关注自身的同时,也能够比较直观反映我们的压力水平。

人在压力下产生的生理反应主要表现在自主神经系统、免疫系统和内分泌系统等方面，如心跳加快、血压升高、呼吸加速、消化液分泌减少等，甚至引起消化不良、高血压、冠心病等疾病。

压力状态下的心理反应主要体现在认知、情绪和行为三个方面。

认知反应，主要表现为认知偏差，影响人们的工作能力和思考能力；情绪反应，指在压力状态下，人们往往出现焦虑、恐惧、无助、易激惹等情绪状态；行为反应，心理压力对人的影响不仅仅表现在认知和情绪上，对人的行为也有很大影响。例如，心理压力容易导致人行为慌乱、行动刻板等。

（二）性格与压力

1. A、B、C型性格分类

性格是一个人对现实的态度和在行为方式中表现出来的较为稳定的心理特征，即人对现实的稳定态度和习惯性的行为方式。20世纪30～60年代为了方便研究，科学家将人的性格分为A、B、C、D、E五大类型，主要研究的是A、B、C这三种类型。

20世纪60年代，心脏病专家弗雷德曼和罗森曼发现，许多冠心病患者是好胜的、挑衅性的工作狂和有野心的高成就者；他们通常是敌对的，几乎总是匆匆忙忙，很少放松。于是把这种行为模式称为A型性格。然后又把与A型性格相反的性格归为B型性格。多愁善感，情绪压抑，性格内向，常常克制自己的情绪类型被称为C型性格。

2. A、B、C型性格特征

A型性格的特征：性格急躁，没有耐心；争强好胜，求胜心切，追求成就，有很强的事业心；动作敏捷；时间观念强；情绪容易波动；对人有戒心；缺少运动。

B型性格的特征：性情随和，不喜欢与人争斗；生活方式悠闲自在，不争名利，对成败得失看得较淡，不太在意成就的大小，对工作生活较容易满足；工作生活从容不迫，有条有理；时间观念不强。

C型性格的特征：多愁善感，情绪压抑，性格内向，常常克制自己的情绪。

3. 性格与压力的关系

性格分类和特征的不同决定了其与压力的关系也不相同。研究发现，A型性格者容易将责任向外归因，总看到他人的阴暗面，并对他人表示怀疑和不信任。不管什么，A型性格者总判断它是错误的，并引发泛化式敌意。这样的反应和思维模式容易给自己带来伤害，而从这个意义上说，他们的压力又是自己主动寻求的结果。

B型性格不像A型性格那样过分争强好胜，也不像C型性格人那样低沉抑郁，他们常常满足于现状，知足常乐，内心平静，没有较大的情绪波动。正是因为他们这种不温不火的性格特征，致使B型性格者较能抵抗压力，很少发生应激反应。他们善于处理压力，能够转换不良情绪，保持心理平衡状态。弗雷德曼曾经提出要向B型性格学习，改善个性，和蔼、大度、遇事不急躁。

C型性格的典型特点是忍气吞声，他们承受压力，心怀不满，却又不愿意或不敢讲出来，最后只能把愤怒引向自身，让自己受伤，久而久之，容易导致抑郁或其他疾病。

（三）缓解心理压力的简单方法

几种简单可行的缓解压力方法如下。

1. 睡眠

美国疾病管理预防中心调查发现，充足睡眠不仅有益美容，也能改善健康状态，减轻心理压力。克瑞顿大学心理研究所的研究报告指出，有慢性压力积累症的人，睡眠时间短浅；而睡眠不足的人更容易有压力。要断绝这种恶性循环，就要设法早睡，保证充足睡眠时间。

2. 运动

运动能减少皮质醇的分泌，有助缓解压力。皮质醇是人在感觉不安、愤怒或恐怖时，由肾上腺分泌的一种激素，累积后会伤到内脏。此外，运动还能刺激大脑下垂体分泌内啡肽，这种神经递质能令人产生快感，放松心情。美国疾病管理预防中心推荐一周最少有两天做一次全身运动，或每周进行两个半小时的快走运动。为降低难度，也可以把快走运动拆开时间段进行，如一周五天，每天散步三次，每次十分钟。

此外，练瑜伽也能排解压力。美国爱荷华州立大学一项研究发现，让参试者把脚浸泡在冰水里，令其心理紧张产生压力。结果显示，参试者中的瑜伽教练比初练者更不易产生发热反应——身体感受外界刺激后，产生心理压力时所引起的应激反应。这种反应持续发生就会导致心血管疾病、哮喘、忧郁症等。

3. 冥想

众多研究显示，冥想有诸多好处，如缓解压力、降血压、预防忧郁症复发等。美国埃默里大学的调查显示，正确的冥想是把意念集中于呼吸，借以调整意识的坐禅，它有助于注意力缺陷多动障碍症的治疗。

4. 开怀大笑

开怀大笑也可缓解压力。美国洛玛连达大学研究发现，参试者看了喜剧片后，皮质醇以及肾上腺素的分泌都会减少，内啡肽的分泌则会增加。同时牛津大学的研究也发现，笑能促进内啡肽的分泌，增强人对疼痛的耐受性，缓解肉体疼痛对人造成的心理压力。

5. 有计划地担忧

美国宾夕法尼亚大学研究发现，一天专门抽出30分钟时间担忧，有助于缓解心理压力。研究指出，安排出固定的时间去思考需要担忧的问题，而不是浪费过多时间与精力去做无谓的忧虑，更有助于把心思集中在工作、学习与生活上，能更有效地减轻心理压力，也能有效地减少抱怨。英国肯特大学研究发现，有完美主义倾向的人，面临困难时就算已向人倾诉烦恼，心情也只会更低落，心理压力会更大，因为他们永不满足，一直在抱怨。美国爱荷华大学心理学教授布西曼也对此做出过解释，称不管有无完美主义要求，抱怨只会令心理压力有增无减。所以遇到困难，最好是采用以下三个措施去排解：①接受并了解自己目前状况；②试着对状况一笑了之；③要有"在哪跌倒，就从哪爬起来"的积极想法。

6. 做按摩

研究证明，做按摩能放松身体，缓解肌肉紧张，并有助人体激素分泌的平衡。美国洛杉矶西达赛奈医学中心研究人员曾让参试者做了45分钟按摩。结果证明，参试者体内的皮质醇和肾上腺素这两种激素的分泌明显减少。

7. 写日记

美国国立卫生研究所调查显示，写日记能减轻心理压力。例如，当天发生了不开心的事情，通过写日记，可以宣泄不良情绪，也有助于分析事件的前因后果。坚持这样做，日后回顾以往的日记，就能了解自己心理压力产生的模式，有助于以后事前采取对策预防。

8. 相互拥抱

催产素也称拥抱激素或爱情激素，由大脑下视丘神经元分泌。研究发现，它能缓解不安感和心理压力。2007年的一项动物实验中，一只草原田鼠与群体隔离单独饲养后，其身上表现出不安、压力、忧郁等症状，经注射催产素后症状便得到缓解。催产素虽然一般在性行为、分娩、哺乳时自然分泌，但如果有轻度肌肤接触的拥抱或者与爱犬嬉戏等行为，也能促使催产素分泌。

（四）理想压力水平

人们通常认为压力对人是有害的，如引起情绪上的不良反应，进而有可能造成身体上的不适，引起多种疾病。但压力也有积极的一面。其实压力就像乐器上的琴弦，太紧，容易崩断，太松，同样不能演奏出好的音乐。演奏出优美乐曲的一定是松紧适度的琴弦。

研究发现，生活中适度的压力可以激发人的能力，提高工作效率。如果压力过大，超过了人们承受的限度，就会造成严重后果。

如图7-3所示，压力水平居中属于压力的理想水平，压力太小，人们对工作提不起热情，压力过大，人们工作效率下降，容易失眠、易怒、抑郁。

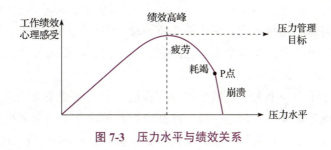

图7-3　压力水平与绩效关系

• 走进心理实验室 •

线段实验

社会心理学家所罗门·阿希所做的线段实验（1955～1956）中，实验被试者只有一个，其他的七名被试者都是为配合实验而故意安排的助手，给被试者两张卡片，一张上有一条线，另一张卡片上有三条长度不同的线，然后让被试者说出三条线中哪一条线与另一张的一条线长度相同。表面上是调查被试者对线段长度的判断，而阿希真正感兴趣的是在群体压力介入环境时将会出现什么情况，如图7-4所示。于是阿希让被试者在几次正确的判断线段长度之后故意给出错误的答案，然后观察被试者的反应。实验结果发现，33%的被试者屈服于小组的压力而做出错误的判断，而且可以观察到被试者在这个屈服于群体压力的过程中伴随着激烈的内心冲突，因此这个实验还引发了学界关于实验中伦理道德的大论争。阿希的实验向我们表明：有些人情愿追随群体的意见，即使这种意见与他们从自身感觉得来的信息相互抵触。群体压力导致了明显的趋同行为，哪怕是以前人们从未彼此见过的偶然群体。

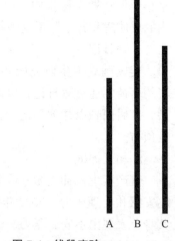

图7-4 线段实验

（五）大学生面临的主要压力

大学阶段是人格发展的关键时期，也是人生观、世界观形成的重要关口。因此，大学生面对着许多重要的人生课题如学业、交友、恋爱、就业等带来的一系列压力的挑战。

1. 大学生活的主要压力

（1）环境适应压力 大学生初来校园，首先面对的就是生活环境的适应问题。大学生活不同于高中生活。学生离开父母独立生活，要自己整理床铺，换洗衣服，亲自处理生活中的各种琐事，这种变化对依赖性较强的学生来说是个不小的压力。大学需要适应集体生活。同寝室中有的同学开朗外向，有的同学内向寡言，有的同学早睡早起，有的同学习惯晚睡晚起……这就需要相互适应。此外大学的学习环境、授课模式、学习方式以及专业设置都与高中完全不同，学生需要将被动学习向主动学习进行转换，这都需要尽快适应。面对以上改变，部分学生容易出现适应不良，严重者还会出现神经衰弱、抑郁等情况。

（2）人际交往压力 上大学之前学生是家庭的焦点，备受家人关注。上大学后学生在集体中生活，成为集体中的普通一员，往往存在心理落差，时常感到孤独、寂寞。有的学生想要与他人建立良好人际关系，又苦于缺乏人际交往的技巧。尤其在与异性的交往过程中常常控制不好情绪，一旦分手，就会感到烦躁、苦恼，深陷其中，难以自拔。长期的心理不适将严重损害大学生的身心健康。

（3）择业就业压力 择业就业压力是大学生在面临就业选择的竞争环境中，表现出来的身体和心理的紧张状态。在严峻的社会就业形势下，部分学生容易产生无所适从的无力感和焦急感，毕业就意味着失业的现实问题容易给大学生带来无形的压力。

2. 大学生心理压力的成因

（1）主观原因 心理压力是一种内心感受，是人们对压力源的主观感受。心理压力无法施加给他人，只有自己能感受到。大学生的心理适应能力、心理承受能力和自我调节能力各不相同，对压力的主观反应也不相同。

大学生处在关键的成长阶段，因此要有意识地培养和锻炼自我的心理承受能力，对压力承受能力的大小决定了压力事件最终对个体的影响力。

（2）客观原因

1）家庭和学校需要加强健康心理品质的培养力度。

高中阶段家长和学校的关注点主要是学生的学业，却忽略了对学生健康心理品质的培养，导致部分学生上大学后面对新的环境适应不良，压力增大，出现了许多心理不适。

2）社会环境变化剧烈，同辈竞争加剧。

当下科学技术飞速进步，社会快速发展。社会环境变化剧烈，这种环境的巨大改变给大学生的心理带来冲突与压力。同时，同辈之间竞争加剧，这种社会逆境也给大学生带来了学业、就业、创新等各方面的压力。

二、认识挫折

（一）挫折的含义

1.挫折

挫折是指人们有计划、有目的的活动，受内外环境的干扰与限制，导致自身需要或动机难以满足或不能实现的内心感受，包括挫折情境、挫折认知及挫折行为三方面。

1）挫折情境：阻碍个体行为的情境，如东西被偷、考试失利、失恋等。

2）挫折认知：个体对挫折情境的认知和评价，如有的人认为自己是个失败的人，失败后就再难成功，而有的人则认为失败是成功之母。

3）挫折行为：个体在挫折情境下所产生的反应。

挫折认知影响着挫折情境与挫折行为，挫折情境致使挫折行为的产生。个体在遭受挫折时经常伴随强烈的紧张、愤怒和挫败感等内心体验，或表现为特定的行为反应，通过特定的行为反应达到心理的再平衡，如图 7-5 所示。

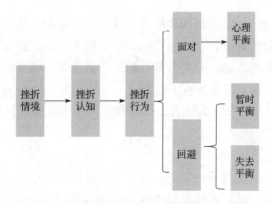

图 7-5　挫折反应模式

2.挫折反应

挫折反应是应激反应的一种，是个体陷入挫折状态后启动的一系列心理、生理和行为上的反应。常见的情绪反应有愤怒、敌对、焦虑、恐惧、沮丧、失望、绝望、失助和淡漠等。同时，与这些负性情绪体验相随的不仅有内在的心理、生理反应，还有外显的行为变化，如攻击引发挫折的原因，逃避引起挫折的现实环境，动用心理防御机制，极力寻求摆脱挫折的方法，等等。上述情绪反应的性质、生理反应的强弱及行为反应的特点，与当事人的人格特征、对目标的期望水平和追求目标的过程中付出的代价密切相关。

（二）挫折的特点

1. 挫折的必然性

人类作为大自然的一部分，最基本的属性仍然是以本能的需要为基础的与某些动物相类似的自然属性，包括饮食、繁衍和自保等。人类要生存、发展、延续就必须同自然抗争，向自然索取，这种活动的过程必然充满困难和挫折。

从人的社会属性来看，人的本质是一切社会关系的总和。人的各种需要、各种行为也必然受到社会文化的制约。人与人的社会关系运行的过程中也必然会遇到各种矛盾和挫折，如人际交往中的矛盾与冲突、劳动和分配中的矛盾与冲突等。

无论在自然界还是人类社会，矛盾都是客观存在的，因此，挫折的产生就具有必然性。

2. 挫折的普遍性

每个人都同时具有自然和社会属性，都不免会碰到挫折。虽然人人向往平静和安宁，但事物发展过程的不平衡性、偶发性还有影响事物发展因素的多元性往往带来挫折和磨难，这就是挫折的普遍性。这种普遍性包括两方面，一是人人都会碰到挫折；二是挫折将伴随终生。挫折会出现在人生的每个不同阶段，如幼儿学步时，时常摔倒；中小学生可能由于犯错误而受到老师和家长的批评；大学生会面临学业、人际交往、恋爱等各方面的挫折，毕业又面临着择业就业等难题；甚至是成年人、老年人也常面临各种挫折考验。

3. 挫折的两面性

挫折让我们经受打击，倍感烦恼和痛苦，这是它消极的一面。但挫折也能够磨炼我们的意志，让我们变得更加坚强、成熟，这是它积极的一面。正如《孟子·告天下》中所讲"故天将降大任于斯人也，必先苦其心志，劳其筋骨，饿其体肤，空乏其身，行拂乱其所为，所以动心忍性，曾益其所不能"。

因此我们要正确认识挫折的两面性，学会在失败中汲取教训，激励自己继续努力。

（三）挫折的防御机制

个体陷入挫折状态后将启动一系列心理、生理和行为上的反应。这些反应的目的是使自己的情绪恢复平衡，减轻或解除因受挫而带来的焦虑和不安等精神上的痛苦。而人们有意无意做出的这些应对挫折的反应就是一种自我保护方式，也称防御机制。

1. 防御机制的概念

精神分析理论认为防御机制是个体应付各种紧张性刺激，防止或减轻焦虑或愧疚的精神压力，维护心理安宁的潜意识心理反应。1894年，弗洛伊德在《防御性神经精神病》中首先提出防御机制，后来的学者在其基础上进行归纳，如压抑、投射、反向、固着、升华、理智化等都属于常用的防御机制。

2.防御机制的分类

（1）成熟性防御机制　这些防御机制见于10岁以后的正常个体，通常在青春期作为认同的副产品产生，为原始良知在发展自我理想化形象的取代产物。它们包括升华、幽默和理智化等。

1）升华，指个体将被压抑的本能欲望导向人们所接受、为社会所赞许的活动上面来。升华是一种积极的行为反应，它把痛苦转化为一种具有建设性的动力，将低层次的需要和行为上升到高层次的需要和行为，把感情和精力投入到有利于社会和他人的活动中，在重大挫折面前重塑自己的人生价值。

2）幽默，是指一种对困境的方式处理。它不会引起个人的不适，也不会影响别人情感的公开显露。它与诙谐、说笑话还不完全一样。幽默仍然允许一个人承担及集中注意于困窘的境遇上，而诙谐、说笑话却引起分心或使注意力从问题上移开。

3）理智化，用一些从感情上看来较不强烈的说法来思考本能性的愿望，而且不付之于实际行动。观念留在意识之中，而感情却已消失。

（2）神经症性防御机制　这一类防御机制通常见于神经症患者中，但也可在应对急性的成人性应急状态下出现。使用该机制的目的在于能改变自身的感觉或本能的表达，故常以怪异的方式显现出来。心理治疗性解释常能促使这类防御发生戏剧性的改变。如合理化、退行、反向形成等。

1）合理化，又称文饰作用，指无意识地用一种通过似乎有理的解释或实际上站不住脚的理由来为个人难以接受的情感、行为或动机辩护以使其可以接受。如对儿童的躯体虐待可说成是"玉不琢不成器，树不伐不成材""打是疼，骂是爱"。合理化有两种表现：一是酸葡萄心理，即把得不到的东西说成是不好的；二是甜柠檬心理，即当得不到葡萄而只有柠檬时，就说柠檬是甜的。两者均是掩盖其错误或失败，以保持内心的安宁。

2）退行，指当人们感到严重挫折时，放弃已经习得的成人方式，而使用困难较少、阻力较弱、较安全的儿童时期的幼稚方式去应对事件，表现出与年龄、身份不相符合的幼稚行为的一种防御机制。如考试失利，就天天找老师哭哭啼啼的，哀求老师不要难为自己。

3）反向形成，是指对内心难以接受的观念或情感以相反的态度与行为表现出来。如吝啬的人故意表现出很大方的举动；喜爱某人却以攻击、拒绝、讽刺等恨的方式表现出来。

（3）不成熟性防御机制　常见于人格和情感性障碍的人中，由于受到来自人际间过于亲密关系的威胁或害怕体验这种关系的丧失而做出的对应急状况的改变。其表现形式常为不受社会接纳的错误行为，如被动攻击行为、幻想等。

1）被动攻击行为，这是通过被动的、受虐的，或把冲动转向自己的防御方式而表达对别人的攻击行为，因此这种表达是间接的，非即刻显效的。例如，拖延，失败，为引起别人注意的挑衅性行为等。

2）幻想，当人无法处理现实生活中的困难，或是无法忍受一些情绪的困扰时，使自己暂时离开现实，在幻想的世界中得到内心的平静，达到在现实生活中无法经历的满足。

（4）自恋性防御机制　这一防御机制通常见于5岁以前的幼儿，在成人的梦境及幻想中也很常见。如否认、投射等。

1）否认，潜意识否认某种痛苦的现实，或重新解释有关个人痛苦的事实，以减少内心的焦虑和痛苦。如小孩打破东西闯了祸，往往用手把眼睛蒙起来；心爱的人已死亡，可仍然认定他还活着，一定会回来的。这种掩耳盗铃的做法，可以暂时减轻痛苦，但事实无法否认。

2）投射，是指自我将不能接受的冲动、欲望或观念归因（投射）于客观或别人。这在婴儿时期可认为是相对正常的，在成年时期则可能由于极度地歪曲现实而产生偏执妄想。如常说的"以小人之心，度君子之腹"就是一种投射。

总之，防御机制是自我用来应付本我和超我压力在无意识或至少部分无意识中启动的一种自我保护手段。了解防御机制的原理，更好地审视自我，从而适时适度地发挥自我防御机制的积极作用，会更有利于人们应对压力和挫折，保持身心健康。

（四）大学生挫折心理分析

1. 大学生挫折心理的成因

挫折心理是一种行为受阻后的情绪状态。大学生的年龄主要集中在18～22周岁之间，正处在自我意识逐渐成熟的关键时期。他们追求美好的未来，有远大的理想和较高的期望。然而学业繁重，社会竞争激烈，人际交往、恋爱等问题经常困扰着大学生们。大学生在人生发展的青年期，身心均处于发展中，主观上对挫折的敏感度较高，面对挫折时反应也较强烈，究其原因主要有以下两方面因素。

（1）外部因素

1）自然因素。从人类的自然属性看，人与自然存在一定矛盾。大自然既能为人类造福，也会给人类带来巨大灾难。如干旱、洪涝、地震、飓风、海啸等，对人们造成严重的威胁。此外，人类属于自然的一部分，生老病死时有发生。特别是亲人离世等事件，对于年轻的大学生来说，无疑是一个重大挫折。

2）社会因素。从人类的社会属性看，大学生的学业、生活、交际、恋爱无一不受到当时的政治、经济、文化、道德水平等多方面因素制约。我国改革开放深入推进，各种社会思潮与多元价值理念不断涌入，给学生带来了观念上的震荡和价值观的冲突。

另外，学习压力过大，就业竞争激烈等问题严重冲击着大学生对未来美好生活的期望，这种强烈反差容易造成大学生的心理失衡。

3）家庭因素。家庭是人成长的根据地，对每个人的影响都是巨大的。家庭对大学生的影响主要有以下几个方面。

（a）家庭的经济状况。当前我国的发展尚不充分，不平衡。家庭经济状况不好的学生为维持学业，背负较沉重的经济负担，心理压力巨大。如果与其他人比较会出现严重的心理落差，容易导致心理失衡。

（b）家庭教育方式偏差。当代大学生大多是独生子女，是家庭唯一的希望，父母们无形中容易对子女过度关注。父母面对孩子，患得患失，生怕孩子受苦受累，于是就加倍宠爱，诸事代劳。孩子养尊处优，也就容易丧失在挫折中成长的机会，不利于他们形成独立健全的人格。一旦遇到挫折就无法应对，自暴自弃，甚至走向极端。

（c）单亲家庭的负面影响。近年来随着社会多元文化的冲击，离婚率有所上升，单亲家庭对子女的负面影响也逐渐显现出来。有的学生被父母带入他们的感情问题中，左右为难，极端苦恼；有的学生自小父母离异，长期缺乏父母关爱，对学生的身心健康造成严重伤害。这样的学生更敏感，也更容易产生挫折心理。

4）学校因素。

（a）学校条件较差。部分学校的学习环境不佳，教学楼空间狭小，实验器材少，设备陈旧，图书馆藏少，更新慢；生活条件较差，寝室不足，洗浴不便，食堂伙食差，卫生条件不达标等都会使学生产生不适心理，对学校难以形成认同感。

（b）教育理念落后。我国处在全面深化改革阶段，教育也同样面临改革和发展的问题。在探索阶段，一些学校过分强调学业建设，忽略学生的素质教育。对学生的人生观、价值观以及抗挫折能力等培养不足。部分学校忽视心理健康工作的重要性，缺乏相应机构和专业人员，心理教育相对滞后。一旦学生遇到挫折，无处寻求帮助，容易加重学生的挫折心理。但总体上我国学校心理健康教育正在加快发展步伐。

此外，大学管理方式不妥当，管理制度不合理，校风不佳等都会导致大学生产生挫折心理。

（2）个体因素

1）生理因素。个体的身高、容貌、健康状况和生理缺陷等因素都可能导致其需要不能满足或动机不能实现。生理上的差异或身体上的缺陷往往使一些学生失去与他人平等竞争的机会，容易产生自卑感，出现悲观、愤怒、绝望等情绪，严重者可能导致极端事件的发生。

2）心理因素。

（a）认知因素。认知是心理活动的一种，是个体认识和理解事物的心理过程，涉及知识的获取、使用和操作等过程，包括知觉、注意、表现、学习、记忆、思维、语言等。很多心理问题和心理障碍都有其认知根源。大学生虽然学习了很多知识，但生活阅历较少，容易由于认知偏差而产生挫折心理。

认知偏差是指个体在认知过程中发生的偏离现实的现象，其信念和信念体系、思维和想象过程均有不同程度的歪曲，而这些不正确的、不合理的、消极的信念或思想往往导致各种情绪障碍和非适应行为。一般来说，大学生认知偏差主要表现在以下几个方面。

a）对客观事物的认知偏差。心理学家贝克提出了六种常见的认知偏差。

一是任意的推断，即毫无根据或片面草率地得出结论。

二是选择性地概括，指个体忽视整体环境的特殊性，只关注某些细节，并将这些细节作为整个处境经验的概括基础。

三是过分引申，即将某些个别经验推广至所有事件。

四是放大和缩小，即对客观事件进行过分夸大或过分局限的理解。

五是个人化，把自己与外界事件通通联系起来，不论这些事件是否真的与自己有关。

六是二分法思维，或称"全或无"的思维，即将外界视为非白即黑的单色世界，要么全对，要么全错，没有过渡的中间环节。

以上这些认知偏差在部分大学生身上表现明显。独生子女们在父母的过度关照下，没有或较少接受生活的历练，遇到困难时经常用不合理思维来认识相关事物和事件，导致自己深陷在消极状态中，难以自拔。

b）对自身的认知偏差。部分青少年常常以自己意愿为出发点，不能客观地认识自己的能力、特长、兴趣等。这种对自身的认知偏差导致过于自信，高估自己，进而对自己提出不切实际的要求。一旦通过努力没有达成目标，就容易产生挫折体验，进而全面否定自己。

c）对挫折情境的认知偏差。相同情境对于有些人来说是平常事，对另一些人就是产生挫折的根源，从而深感痛苦。比如考试成绩不理想，有的同学认为自己还有没复习到的地方，继续努力学习，下回会取得好成绩。而有的同学却感到情绪沮丧，认为没有考好是自己能力不行，自己没有其他同学聪明，以后考试也不会比其他同学考得好，从此痛苦不堪，学习成绩也一直不理想。这种对挫折情境的认知偏差影响了这部分同学的情绪，阻碍了他们的发展和进步。正如心理学家艾利斯认为的那样，不合理的认知是导致个体产生心理问题和行为障碍的直接原因。

（b）自我意识。自我意识是自我对自身及其与周围关系的觉察。它包括个体对自身的意识和对自身与周围事物关系的意识两大部分，是一个多维度、多层次的心理系统。从心理过程看，自我意识可以分为知、情、意三种形式，即自我认识、自我体验和自我调节。从其内容看，自我意识又分为生理自我、社会自我和心理自我。从时间上看，自我意识又可以分为过去我、现在我和理想我。根据点红实验，心理学家测定人们在20～24个月大的时候就有了明显的自我意识，到青春期时自我意识迅速发展，表现得更加敏感、独立和高自尊等。但这时的青少年心理尚未成熟，生活阅历较浅，对自我认知还不全面，遇到挫折后自我评价容易产生动摇，有的学生可能出现严重的自卑情绪，或产生自我缺失的迷茫感。

（c）动机冲突。现代社会高速发展，为大学生提供了更多的施展才华的机会，但也给大学生带来了选择冲突。在实现目标的过程中，大学生往往会产生两个或多个行为动机，并且这些动机有时是相互排斥的，无法同时获得满足，这样就形成了动机冲突。动机冲突包含以下四种。

a）双趋冲突。生活中，大学生有时会同时产生两个或多个强度基本相当的动机，但是由于受到一定条件的限制，这些并存的动机无法同时获得满足，出现难以抉择的心理矛盾。

b）双避冲突。个体必须对同时出现的两个具有同样强度的负面目标进行选择时产生的心理冲突。如有的大学生既不想努力学习，认为读书辛苦，又怕考试不及格影响毕业和未来的发展，这就属于双避冲突。

c）趋避冲突。个体有时会不得不选择一个既对自己有利（趋向），又对自己有一定损害（回避）的目标，这就是趋避冲突。比如，既想享受网络的便利，又有可能产生严重的网络依赖，已成这个时代大多数人所面临的趋避冲突了。

d）双重趋避冲突。这是趋避冲突的变式。个体对同时碰到的两个目标都产生趋避性动机冲突的矛盾心理状态。如一个患者希望住院治疗，又怕耽误工作；在门诊治疗可以不耽误工作，又怕得不到有效的治疗。这种冲突日常生活中很常见，若涉及三个或三个以上的目标则称为多重趋避冲突，它是趋避冲突的复杂表现形式。

（d）归因方式。归因是指人们对他人或自己行为原因的推论，通常可以分为内归因和外归因。而且，人们的归因方式又各不相同，有的人习惯积极的归因，有的人习惯消极的归因；有的人习惯外归因，有的人习惯内归因。而不相同的归因方式对挫折事件也会有不同解释，将会影响到个体的情绪，甚至身心健康。大学生对行为结果的归因无论正确与否，都会影响他们随后的情感、期望和行为动机，进而影响他们的成就行为和学习成绩。因此，正确的归因方式能够更有效应对挫折，促进成长。

2. 大学生的挫折反应

（1）大学生经受挫折后的生理反应　无论是由客观因素还是主观因素造成的挫折情境，都会给经受挫折的个体带来一定的生理和心理影响。个体在挫折情境中，由于强烈或持续的消极情绪作用，其消化系统、内分泌系统、神经系统和血循环系统都将发生不同程度的反应。

个体受挫后，人体的自我调节机制将会最大限度地调动其潜力，用来维持超常状态下的生命力。然而在应激状态下，人体潜能的调动将消耗大量有关器官的能量。如果长期在挫折情境中，不能解脱，心理和身体的压力无法排解，就会引起一系列的身心病变，如失眠、头痛、心律失常和消化道溃疡等多与挫折后的生理反应相关。

（2）大学生经受挫折后的心理与行为反应　大学生经受挫折后除了一定程度的生理反应外，还存在一定的心理与行为反应。由于个体承受力的差异，大学生挫折后的反应强度也大小不同，总体上可以分为理智反应和情绪反应两种表现。

1）第一种为理智反应。

（a）坚持。有的学生在受挫后，通过审视分析，发现自己追求的目标是可行的，为了达成目标，即使忍受暂时的痛苦也毫不动摇。最终经历多次失败，仍努力坚持直至成功。数学家华罗庚曾入上海中华职业学校就读，因无法支付学费而中途退学，故一生只有初中毕业文凭。此后，他开始顽强自学，用5年时间学完了高中和大学低年级的全部数学课程。1928年，他不幸染上伤寒病，靠妻子的照料得以挽回性命，却落下左腿残疾的后遗症。20岁时，他以一篇论文轰动数学界，被清华大学请去工作。从1931年起，华罗庚在清华大学边工作边学习，用一年半时间学完了数学系全部课程。他自学了英、法、德语，先后在国外杂志上发表了多篇论文。1936年夏，华罗庚被保送到英国剑桥大学进修，两年中发表了十多篇论文，引起国际数学界赞赏。他曾说过："科学上没有平坦的大道，真理长河中有无数礁石险滩。只有不畏攀登的采药者，只有不怕巨浪的弄潮儿，才能登上高峰采得仙草，深入水底觅得骊珠。"

（b）调整。当通过一再尝试仍难以达成既定目标时，个体通过理智分析可以对目标进行调整（降低或改变目标），进而明确目标。通过对调整后目标的追求，使自身需要得到满足，以此弥补曾经的心理创伤，增强前进的信心和勇气。鲁迅先生原本去日本学医，希望通过医学促进国人健康来实现国家振兴。但很快他发现精神上的麻木比身体上的虚弱更加可怕，要想挽救祖国必须振作国人的精神。于是他弃医从文，转而翻译外国文学作品，筹办文学杂志，发表文章，从事文学活动。当时，他与朋友们讨论最多的是关于中国国民性的问题：怎样才是理想的人性？中国国民性中最缺乏的是什么？它的病根何在？通过这些思考，鲁迅把个人的人生体验同整个中华民族的命运联系起来，奠定了他后来作为一个文学家、思想家的基础。

（c）求助。人在挫折情境中，往往感到势单力薄，要想尽快走出困境，就需要向他人和社会寻求支持。大学生遇到挫折一般更倾向于朋辈支持，朋友和同学的理解和支持对身处困境的大学生非常必要。这种求助行为也是一种理智的挫折反应。

2）第二种为情绪反应。

（a）攻击。人们在遭受挫折之后，有可能发生攻击行为。心理学家多拉德等人于1940年进行了剥夺睡眠的实验。实验者剥夺被实验者（6名耶鲁大学男生）24小时睡眠时间，而且不准他们自由行动，不给早点吃等，以期引起其挫折反应。结果发现，被实验者通过进行不友好的语调相互谈论，或提出一些非难性问题等形式攻击实验者。此外，1972年，美国精神病学家霍姆斯又进行了一次实验，他令所有被实验者都准时到达指定地点，又令其助手假装成被实验者中的一个，故意迟到，使其他被实验者长时间等待。这样就创造了一个机会，让被实验者向迟到者发泄其挫折反应。霍姆斯发现，因等待而感挫折的被实验者对迟到者表现了攻击行为。但事实上并不是所有的挫折都会产生攻击行为。是否产生攻击行为与个体的挫折认知和承受能力有关。大学生正处在心理成长的关键时期，对自我、他人和客观事物认识尚不全面，心理比较脆弱，遇到挫折后，情绪易激动，容易产生攻击行为，如对他人进行嘲笑、谩骂，甚至殴打等。有时这种攻击行为也会表现为对内攻击，如自责、自残或自杀等。

（b）焦虑。个体在遭受挫折后自尊受损、自信丧失，感到非常无助。当个体连续遭受打击，焦虑反应会更明显。焦虑是大学生常见的情绪反应，如入学后的诸多不适应造成的学习焦虑、人际交往焦虑、情感焦虑等都对个体的身心健康，学习生活造成严重的负面影响。

（c）木僵。当个体遭受挫折后，失去了喜怒哀乐等情感反应，表现出麻木冷淡、无动于衷、漠不关心等态度。木僵是一种高度的精神运动性抑制状态。

此外，大学生在遭受挫折后还有可能表现出幻想、固执、逆反等多种情绪反应，在不同的个体身上表现的程度也会有差异。

任务实施

通过填写挫折情境问卷、大学生压力量表，掌握自我当下的压力情况；通过填写自我压力排行榜，增强对压力与挫折的觉察能力。

一、挫折情境问卷

在过去的 12 个月内,你和你的家庭是否发生过下列生活事件?请仔细阅读表 7-6 的每一个条目,如某事件发生过,并根据事件对你影响的程度在相应的方格内打"√"。如果某事件未发生,仅在未发生栏内打"√"。

表 7-6　挫折情境问卷

生活事件	未发生	发生过				
		对你影响的程度				
		无影响	轻度	中度	重度	极重度
1. 被人误会或错怪						
2. 受人歧视或冷遇						
3. 考试失败或不理想						
4. 与同学或好友发生纠纷						
5. 生活习惯(饮食、休息等)明显变化						
6. 不喜欢上学						
7. 恋爱不顺利或失恋						
8. 长期远离家人不能团聚						
9. 学习负担重						
10. 与老师关系紧张						
11. 本人在这一年里曾患急重病						
12. 亲友在这一年里曾患急重病						
13. 亲友去世						
14. 被盗或丢失东西						
15. 当众丢面子						
16. 家庭经济困难						
17. 家庭内部有矛盾						
18. 预期的评选(如三好学生等)落空						
19. 受批评或受处分						
20. 转学或受处分						
21. 被罚款						
22. 升学压力						
23. 与人打架						
24. 遭父母打骂						
25. 家庭给你施加学习压力						
26. 遭遇意外惊吓、事故						
27. 其他事件_____						

表 7-6 由学者刘贤臣等于 1987 年编制，由 27 项可能给青少年带来心理反应的负性生活事件构成。评定期限依据研究目的而定，可以为最近三个月、六个月、九个月或十二个月。对每个事件的问答方式应先确定该事件在限定的时间内是否发生，若未发生过，仅在未发生栏里划"√"，若发生过，则根据事件发生时的心理感受分 5 级评定。评分标准：无影响 =1，轻度 =2，中度 =3，重度 =4，极重度 =5。统计指标包括事件发生的频度和应激量两部分，事件未发生按无影响计算。该量表包含 6 个因子。

人际关系因子包括条目 1、2、4、10、15、25。
学习压力因子包括条目 3、9、16、18、22。
受惩罚因子包括条目 17、19、20、21、24。
丧失因子包括条目 12、13、14。
健康适应因子包括条目 5、8、11、27。
其他条目 6、7、23、26。

将相应的条目得分相加，计算各分量的得分。某个或某些分量得分越高，说明个体受到这方面的负性生活事件的影响越大。各分量得分相加，计算出的事件评分为总应激量，分数越高，说明个体所受到的负性生活事件影响越大，越可能导致强烈的挫折感。

二、大学生压力量表

所有答案无对错之分，请根据实际情况如实填写表 7-7。请仔细阅读题目，按照顺序依次作答，在相应的空格中画"√"即可。每题只选择一个答案，请不要多选或漏选！

请就下列各题，选择一个最适合你近几个月情况的答案。

表 7-7 大学生压力量表

题号	题目	答案			
		无压力	轻度压力	较大压力	很大压力
1	渴望真（爱）情，却得不到				
2	青春期成长				
3	同学关系紧张				
4	外形不佳				
5	身体不好				
6	同学之间互相攀比				
7	居住条件差				
8	遭受冷遇				
9	社会上的各种诱惑				

（续）

题号	题目	答案			
		无压力	轻度压力	较大压力	很大压力
10	晚上宿舍太吵				
11	没有人追或找不到男/女朋友				
12	没有人说知心话				
13	没有学到多少真本领				
14	独立生活能力差				
15	各种应酬困难				
16	家庭经济条件差				
17	有些科目怎么努力也学不好				
18	学习成绩总体不理想				
19	讨论问题时常反应不过来				
20	考试压力				
21	同学间的竞争				
22	学习效率低				
23	每学期末考试成绩排名				
24	完成课业有困难				
25	有些课程作业太多				
26	各种测验繁多				
27	累计两门以上考试不及格				
28	一门功课考试不及格				
29	当众出丑				
30	被人当众指责				

评分标准：无压力=0，轻度压力=1，较大压力=2，很大压力=3。将相应题目的得分相加，得出总分。

大学生压力量表包括30个题目，量表总分90分，分数越高压力越大，得分高于45为高压力，反之为低压力。目前该量表广泛应用于大学生压力的测量中。

三、自我压力排行榜

填写表7-8，增强对压力和挫折的觉察能力。

表 7-8　自我压力排行榜

压力事件	压力分值 （1～10 分）	持续时间	对压力的感受	
			躯体	心理

任务 4　应对压力与挫折

📖 任务要求

通过完成本任务，学生能够正视压力，面对挫折，掌握积极应对压力与挫折的方法，从而实现自助成长。

📚 知识链接

一、正视压力，面对挫折

压力与挫折是必须要应对的人生课题，战胜它们的第一步就是要对它们有正确的认知。大学生要敢于正视压力，面对挫折。了解压力与挫折往往是有积极意义的。正如美国思想家爱默生所说："每一种挫折或不利的突变，都是带着同样或较大的有利的种子。"当我们用积极乐观的态度去面对挫折和压力时，有利的种子就会发芽、成长。那么如何才算正视压力与挫折呢？

首先要明确压力与挫折的关系。压力是一种心理状态，是由于心理能量和外界能量失衡时个体所感觉到的一种体验。挫折是指人们有计划、有目的的活动，由于内外环境的干扰与限制，导致自身需要或动机难以满足或不能实现的内心感受。挫折会带来压力，过度的压力也容易让人产生挫败感。有压力不一定会有挫折，压力是探索我们内在潜力的契机，当把压力看成是机会的时候，我们就可以应对挫折了。正确的认知会带来心态的积极转变，这是战胜挫折的第一步。

其次，我们要了解压力与挫折的特点。

第一，挫折是人生常态。曾国藩曾说："人生不如意，十有八九。"意思是人生遭遇挫折是在所难免的、正常的、必然的。大学生要懂得人生道路是充满荆棘的、曲折的，明白社会生活是复杂的，挫折是个人生活的组成部分；在人生各个阶段随时随地都可能遇到各种挫折。面对挫折要有充分的心理准备，不要惊慌失措，更不要灰心丧气；挫折发生后，要分析原因，吸取经验教训，不断提高自己应对挫折的能力。

第二，压力与挫折是成长的机会。"宝剑锋从磨砺出，梅花香自苦寒来"苦难是天才的垫脚石，是人生的财富。屈原在放逐中成就《离骚》，司马迁受宫刑后写成《史记》，贝多芬双耳失聪却谱写出《命运交响曲》。毛泽东曾说："错误和挫折教训了我们，使我们比较地聪明起来了，我们的事情就办得好一些。"大学生要认识到在奋进的过程中必然会遭遇各种挫折的阻碍，但这恰恰是成就我们的财富，是我们成长的机会。

另外，相关研究说明，人们的挫折心态和不良认知是相关的。大学生面对挫折时常见的不合理观念有以下几种。

1）心理准备不足。部分大学生生活经验不足，做事往往轻率，经常盲目乐观，遭遇挫折后无法应对，情绪低落，很难对某些事物进行客观、公正的评价。

2）一叶障目。有些学生遭遇挫折时容易一叶障目，以偏概全。遭受一点挫折就认为自己能力差，然后自怨自怜，自暴自弃。这种以局部来代替生活的全部显然是不合理认知。

3）过分夸大挫折后果。有的大学生遇到一些小挫折，就把后果想象得非常糟糕。结果情绪越来越恶劣，深陷其中，难以自拔。其实这是想象中的挫折感受，往往比实际情况的伤害更大，严重影响大学生的身心健康。

可见，改变错误观念，才能透过困难看到希望。世间挫折常有，而挫折带来的不仅仅是沮丧，还有痛过之后的成长。挫折中你有多少痛苦，生活中就有多少收获！

心理故事

了不起的海伦·凯勒与莎莉文

海伦·凯勒，美国社会教育家，从小因病成为集盲、聋、哑三种痛苦于一身的残疾人。但在父母和一位优秀启蒙老师的帮助下，她凭着坚强卓绝的毅力战胜了常人难以想象的障碍，学会写字和表达思想，并接受教育，最终成为一个对社会有贡献的人，受举世敬佩。

1882年2月的一天，年仅两岁的小海伦·凯勒突然病倒了，这把凯勒夫妇急得要命，他们立即把小海伦·凯勒送到了医院里。在医院里，小海伦·凯勒仍然是高烧不退，后来经过医生诊断，小海伦·凯勒患上了猩红热，这种病很可能危及生命。经过一段时间的治疗，海伦·凯勒的生命保住了，但是她却成了一个又聋、又哑、又盲的小姑娘。一天天长大的小海伦·凯勒很想走路，但是每当她迈开步子准备走的时候，却总是被碰得鼻青脸肿。海伦·凯勒的妈妈便每天带着小海伦·凯勒熟悉家里每一件家具所放的位置。一个月之后，小海伦·凯勒便能在家里自如地走来走去了。5岁时，小海伦·凯勒不仅知道家里家具放的位置，而且还知道自己每一件衣服所放的位置，因为她都习惯自己把衣服折叠放好。

海伦·凯勒是一个好强的孩子，尽管她不能听、不能看，也不能说，但是她渴望跟人们交流，所以她常常用手势和父母亲交流。可是，有时父母不懂她的意思，好强的小海伦·凯勒便伤心地大哭。后来父母亲给小海伦·凯勒请来了一位教聋哑孩子非常有经验的教师安妮·莎莉文小姐。第一次见面，安妮·莎莉文便给小海伦·凯勒带来了一个布娃娃，小海伦·凯勒抱着布娃娃高兴极了，莎莉文看着高兴的小海伦·凯勒，便把她的手拿过来，写了娃娃这个单词。虽然小海伦·凯勒不明白是什么意思，但莎莉文不厌其烦一遍一遍地让她摸布娃娃，然后再在她的手心上写这个单词。莎莉文教海伦·凯勒"水"这个词的时候，也采取了这种方法。她先让海伦·凯勒用手摸着水，感觉水的样子，然后再在她的手心上写水这个单词。这时，海伦·凯勒终于明白了水这个单词的含义，于是她拉着莎莉文让她拼写桌子、椅子、床、衣服等自己身边的各种物品。除此之外，莎莉文还常常带着小海伦·凯勒到花园里去认识花、树、小草、小鸟等具有生命的东西，这样一来小海伦·凯勒对学习非常感兴趣了。莎莉文便开始教她盲文，海伦·凯勒开始阅读盲文书。由于莎莉文很少阅读这种文字，所以她要付出很多时间和精力才能赶上海伦·凯勒。1888年5月26日，不愿满足的海伦·凯勒考上了莎莉文的母校珀金斯学院，开始了正规的学习，这时莎莉文仍然陪着海伦·凯勒读书。

莎莉文小姐是一个很有经验的热心人，她认为像海伦·凯勒这样的孩子是能够正常发音的，于是她便让海伦·凯勒用手摸着她的脸，让海伦·凯勒感觉她说话时舌头和嘴以及脸部的运动，然后让海伦·凯勒模仿着她发音。很快海伦·凯勒就学会了6个单词，经过莎莉文小姐的启发，海伦·凯勒开始学习说话。然而这对于一个10岁的孩子来说的确不是一件容易的事情，但海伦·凯勒经过每天的练习和坚持，最后终于能够完整地说话了。

接下来她又以惊人的毅力学习了法语、英语、德语、希腊语、拉丁文五种语言。她还靠着顽强的毅力学习了代数、几何、物理课程，这些课程都是老师在上面讲，莎莉文在海伦·凯勒的手心上拼写学习的内容。在此期间，她一边学习，一边用打字机写作和翻译。1896年6月29日，海伦参加了哈佛大学雷德克利夫学院的初试。经过努力，她终于考上了哈佛大学。这一消息震惊了纽约。1897年，哈佛大学的盲人学生海伦·凯勒完成了数十万字的自传体长篇小说《我生活的故事》。小说出版后，在美国引起了强烈的反响。海伦也因此而赢得了全世界的尊崇。

二、积极应对的方法

1. 宣泄法

遭遇挫折后，人们会产生很多负面情绪。这些情绪积压过久，势必要影响个体的身心健康。宣泄法就是将积蓄的负面情绪通过言语或行为进行代偿性输出，使心理尽快回复平衡状态。大学生感受挫折的时候可以找亲朋好友一吐为快，也可以将令自己不快的事情诉诸文字写出，这也是一种倾诉的方式；或者在适当的时候大哭一场，将所有不快发泄出来，从而平复不良情绪。

2. 转移法

转移法主要就是转移注意力。把自己的注意力从负面情绪中转移到其他令自己感兴趣的事情上来。比如爬山、游泳、打球、听音乐或参加各种竞赛活动等；参加公益活动也能转移注意力，当我们把注意力放在帮助他人的时候，我们的关注点就离开了曾经让我们难过的负面情绪，这样就走出了负面情绪带来的困扰。

3. 聚焦法

当我们遭遇挫折时，聚焦问题本身，审时度势，冷静分析，以积极进取的态度解决困难。哪里不足就锻炼哪里，挖掘潜力，增强实力，解决问题，获取胜利。在拼搏的过程中，我们虽有痛苦，但目标明确，必定不会永久沉沦在负面情绪中。

4. 冥想放松法

冥想放松一般采用催眠和正念两种方法。催眠（包含自我催眠）是一种通过引导使知觉窄化的聚焦状态。正念是将注意力集中于当下，关注、觉察当下身体的体验和脑海中的任何想法，同时不做判断、分析和反应，只是单纯地觉察与注意。

放松身心可以有效缓解压力，从而将个体从挫折焦虑中解放出来。

5. 寻求支持

人的社会属性决定人不可以脱离群体独自存在。当遭遇挫折，心灵受到创伤后，当事人需要社会的支持。大学生产生挫折心理后，应及时寻求家人与亲朋的帮助，与此同时，也要善于利用学校资源，及时找老师、同学求得帮助，或者到学校心理咨询中心寻求专业帮助，减轻痛苦，获得支持，尽快使自己从挫折中走出来。

三、培养心理韧性，战胜挫折

1. 心理韧性的概念

韧性一词来源于英语词汇"Resilience"，是指具有像橡胶一样的回弹力，能够快速恢复到原来的状态。心理韧性是表示个体恢复到原有状态的心理特质能力，也称心理弹性、心理复原力、心理修复力、心理顺应力等。

学界对心理韧性的理解大体有三种取向。

第一种，能力取向也称特质取向，即以能力界定心理韧性，认为心理韧性是一种在经历的痛苦中恢复，并生成一定的经验和积极情绪的特质。心理学家康拉德认为可以用良好适应、抗压能力和适应行为来表示心理韧性。

第二种，过程取向。部分心理学者认为，心理韧性是一个充满活力的动态过程，是个体在压力事件中良好适应的过程。心理韧性包括危险因子和保护因子、个体内部和外部环境的交互作用，在不幸的生活事件中能发挥调试和修补的作用。

第三种，结果取向，将心理韧性看作适应的结果。心理韧性是在困难状态中的正常发展。也就是说，尽管面临着严重困境，个体仍然能表现出适应或发展的结果。

总的说来，心理韧性指个体在危机、压力等负性情境的前提下，具有的积极应对挫折情境的内外保护因子与承受能力，促使个体恢复到原有状态水平甚至是取得更好结果的特质能力。

2. 心理韧性的培养

心理韧性是个体面对压力的保护性因子，使个体在遭遇挫折事件之后仍能适应良好、正常生活。心理韧性可以提升和促进个体的主观幸福感、生活满意度及心理健康水平等，同时也可以缓解焦虑、抑郁等不良心理状况。

大学生正处于成长的关键时期，具有过渡性、可塑性、矛盾性的心理特点，他们对自我、人生和世界的认识尚未定型，一旦在学习、就业、恋爱、交往、经济等方面受挫，就容易产生心理危机。但大学生的认知能力强，较成人更容易接受新知识和新观点。压力和挫折在带来麻烦的同时，也为其心理素质的提升提供了契机，借此完善人格，促进成长。

以上这些情况使培养大学生心理韧性成为可能。培养路径如下。

（1）保持身心健康，培养积极的解释风格　面对挫折，大学生要养成控制情绪和澄清问题的能力，同时培养积极的解释风格并以积极的视角寻找资源应对挫折。积极的视角就是乐观者的视角，正如积极心理学创始人马丁·赛利格曼所认为的，乐观是可以习得的，习得性乐观的主要技巧是在失败的情境中改变具有破坏性的想法。乐观的人在遇到同样的厄运时，会认为现在的失败是暂时的，每个失败都有它的原因，不是自己的错，乐观的人不会被击倒。在面对恶劣环境时，他们会把它看成是一种挑战，更努力地去克服它。赛利格曼的论述充分说明了培养积极的解释风格以应对挫折的重要性。

（2）强化自省和自我认同　挫折情境下的大学生容易出现心理创伤，其自尊、自信和安全感都可能受到打击，强化自省和自我认同的训练可以更好地提高心理韧性，迎接挫折的挑战。学生明确了"我是谁"，就不会出现丢失自我的迷茫状态，在应对压力和挫折时，就会增强主动性。

（3）明确目标，努力前行　有研究认为心理韧性与目标定向相关。目标定向是个体对所从事的某一成就活动的目的或原因的知觉，涉及认知、情感和行为成分。当大学生目标定向明确，知道自己将到哪里去的时候，就会更有力量应对挫折。

任务实施

通过心理韧性量表，掌握自我心理韧性强度，结合团体活动，提高承受压力和挫折的能力，增强自信心，体会成长的痛苦和喜悦，进而感悟成长过程中积极努力的作用，学会自主成长。

一、心理韧性量表

表 7-9　心理韧性量表

条目	极不符合	很不符合	稍不符合	中立	稍符合	很符合	极符合
1. 当我定了计划以后就照计划做	1	2	3	4	5	6	7
2. 我经常能找到某种方式将问题解决	1	2	3	4	5	6	7
3. 我依靠自己更甚于依靠他人	1	2	3	4	5	6	7
4. 对我而言，对事情保持兴趣是很重要的	1	2	3	4	5	6	7
5. 如果有必要，我可以独立自主	1	2	3	4	5	6	7
6. 在我的生活中我为自己所完成的事情感到骄傲	1	2	3	4	5	6	7
7. 我通常能接受发生的事情而不受影响	1	2	3	4	5	6	7
8. 我是自己的朋友（独处时也可以过得快乐）	1	2	3	4	5	6	7
9. 我觉得我可以同时处理很多事情	1	2	3	4	5	6	7
10. 我是个果断的人	1	2	3	4	5	6	7
11. 我很少疑惑自己在做什么事（我的生活有目标）	1	2	3	4	5	6	7
12. 面对问题时，我一步一步地解决而不是想一次全部解决	1	2	3	4	5	6	7
13. 因为我以前遭遇过困难，所以我能度过后来的难关	1	2	3	4	5	6	7
14. 我有自制力	1	2	3	4	5	6	7
15. 我对事情保持兴趣	1	2	3	4	5	6	7
16. 我经常可以发现好笑的事	1	2	3	4	5	6	7
17. 我的自我信念（相信自己的能力）使我渡过难关	1	2	3	4	5	6	7
18. 在危急时刻，我通常是别人可以依赖的对象	1	2	3	4	5	6	7
19. 我经常用不同的角度看事情	1	2	3	4	5	6	7
20. 有时我会自己去做一些事情，不管我想或不想做（在艰困的时刻我能坚持下去）	1	2	3	4	5	6	7
21. 我的生活有意义	1	2	3	4	5	6	7

（续）

条目	极不符合	很不符合	稍不符合	中立	稍符合	很符合	极符合
22. 我不会花太多心思在我无力改变的事情上	1	2	3	4	5	6	7
23. 当处于困境时，我通常可以自己找到出路	1	2	3	4	5	6	7
24. 大部分的时候我有足够的精力去做我该做的事	1	2	3	4	5	6	7
25. 如果有人不喜欢我，没有关系	1	2	3	4	5	6	7

表7-9包括25个条目，采用7点评分方式进行评定，1表示"极不符合"，7表示"极符合"。被试者得分在120分以下表示心理韧性较弱，得分在120～145分之间表示具有中等强度的心理韧性，145分以上表示心理韧性较强。

二、压力小人儿——心理减压

目的：暴露压力，互相倾诉，达到减压的目的。

准备：宽敞的场地、大白纸、各色水彩笔。

操作：全体成员围坐，主持人在中间。

主持人给大家发纸笔，然后要求每人在自己的纸上用自己喜欢的颜色画出一个大大的压力小人儿，小人儿身体结构要完整。然后主持人请每一位成员站在自己认为压力最大的身体部位上，并且同与自己选择一致的伙伴交流压力的感受和原因。

点评：压力之所以给人带来困扰是其无形感引发的无措感造成的。当参与成员选择了人形的某个部位就已经将自己的压力以物化的方式暴露出来了。然后再通过交流使其清晰明朗。明确压力的过程，就是减压的过程。

三、快速回应卡

表7-10 快速回应卡

词语	第一反应		
	积极回应	消极回应	消极回应的理由
学习			
就业			
恋爱			
父母			
朋友			

当看到表 7-10 中词语后，用第一反应迅速写出自己的回应，之后只在消极回应后面写出理由。看一下哪些事情引发自己的负性评价，为什么。

四、绝地反弹——提高压力承受力

1）一位成员承担挑战者角色，其他成员分成两排面对面站立，挑战者要在两排的中间分别向每一位参与者面带微笑地打招呼，要求参与者提供帮助，站成两排的参与者都要一脸严肃地拒绝他。同时站在两排的参与者要不停地缓慢地移动并向挑战者靠拢，给其空间压抑感。

2）组织全体成员分享感受。

五、破壳而出——感悟成长

1）主持人请参与者做成蜷缩状，所有的参与者初始状态是一只鸡蛋。然后大家石头剪子布，输了，继续找同级别人石头剪子布，赢了，则可以变为半蹲状，半蹲状的人已经成长为一只小鸡，可以和场上的其他小鸡石头剪子布，输了，倒退回鸡蛋，赢了，则可站起来，成为大鸡。大鸡再赢了，就可以变为凤凰，坐到椅子上去。大鸡输了，就要变回小鸡。

2）组织全体成员分享感受。

• 项目总结 •

本项目围绕认识学习、掌握学习、认识压力与挫折、应对压力与挫折四个层面由浅入深开展任务实施，学生在完成任务的过程中逐渐掌握提高学习效率的方法和创新能力的途径，了解压力，认识挫折，明确压力与挫折的关系，学会有效应对压力与挫折的方法，通过不断的学习，提升学习力，抗挫折力，最终实现助己成长，为成为勤学、坚毅的新时代人才打下心理基础。

• 项目实训 •

学会学习，助己成长

本"项目导入"中小熙的经历告诉我们，成长的过程中会遇到各种各样的困难和痛苦，生命之树长青，必然经历风雨雷电。班级的心理委员组织同学们绘制生命之树，共同见证彼此的成长。

大地——我生长的地方；树根——我从哪里来（家族、家乡、传承等）；树干——生命中发生的特殊事件或应对技能；树枝——希望与未来；树叶——生命中重要的人；果实——收到过的礼物。具体要求：

1）6～8人为一个小组。

2）小组成员内部采取自荐（推荐）的方式，选取小组组长，由组长带领组员实施项目实训。

3）以小组合作的形式完成项目实训，并填写表 7-11，教师给予评语。

4）组长负责填写表 7-12，教师根据项目实训完成情况给出评价。

5）在项目实训完成后，每位同学从情感、知识、技能、方法四方面完成该项目的总结，填写表 7-13。

表 7-11　项目实训单

负责人		组别		完成日期	
项目		学会学习，助己成长			
学会学习，助己成长	成长经验		生命之树		
	1. 过去的得失与收获有哪些？				
	2. 现在的困难与困惑有哪些？				
	3. 未来的愿望有哪些？				
检查人（签字）		检查评语：			

表 7-12　检查评价单

检查目的	监控小组的任务完成情况				
评价方式	小组自评（满分 40 分），组间互评（满分 30 分），教师评价（满分 30 分）				
序号	检查项目	检查标准	小组自评	组间互评	教师评价
1	分工情况	安排是否合理、全面，分工是否明确			
2	学习态度	小组工作是否积极主动、全员参与			
3	纪律出勤	是否按时完成项目，遵守工作纪律			
4	团队合作	是否相互协作、互相帮助，是否听从指挥			
5	创新意识	看问题是否具有独到见解和创新思维			
6	完成质量	项目实训单是否记录完整			
检查评价	班级　　　　　　　　　　　　　　　第　　组				
	评语：				
	检查人员签名：				

项目 7　学会学习，助己成长

表 7-13　项目总结单

项目	学会学习，助己成长			
班级		第　　组	成员姓名	
情感	通过对项目的完成，你认为自己在社会主义核心价值观、职业素养、学习和工作态度等方面有哪些需要提高的部分？			
知识	通过对项目的完成，你掌握了哪些知识点？请画出思维导图。			
技能	在完成项目的过程中，你主要掌握了哪些技能？			
方法	在完成项目的过程中，你主要掌握了哪些分析和解决问题的方法？			

● 推荐资源 ●

1. 推荐书籍

（1）《写给青少年的书：智慧背囊》（汪道启编著，中国华侨出版社）

推荐理由：这本书旨在弥补青少年在人生智慧方面的不足，是适合青少年阅读的人生智慧读本。

（2）《谁动了我的奶酪》（斯宾塞·约翰逊著，中信出版社）

推荐理由：作者创作的寓言故事生动地阐述了"变是唯一的不变"这一生活真谛，该书制造了一面社会普遍需要的镜子——怎样处理和面对信息时代的变化和危机，如何面对复杂的问题找到最简单有效的解决办法，不断去适应生活的变化。

（3）《活出生命的意义》（维克多·弗兰克尔著，华夏出版社）

推荐理由：作者弗兰克尔一生对生命充满了极大的热情。他不但超越了奥斯维辛集中营炼狱般的痛苦，更将自己的经验与学术结合，创立了意义疗法，替人们找到绝处再生的意义，也留下了人性最富光彩的见证。这本书被美国国会图书馆评选为具有影响力的十本著作之一。

2. 推荐电影

（1）《当幸福来敲门》（导演：加布里尔·穆奇诺，主演：威尔·史密斯、贾登·史密斯、坦迪·牛顿、布莱恩·豪威、詹姆斯·凯伦）

推荐理由：每一次的感动都来自平凡的生活，如何去追求幸福、珍惜幸福？比你有学历、有能力的人多如牛毛，四处碰壁后怎么办？这时候，你可以看这部片子。

（2）《风雨哈佛路》（导演：彼得·勒文，主演：索拉·伯奇、凯莉·林奇、艾利奥特·佩吉、迈克尔·莱利）

推荐理由：影片主人公丽兹从小就开始承受着家庭的不幸。随着成长，丽兹知道，只有读书成才，方能改变自身命运，于是她踏上了漫漫的求学征程。贫困并没有止住丽兹前进的决心，在她的人生里面，从不退缩的奋斗是永恒主题。

参 考 文 献

[1] 李明,赵俊亚. 心灵之约——大学生心理健康教育案例集[M]. 北京:教育科学出版社,2016.
[2] 维克多·弗兰克尔. 活出生命的意义[M]. 吕娜,译. 北京:华夏出版社,2018.
[3] 夏翠翠. 大学生心理健康教育:慕课版 双色版[M]. 北京:人民邮电出版社,2017.
[4] 汪海燕,吴才智. 活着没商量:自杀心理及其预防[M]. 北京:高等教育出版社,2008.
[5] 葛明贵,王军,施玉琴. 大学生心理健康教育[M]. 北京:教育科学出版社,2014.
[6] 樊富珉. 团体心理咨询[M]. 北京:高等教育出版社,2005.
[7] 王菁华,翟常秀. 大学生心理健康教育教程[M]. 青岛:中国海洋大学出版社,2012.
[8] 朱艳,肖淑梅. 高职大学生心理健康教育[M]. 北京:中国铁道出版社,2012.
[9] 邓先丽. 大学生心理健康教育[M]. 北京:中国人民大学出版社,2015.
[10] 胡谊,张亚,朱虹. 大学生心理健康教育[M]. 上海:华东师范大学出版社,2019.
[11] 邱鸿钟. 大学生心理健康教育[M]. 2版. 广州:广东高等教育出版社,2018.
[12] 陈淑萍,肖逾白,何一澜. 当代大学生心理健康教育[M]. 北京:中国电力出版社,2016.
[13] 万毅宏. 心理健康教育[M]. 北京:机械工业出版社,2018.
[14] 周莉. 大学生心理健康教育[M]. 2版. 北京:中国人民大学出版社,2016.
[15] 杨艳杰,钱明. 大学生心理健康教育[M]. 北京:人民卫生出版社,2018.
[16] 郑晖,姚健儿,刘延,等. 大学生心理健康教育[M]. 长沙:湖南师范大学出版社,2010.
[17] 李蕊. 心理健康教育[M]. 北京:机械工业出版社,2018.
[18] 肖淑梅,彭彤. 高职大学生心理健康[M]. 北京:机械工业出版社,2016.
[19] 彭聃龄. 普通心理学[M]. 5版. 北京:北京师范大学出版社,2018.
[20] 王金凤,柴义江. 大学生心理健康教育[M]. 4版. 北京:清华大学出版社,2017.
[21] 高兰. 大学生心理健康教育:心灵成长自助手册[M]. 北京:教育科学出版社,2015.
[22] 方平,张潮,杨晓荣. 自助与成长——大学生心理健康教育[M]. 北京:教育科学出版社,2010.
[23] 鲁忠义,安莉娟. 大学生心理健康教育[M]. 石家庄:河北出版传媒集团,河北人民出版社,2015.
[24] 葛玲. 高职高专学生心理健康教育[M]. 北京:高等教育出版社,2014.
[25] 林崇德,杨治良,黄希庭. 心理学大辞典[M]. 上海:上海教育出版社,2004.
[26] 赛利格曼. 活出最乐观的自己[M]. 洪兰,译. 沈阳:北方联合出版传媒(集团)股份有限公司,万卷出版公司,2010.
[27] 阳志平. 积极心理学团体活动课程操作指南[M]. 北京:机械工业出版社,2010.
[28] 曹凤才,刘兴来,沈沛汝,等. 大学生心理健康与辅导[M]. 北京:北京航空航天大学出版社,2018.